Standardization Construction Control Technology of Sanshui River Bridge

# 三水河特大桥标准化施工控制技术

陕西省交通建设集团公司
咸旬高速公路建设管理处 主编

人民交通出版社股份有限公司
China Communications Press Co.,Ltd.

## 内 容 提 要

本书结合中国高墩大跨连续刚构桥的代表——三水河特大桥工程实例，参阅大量相关文献，详述连续刚构桥现场施工各主要工序施工步骤、标准化施工工艺及其常见质量问题的预防、治理方法，充分体现连续刚构桥最新技术进展，力图将高墩大跨连续刚构桥各主要工序的施工过程标准化、统一化。通过本书可使相关建设人员掌握最新的、最实用的高墩大跨连续刚构桥施工技术，提升我国连续刚构桥标准化施工程度，为今后同类桥梁建设提供借鉴。

本书可供从事桥梁施工、科研和设计的技术人员参考使用。

**图书在版编目(CIP)数据**

三水河特大桥标准化施工控制技术 / 陕西省交通建设集团公司咸旬高速公路建设管理处主编. —北京：人民交通出版社股份有限公司，2015.2

ISBN 978-7-114-12059-6

Ⅰ.①三… Ⅱ.①陕… Ⅲ.①连续刚构桥－桥梁施工－技术 Ⅳ.①U448.23

中国版本图书馆 CIP 数据核字(2015)第 027923 号

**书　　名**：三水河特大桥标准化施工控制技术
**著 作 者**：陕西省交通建设集团公司咸旬高速公路建设管理处
**责任编辑**：王文华
**出版发行**：人民交通出版社股份有限公司
**地　　址**：(100011) 北京市朝阳区安定门外外馆斜街 3 号
**网　　址**：http://www.ccpress.com.cn
**销售电话**：(010) 59757973
**总 经 销**：人民交通出版社股份有限公司发行部
**经　　销**：各地新华书店
**印　　刷**：北京盈盛恒通印刷有限公司
**开　　本**：787×1092　1/16
**印　　张**：11.25
**字　　数**：254 千
**版　　次**：2015 年 2 月　第 1 版
**印　　次**：2015 年 2 月　第 1 次印刷
**书　　号**：ISBN 978-7-114-12059-6
**定　　价**：34.00 元

# 《三水河特大桥标准化施工控制技术》编审委员会

## 编写委员会

**主 任 委 员：**乔怀玉

**副主任委员：**屈　仆　赵颖超　薛保勇

**委　　　员：**张　峰　薛　卫　孙科营　王　锋　成进科
李安定　王永锋　王立志　刘鹏飞　李　军
冯志强　马　键

## 审查委员会

**主 任 委 员：**韩定海

**副主任委员：**王　琛　张东省

**专 家 顾 问：**栾自胜　刘俊起　梁俊海　张充满

**委　　　员：**杨文奇　程兴新　鱼晓华　程道虎　刘海鹏
朱绪飞　王印龙　李剑平　杜　迁　齐小勇

**封面摄影：**安立广

# 序

历经数年的工程筹划,历经六百多个日夜的栉风沐雨,历经百余次的严格把关,历经千余次的精心测量,历经万余次的精确计算……2014 年 10 月,最大墩高 183m、桥高 195m、拥有“亚洲第一高墩”的咸旬高速公路三水河特大桥以高标准、高质量、高速度顺利建成,这座凝集着全体建设者心血和梦想的巨龙,屹立在渭北高原上,它的雄姿分外挺拔。

咸旬高速公路是国家高速公路网银川至百色线(G69)在陕西省境内的重要路段,是陕西省规划建设的“2367”高速公路网中六条辐射线之一,是关中至天水经济区重大基础设施项目之一,也是国家集中连片特困地区交通扶贫的重要项目之一,更是服务丝绸之路经济带建设的重要大通道,它的建成通车将结束淳化、旬邑两个革命老区县不通高速公路的历史,对沿线经济社会发展和群众脱贫致富具有重要意义。

三水河特大桥全长 1 688m,桥面宽度 24.5m,桥型为 7 跨预应力混凝土变截面连续刚构桥,最大跨径 185m,其中 6 个主墩平均墩高 141m,14 号墩高 183m,相当于 60 层楼的高度,为同类型桥梁之最,目前属亚洲第一高墩;单个墩柱平均混凝土 5 $899m^3$,使用钢筋 1 530t。全桥桩基 296 根计 18 620m,平均桩长 62.9m,其中最大、最长的桩基,每根桩用混凝土 $417m^3$,使用钢筋 15t。全桥 32 个承台,最大的长×宽×高为 36.5m×30m×6m,相当于 1.5 个篮球场大小,单个承台混凝土达到 6 $570m^3$,使用钢筋 663t。全桥共计使用混凝土 23.95 万 $m^3$,使用钢材 38 786t,同目前全球第一高楼 162 层 828m 高的迪拜塔用钢量相同……

作为咸旬高速公路第一控制性工程,三水河特大桥集超高墩、长联、大跨于一身,技术复杂程度高,安全防控风险大,能否按期顺利建成决定着咸旬项目能否按期通车。陕西省交通运输厅、陕西省交通建设集团高度重视对三水河特大桥的建设管理,咸旬高速公路建设管理处将其列为咸旬一号工程,始终贯彻执行交通运输部提出的“发展理念人本化、项目管理专业化、工程施工标准化、管理手段信息化、日常管理精细化”五化要求,想方设法强化管理,大胆应用新技术、新设备,提高工程质量、工作效率,确保强力推进。管理处成立了以处长为组长的控制性工程领导小组,进行技术、质量、进度、安全、环境保障等全方位专项管理。管理处编制了《标准化施工手册》、《连续刚构桥上部标准化施工技术指南》、《连续刚构桥合龙手册》、《连续刚构桥合龙实施方案》等技术支撑材料,下发施工单位学习;成立专家组,定期不定期对三水河特大桥就施工方案、施工工艺、安全生产、工程质量等进行排查和优化。在每个高墩施工时均安装远程视频施工监控系统，全方位、24 小时控制施工现场质量、进度及安全；在大桥桩基清孔施工中采用黑旋风泥浆处理装置，清孔时间由 72h 减少为 12h；主墩施工过程中：每墩投入双电梯、双塔吊设备，首次在陕西采用液压爬模施工工艺，通过技术改进，将模板调整为 6m 一板，提高工效约三分之一，创造了良好的社会、经济效益，荣获陕西省第二届职工科技节优秀科技创新成果银奖；为了便于对上部悬浇块进行日常检测和喷淋养生等作业，研发多功能养生检查操作平台——“检测、养生多功能挂篮”，提高悬浇段外侧养生效果和检测成效……一系列得力措施的应用，在保证质量、安全的前提下，加快了进度，创造了陕西交通新的奇迹，翻开了陕西大桥建设新的一页，体现了陕西省甚至国内同类桥梁建设的最高水平。她的建设过程中在项目管理、设计、施工、监理等方面的创新、探索与总结，为同类大桥以后的设计、建设积累了许多成功的经验。

谨以此书，献给为三水河特大桥建设无私奉献的建设者们！

**陕西省交通建设集团公司董事长、党委书记：韩定海**

**陕西省交通建设集团公司总经理、党委副书记：乔怀玉**

**2014 年 12 月**

# 目　　录

# 1 绪　　论

## 1.1 连续刚构桥发展概况

连续刚构桥结合了连续梁桥和T形刚构桥的优点,即梁体连续、梁墩固结。不但保持着连续梁无伸缩缝、行车平顺的优点,而且拥有T形刚构桥不需临时固结及转换体系的优点,便于悬臂施工,顺桥向抗弯刚度和横向抗扭刚度大,满足特大跨径桥梁的受力要求。其中薄壁桥墩具有一定的柔性,还可以适应结构的纵向温度变形,合理选择墩柱和梁的刚度,还可以减小梁跨跨中弯矩,从而可以减小梁的建筑高度。从结构上看,连续刚构桥具有结构整体性能好、抗震能力强、抗扭能力大,桥体简洁明快,施工、维护方便的特点。预应力连续刚构桥的经济跨径一般在80~300m,既符合桥梁设计"安全、实用、经济、美观"的基本原则,又有很强的适应性,当桥墩较矮时,这种桥型的使用受到限制[1-2]。

预应力混凝土连续刚构桥最早是从国外发展起来的[3-4],第一座大跨预应力混凝土连续刚构桥是1964年在原联邦德国建造的主跨为208m的本多夫桥,该桥采用薄壁桥墩来代替T形刚构的粗大桥墩,边孔做成连续体系,中孔仍采用剪力铰。这种桥型是连续刚构桥的雏形,它的主要受力仍延续T形刚构桥的受力特点。该桥既体现了悬臂施工方法的优越性,在结构形式上也有了突破,即墩梁固结,形成了带铰的连续刚构体系。此后,随着高等级公路对行车平顺舒适的需求,多伸缩缝的T形刚构桥已不能很好地满足要求,于是大跨径连续刚构体系得到了很大的发展,连续刚构体系在世界各地开始得到广泛应用。随着建筑材料和施工方法的进一步发展,20世纪70年代建成的日本滨名大桥,主跨240m;1979年巴拉圭建成主跨270m的阿松星(Asuncion)桥;1982年美国休斯敦(Houston)运河桥跨径为114m+228.6m+114m,这是跨径较大、时间较早的连续刚构桥,主梁为双室箱形截面,刚性桥墩;1985年,澳大利亚建成了当时世界上最大跨径连续刚构桥——Gateway桥,其主桥跨径为145m+260m+145m,该桥采用双薄壁柔性墩、单箱单室截面和C50高强度混凝土,桥墩高47.5m,将连续刚构—连续体系的优点充分表现出来了,该桥是里程碑式的建筑。随着60MPa以上的高强混凝土、轻质高强混凝土在工程中的大量使用,更大跨径、更高墩的刚构桥、连续刚构桥不断涌现,1998年挪威建成主跨301m的预应力混凝土刚构桥——Stolma桥(图1-1),1999年挪威又建成主跨298m的预应力混凝土连续刚构桥——Raft Sundet桥[5]。

在国内,大跨径连续刚构桥起步较晚[6-8],1988年才开始从国外引入连续刚构桥的设计与建设,1990年建成我国第一座大跨径连续刚构桥,即主跨为180m的广东洛溪大桥(图1-2)。洛溪大桥是我国第一次采用大吨位预应力体系,顶板首次采用"S形"平弯束,是中国刚构桥发展的一个里程碑,从此中国的连续刚构桥便进入快速发展阶段。随着大跨径连续刚构桥在我国的不断应用和对桥型设计有关问题的深入研究。我国在大跨径连续刚构桥的建设方面取得了举世瞩目的成果，先后建成了黄石长江大桥，主跨245m；江津长江大桥，主跨240m；虎门大桥辅航道桥，主跨270m(图1-3)。近几年，连续刚构桥在设计、施工和科研上均取得了重要的成果，建成的有云南元江大桥，主跨265m；重庆石板坡长江大桥复线桥，主跨330m，合龙段为108m钢箱梁，是世界上最大跨径的预应力混凝土连续刚构桥(图1-4)；苏通长江大桥辅桥，主跨268m。表1-1列出了国内外建成的一些大跨径连续刚构桥。

图1-1 挪威Stolma桥

图1-2 广东洛溪大桥

图1-3 虎门大桥辅桥

图1-4 重庆石板坡长江大桥

**表1-1 国内外一些大跨径连续刚构桥**

| 序号 | 国 家 | 桥 名 | 主跨(m) | 建成年份 |
|---|---|---|---|---|
| 1 | 中国 | 石板坡长江大桥 | 330 | 2006 |
| 2 | 挪威 | Stolma桥 | 301 | 1999 |
| 3 | 挪威 | Raft Sundet桥 | 298 | 1998 |
| 4 | 巴拉圭 | Asuncion桥 | 270 | 1979 |
| 5 | 中国 | 虎门大桥辅桥 | 270 | 1997 |
| 6 | 中国 | 苏通大桥辅桥 | 268 | 2008 |
| 7 | 中国 | 元江大桥 | 265 | 2003 |
| 8 | 澳大利亚 | Gateway桥 | 260 | 1985 |
| 9 | 挪威 | Varodd-2桥 | 260 | 1994 |
| 10 | 中国 | 下白石大桥 | 260 | 2003 |

桥梁跨径逐年递增，这与科技进步、各种新型材料的出现以及设计水平的提升、施工工艺不断改进密切相关；各种复杂桥梁在我国的建成也体现了我国大跨、多跨、连续刚构组合桥的设计和施工技术已经非常成熟[9-10]。

虽然连续刚构桥目前的混凝土开裂和梁体下挠的问题还未最终得到解决，但由于其突出的优点，依然具有广阔的应用前景。从目前国内、外预应力混凝土连续刚构桥的发展趋势上看，连续刚构桥的可行跨径不仅可达350m，而且可以与预应力混凝土斜拉桥竞争。展望预应力混凝土连续刚构桥的发展方向主要有以下特征[11-13]：

(1)在施工工艺改善与设计水平提高的基础上，跨径将进一步增大。

(2)结构的优化设计及新型高强轻质材料的研究和使用，桥梁的上部结构将不断轻型化，提高连续刚构的跨越能力。

(3)简化预应力束类型。

(4)上部结构连续长度将进一步增加。

(5)提高对箱梁裂缝的认识和重视，从设计、施工、管理等方面对桥梁进行全方位研究，并采取相应对策。

(6)随着交通建设逐渐向山岭重丘区发展，连续刚构桥的跨径和桥墩高度将继续增加，且多跨情况下各墩高差显著。

刚构桥的研究发展与预应力混凝土的发展及桥梁分段悬臂施工技术的发展紧密联系。随着预应力和悬臂施工体系的发展，大跨径桥梁也迅速发展，也使得高墩特别是超高墩连续刚构桥的实现成为可能。

## 1.2 连续刚构桥的受力特点

连续刚构桥是在连续梁桥的基础上发展起来的墩梁固结的结构体系，综合了连续梁与T形刚构桥的受力特点，将主梁做成连续梁体系，与薄壁桥墩固结而成，既保持了连续梁无伸缩缝、行车平顺的特点，又保持了T形刚构桥不设置支座，不需要体系转换的优点。并且连续刚构桥可以通过高墩的柔度来适应结构由于预应力、混凝土收缩徐变以及温度变化等因素产生的位移，使结构受力更合理。

连续刚构桥在受力性能上主要有以下特点[14-15]：

(1)墩梁固结，上部结构和下部结构共同承担受力，减少了墩顶负弯矩。

(2)结构为多次超静定体系，混凝土收缩徐变、温度变化、预应力作用、墩台不均匀沉降等引起的附加内力对结构影响较大。

(3)采用柔性墩，能承受较大的变位。

(4)整体性能好，抗震性能好，抗扭潜力大。

连续刚构体系保持了连续梁的各个优点，墩梁固结节省了大型支座的昂贵费用，减少了墩及其基础的工程量，改善了结构在水平方向的受力性能。

## 1.3 三水河特大桥施工技术总则

(1)连续刚构桥是高速公路跨越大沟壑、大障碍的主要桥梁形式，其结构多由群桩基础、薄壁空心墩和悬浇连续刚构组成，是项目建设质量和进度控制的重点。为了保证其质量和进度，编写本书。

(2)书中依据相关规范规定，提出重点施工技术和主要组织措施中的一些原则性指导意见。施工单位应根据本书及工程情况制订合理的施工方案,并采取适当的组织措施。设计和监理单位应根据本书分别做好设计服务和质量监督工作。

(3)连续刚构桥悬浇施工应严格遵守对称平衡施工和冬季不宜施工的原则。根据总工期要求,应配置足够的劳力、机械、材料等,采用合理的工法,在合适的时间段内组织施工。

(4)连续刚构桥的施工技术人员、监理工程师、监控人员、主要管理人员和主要工人(主要是混凝土、预应力、模板等工种)至少应有一座连续刚构桥的施工经历,经现场考核持证上岗。主要设计人员应常驻施工现场,加强施工方案的确定和现场技术的指导。

(5)连续刚构桥施工应积极使用新材料,运用新技术,采用新工艺,进一步提高工程质量,加快施工进度。

# 2 基本作业

## 2.1 材料存放

(1)原材料和半成品料的存放、加工、保管场所应采取合理的措施,保证材料不污染、不损伤、不锈蚀。材料存放场地如图 2-1 所示。

图 2-1 材料存放

(2)钢筋或钢质材料存放、加工场地应按规定的标准进行硬化、支垫和覆盖。钢筋存放入库,应使用浆砌片石、砖或方木等材料筑成条状台座,在其上分规格和型号堆放,设置标签,注明规格、型号、数量及堆放日期。钢筋加工应设加工棚,半成品离地堆放或采用专用台座堆放,并摆码整齐,挂牌标识,覆盖,防止生锈。

(3)袋装水泥必须在库房内存放。库房地面应按规定进行硬化,支垫离地距离宜为 30cm 以上。铺设防潮油毡后存放水泥,每垛堆码应以 10 袋(层)为限。破袋水泥应按每袋质量重新装包,用于非主要结构部分。

(4)使用散装水泥时,每座搅拌站应至少设置 3 个容量 100t 以上的散装水泥储存罐。

(5)砂石料应分仓堆放。仓位地面应硬化,硬化厚度应保证不被装料机械压坏。仓位隔离墙应有一定抗侧压能力,严禁料仓相互串料。每个料仓应搭棚,设标志牌,注明材料名称、规格、产地、检测是否合格及检验日期。

## 2.2 模板、支架

(1)连续刚构桥外露面根据其部位,宜分别采用整体钢模(浇筑结构外形,如悬浇段底、侧模)、大块钢模(大于 $1m^2$,如悬浇段内模)、整块钢模(段落结构,如箱梁外模)。预制构件底座应铺设钢板。内模可用钢模和木质模。现浇上部结构应优先使用钢管和碗扣式管件拼设的满堂式支架。应对模板的强度、刚度和稳定性进行验算,对支架和支架基础进行结构计算,确定合理的施工预拱度。

(2)箱梁外模应以隔板分节,每节长度宜大于3m,在台座上连接。内模应用支架和模壳组成的刚性模板,按2~3m分节,先分节拼装,接长后整体起吊入模。T梁外模应以隔板分节,每节长度宜大于3m,在台座上拼装连接形成整体。高墩使用的爬升模板或翻板模板应按3.5~4m分节,高墩不宜使用滑模。挂篮模板应采用整块模板。

(3)支架和拱架的地基或基础应用防水和增强的方法加固处理。支架和拱架应采用刚性杆件满堂拼装,安装完毕后,应按设计要求预压。支架卸落应按设计规定强度和程序进行。

## 2.3 混凝土与钢筋混凝土工程

(1)钢筋电焊工应持证上岗,根据施工条件进行试焊,经检验合格后方可施焊。骨架钢筋应在放有大样并考虑焊接变形和预留拱度的坚固的工作模具上进行。

(2)混凝土外加剂必须通过试验和检验判定是否合格。应使用有生产线的厂家的产品,不得使用复合厂家的产品。外加剂进场应附检验合格证明。外加剂带入混凝土的含碱量不得大于1.0kg/$m^3$。不得使用含氯盐的外加剂。

(3)混凝土应有使用两种水泥的两种配合比。应使用商品混凝土或现场机械强制拌和的混凝土。拌和设备应集中设置,容量满足施工最高峰的需求,并具备准确的计量系统。混凝土采用搅拌运输车运输或混凝土泵输送,不得使用易造成混凝土离析的运输设备。

(4)施工单位应有专门的混凝土振捣工,各种结构浇筑混凝土前必须先模拟振捣,合格后才能从事实体混凝土的施振。具备插入条件的应优先采用插入式振捣器振实,钢筋密集、窄、深结构无法采用插入式振实处可用附着式振动器振实,薄层或表面用平板振动器振实。

(5)混凝土浇筑结束,应在终凝后尽快予以喷淋、覆盖和洒水养护。喷淋养生是在结构外侧挂设钻有流水孔的水管,给水后自动喷淋,使结构外表面处于湿润状态的养生方法,适用于墩柱、梁体、刚构外侧面的养生。覆盖养生是用5cm厚的海绵板和土工布覆盖在混凝土表面洒水保湿养生,适用于结构上表面和桥面的养生。洒水养生广泛用于上述专用养生方法以外的其他混凝土的养生。

(6)混凝土养护应以保证混凝土强度正常增长、混凝土外表面不产生收缩裂缝为原则。为了准确掌握各个时间段混凝土的强度大小,应建立温度、时间养护监控系统,施工初期在模拟养护状态下试验,并绘制保湿养护的“温度·时间”与强度增长的曲线,用“温度·时间”控制混凝土的养护龄期,使养生控制更科学、更准确。

## 2.4 预应力混凝土工程

(1)预应力钢材、锚具、夹具和连接器,应符合国家标准和设计要求,有质量证明资料,进场前应进行试验,同等条件下应选择安全系数大的正规厂家的产品,使用过程中应按照规定数量抽检。

(2)悬浇连续刚构,应用金属波纹管预留预应力筋管道。管周应有足够的定位和防崩钢筋,保证孔位准确和张拉时结构的安全。

(3)预应力筋的下料长度应根据施工方法和索孔的实测长度计算确定,用切断机或砂轮锯切断。同一束内每根预应力筋长度的相对误差是下料控制的重点,每根预应力筋两端都应对应编号,穿索后若发现有绞索现象应抽出重新穿索。

(4)张拉机具在进场时和使用过程中应定期进行检查和校验。先张法应同时张拉一端全部预应力筋。后张法施加预应力时应按照设计程序两端分批、分索、对称整束张拉。张拉前应清理预留孔内的杂物和留滞水。

(5)预应力筋应采用应力控制、伸长值校核的方法张拉。采用《公路桥涵施工技术规范》(JTG/T F50—2011)规定初应力值时,伸长值宜在允许范围内偏向上限或下限一侧,初张应力宜同位置、同状态经试张适当调整确定。

(6)施加预应力时,混凝土强度可在试块强度的基础上按实体回弹强度确定,尽量做到在相同强度条件下张拉,达到悬浇混凝土每个块段徐变一致。

# 3　桩基础施工

## 3.1　一般规定

(1)灌注桩基础是公路桥梁采用的主要基础形式。成孔有钻、挖孔方式,成桩按水下混凝土组织施工。施工期间应制订安全生产、环境保护措施。泥浆不得污染河道,河道内填物应及时清理,保障河道汛期的排洪安全。

(2)应根据桩位处的不同地层,选择不同的钻孔方法。若桩位处地质不易坍孔、地下水不丰富,可选择人工挖孔法成孔,但应有配套、可靠的通风供氧设备。若桩位处地质构造为粒径不大、质地均匀、硬度不大的地层和环保要求严格的地段,可优先选用旋挖钻机成孔。砂土、黏土地质时可用循环钻机成孔。若桩位处地质构造复杂,有漂石、孤石、大卵石、探头石时,宜用冲击锥成孔。若同一桩所处地质既有土层、又有石层时,可用循环钻和冲击钻混合成孔。

(3)灌注桩施工应配有备用电力设备,开钻至浇注水下混凝土应连续进行。为配合钻进,应提供浮渣和护壁用的泥浆。护壁泥浆过厚会降低桩的摩擦力,因此合理增加泥浆的浮渣能力,又减少沉淀或护壁泥浆厚度,应是成桩过程中需要解决的主要矛盾。

(4)终孔后浇注水下混凝土前应清孔。清孔方法有换浆、抽浆、掏渣、空压机喷射、砂浆置换等,可根据泥浆浓度、沉淀厚度和施工工具采用一种或几种方法清孔。清孔和终孔阶段不得在孔内加清水。

(5)挖孔应在保证井下通风和安全作业的条件下连续挖掘。若有渗水、松软地层,宜挖掘及支撑护壁交替进行,不间断施工。挖孔内无积水或积水可处理时,可按普通混凝土浇注法浇注孔内混凝土。

(6)桩基钢筋骨架宜分节在特定模具上利用卡具制作成笼,在桩位处起吊分节入孔焊连成整体。骨架四周应设保护层,宜优先使用轮式混凝土垫块。钢筋骨架吊至设计位置后应在上端用不少于3根的同直径钢筋固定至井口,以固定钢筋笼位置并防止其上浮。

(7)水下混凝土应采用缓凝水泥配制,并加入适量缓凝剂。水下混凝土应使用商品混凝土或强制式搅拌机现场拌和,泵送或搅拌运输车运送,吊车或钻架起吊,垂直导管水下连续浇注。导管上口应高出孔内水位3m以上,以增加浇注压力,提高桩顶段落的成桩质量。浇注水下混凝土是成桩的关键性工序,若有故障发生,采取合理的技术措施,及时设法补救。确有缺陷时,应立即冲击已入孔混凝土,重新成孔。

(8)冬季是灌注桩施工的黄金季节,但对混凝土应采取保暖措施。可通过原材料加热、掺防冻剂和加热拌和用水等,做到混凝土出机温度不低于10℃,入孔温度不低于5℃。混凝土入孔前温度是判断是否需加热的主要依据。

(9)桩基混凝土浇注高程应超过桩顶设计高程1.0m以上,以保证桩头混凝土的质量和不产生缩径现象。桩基混凝土浇注结束后,可立即人工挖除多浇段落混凝土至桩顶设计高程以上20cm处,以减少凿除桩头的工作量,但不得扰动桩顶混凝土。

(10)桩基后压浆作业是对桩底和桩侧一定范围的土体通过渗入、劈裂、压密起到加固作用,在成桩7d或成桩强度达到设计强度80%后开始,但不宜晚于成桩30d以后。对于饱和土中的复式压浆,顺序应先桩侧后桩端;对于非饱和土,应先桩端后桩侧;多断面桩侧压浆应先上后下;桩侧桩端压浆间隔时间应不小于2h。注浆终止压力应不小于设计压力且不大于10MPa,注浆量应不小于设计注浆量最低限值。水泥浆温度应不低于5℃且不高于40℃。水泥浆水灰比应符合设计要求。

(11)承台(系梁)施工应在桩身检查无破损后进行。干滩、浅水区宜以开挖基坑方法提供施工场所,深水中可采用套箱式模板、吊箱围堰等方法阻水施工承台。墩台钢筋应预埋入承台(系梁)混凝土中。

(12)桥梁钻孔灌注桩应全部采用超声波无破损检测。对超声波检测存在缺陷的桩,应通过钻孔取芯抽查,且抽样率不低于3%。

## 3.2 钻孔灌注桩施工期常见问题及预防措施

在钻孔灌注桩施工过程中,由于对客观情况估计不足或地质情况变化,钻孔及混凝土的灌注施工中常常出现一些问题,必须把可能出现的问题考虑周全,预防可能发生的质量通病,针对这些问题产生的原因进行分析,提出具体的预防措施。

### 3.2.1 钻孔灌注桩坍孔

1)质量问题及现象

在钻孔过程中或成孔后井壁坍塌。钻孔桩基础坍孔现象、坍孔事故多发生在孔内,主要表现为:孔内水位突然下降;孔口水面冒细密的水泡;出土量显著增加,没有进尺或进尺量很小;孔口突然变浅,钻头达不到原来的孔深;钻机负荷显著增加等等。一旦发生坍孔,钻孔便无法正常进行,易造成掉钻、埋钻事故。

2)原因分析

(1)由于泥浆稠度小,护壁效果差,出现漏水;或护筒埋置较浅,或周围封堵不密实而出现漏水;或护筒底部的黏土层厚度不足、护筒底部漏水等原因,造成泥浆水头高度不够,对孔壁压力减少。

(2)泥浆相对密度过小,致使水头对孔壁的压力较小。

(3)在松散的砂层或黏性土的地质层,冲击速度快,忽视泥浆的密度,孔壁护壁不好,致使坍孔。

(4)钻进时未连续作业,中途停钻时间较长,孔内水头未能保持在孔外水位或地下水位线以上2m,降低了水头对孔壁的压力。

(5)操作不当,提升钻头或吊放钢筋笼时碰撞孔壁。

(6)钻孔附近有大型设备作业,或有临时通行便道,车辆通行时产生振动。

(7)清孔后放置时间过长,未及时灌注混凝土,且没有采取预防措施,造成坍孔。

3)预防措施

(1)在钻孔附近,不设临时便道,禁止大型设备作业。

(2)保证护筒有足够的埋深,尽量让护筒埋置在稳定的土层中。陆地埋置护筒时,应在底部夯填至少50cm厚的黏土,当土质为砂性土时,护筒周围0.5~1.0m范围内也应用黏土回填并均匀夯实,保证护筒稳固和防止地面水渗入;水中振动沉入护筒时,根据地质资料,护筒底部应穿过淤泥和砂层,护筒之间接头要密封好,防止漏水;严禁将钻机与护筒相连接,以防止因振动引起孔口坍塌;护筒直径应大于设计孔径20~30cm(有钻杆的正反循环钻)或30~40cm(无钻杆的潜水电钻或冲击钻)。

(3)根据地质情况,选用合适的机械、钻进方法,选择适宜的泥浆相对密度、黏度、胶体率,确定合理的钻进速度,以保证井孔的稳定性。

(4)应根据地质情况合理地安排同一墩位处各钻孔桩的施工顺序,以防止邻近孔壁被扰动引起坍孔。

(5)严格控制孔内水头高程,确保孔壁处于一种负压状态。这种情况在水上施工尤为重要,一般情况下,在砂层中钻孔,要使孔内的水头高出外面的水面2.5~3.0m为宜。

(6)在松散粉砂土或砂层中钻孔时,应选用较大相对密度、黏度的泥浆,一般选用优质黄泥制作黄泥浆,要求黄泥中不得含有沙石等杂质,塑性指数大于22,并放慢进尺速度,也可投入黏土掺片石或卵石,低锤冲击,将黏土膏、片石或卵石挤入孔壁稳定孔壁。

(7)根据不同地质,调整泥浆相对密度,确保泥浆具有足够的稠度,确保孔内外水位差,维护孔壁稳定,黄泥浆的相对密度控制在1.25~1.30,数量不少于单桩孔体积的2倍,钻制井孔上段6~7m时,可不必向井孔内输入高压水,让钻渣自然形成浓稠优质泥浆护住护筒底脚处井壁。

(8)清孔时应指定专人负责补水,保证钻孔内必要的水头高度,中段6~7m可输入高压水承压清孔。下段6~7m输入黄泥浆。若浇注准备工作不充分,暂时不要进行清孔,清孔合格后要及时浇注混凝土。

(9)钻孔时应连续作业,无特殊情况中途不得停钻;提升钻头、下放钢筋笼时应保持垂直,尽量不要碰撞孔壁;供水时不得将水管直接冲射孔壁,孔口附近不得集聚地表水。

4)处理措施

发生坍孔后,应即查明坍孔位置,分析地质情况,采取如下措施:

(1)坍孔发生在护筒底脚处,根据实际情况,可以立即拆除护筒,回填钻孔,重新埋设护筒后,再钻进;或采用加长护筒,使护筒通过振动锤继续下沉,直至埋于坍孔位置以下,外围用黏土或装有黏土的草袋回填夯实,重钻时,控制好泥浆稠度和水头高度。

(2)若坍孔位置较深,则可以由测深锤和地质情况分析实际的坍孔程度,若不严重,则可以加大泥浆的相对密度,继续钻进;若坍孔较为严重,则应立即用砂或小砾石加黏土回填至坍孔位置以上1~2m处,甚至将整个钻孔全部回填,暂停一段时间,使回填土沉积密实,水位稳定后,重新钻进,时刻注意不良现象的发生。

(3)若回填重钻时,经采取以上措施仍连续、严重坍孔时,根据地质情况,可以用地质钻机钻至坍孔区进行压浆处理,从而防漏堵漏,重新钻进。

### 3.2.2 钻孔灌注桩偏斜

1)质量问题及现象

成孔后不垂直,偏差值大于规定的$L/100$($L$表示桩长);钢筋笼不能顺利入孔。

2)原因分析

(1)钻机未处于水平位置,或施工场地未整平及压实,在钻进过程中发生不均匀沉降。

(2)水上钻孔平台基底座不稳固、未处于水平状态,在钻孔过程中,钻机架发生不均匀变形。

(3)钻杆弯曲,接头松动,致使钻头晃动范围较大。

(4)在旧建筑物附近钻孔过程中遇到障碍物,把钻头挤向一侧。

(5)钻孔中间地质有变化,地层软硬不均匀,致使钻头受力不均,或遇到孤石、探头石等。

3)预防措施

(1)钻机就位前,应对施工现场进行整平和压实,并把钻机调整到水平状态,在钻进过程中,应经常检查,使钻机始终处于水平状态工作。水上钻机平台在钻机就位前,必须进行安装验收,其平台要牢固、水平,钻机架要稳定。

(2)应使钻机顶部的起重滑轮槽、钻杆的卡盘和护筒桩位的中心在同一垂直线上,并在钻进过程中防止钻机移位或出现过大的摆动。

(3)在旧建筑物附近施工时,应提前做好探测,如探测过程中发现障碍物,应采用冲击钻进行施工。

(4)要经常对钻杆进行检查,对弯曲的钻杆要及时调整或废弃。

(5)使用冲击钻施工时冲程不要过大,尽量采用二次成孔,以保证成孔的垂直度。

(6)发生岩面倾斜或遇探头石时,应吊着钻杆控制进尺,低速钻进,或回填片石、卵石,然后用冲锤冲击。

4)处理措施

(1)当遇到孤石等障碍物时,可采用冲击钻冲击成孔。

(2)当钻孔偏斜超限时,应回填黏土,待沉积密实后再重新钻孔。

### 3.2.3 桩基缩孔

1)质量问题及现象

当使用探孔器检查成孔时,探孔器下放到某一部位时受阻,无法顺利检查到孔底;钻孔某一部位的直径小于设计要求,或从某一部位开始,孔径逐渐缩小。

2)原因分析

(1)地质构造中含有软弱层,在钻孔通过该层中,软弱层在土压力的作用下,向孔内挤压形成缩孔。

(2)地质构造中塑性土层,遇水膨胀,形成缩孔。

(3)钻头磨损过快,未及时补焊,从而形成缩孔。

3)预防措施

(1)根据地质钻探资料及钻井中的土质变化,若发现含有软弱层或塑性土时,要注意经常扫孔。

(2)经常检查钻头,当出现磨损时要及时补焊,把磨损较多的钻头补焊后,再进行扩孔至设计桩径。

4)处理措施

(1)当出现缩孔时,可用钻头在该处用钻锥上下反复扫孔以扩大孔径,直到满足设计桩径为止。

(2)扩孔时应防止钻锤摆动过大造成扩径或坍孔。

### 3.2.4 卡钻、掉钻和埋钻

1)质量问题及现象

钻头在钻孔内,无法继续运转。

2)原因分析

(1)冲击钻孔时钻头旋转不匀,产生梅花形孔,或孔内有探头石等。

(2)下钻头时太猛,或钢丝绳松绳太长,或倾斜长护筒下端被钻头撞击变形,使钻头倾倒卡在井壁上发生卡钻。

(3)坍孔时落下的石块或落下较大的工具将钻头卡住。

(4)出现缩孔后,补焊后的钻头尺寸加大,冲击太猛,冲锥被吸住。

(5)使用冲击钻在黏土地层中进行钻孔时,冲程量过大,或泥浆太稠,冲锥被吸住。

(6)卡钻时强提、强扭,使钻杆、钢丝绳断裂,钻杆接头不良、滑丝、电机接线错误,使不能反转的钻杆松脱,钻杆、钢丝绳、联结装置磨损,未及时更换等均会造成掉钻事故。

3)预防措施

(1)对于上下能活动的卡钻,可以采用上下轻微提动钻头,并辅以转动钢丝绳,使钻头转动,以便提起。

(2)下钻时不可太猛。

(3)对钻头进行补焊时,要保证尺寸与孔径配套。

(4)使用冲击钻进行施工时冲程不宜过大,以防锥头倾倒造成卡钻。

(5)常检查转向装置,保证灵活,经常检查钻杆、钢丝绳及联结装置的磨损情况,及时更换磨损件,防止掉钻,用低冲程时,隔一段时间要更换高一些的冲程,使冲锥有足够的转动时间,避免形成梅花孔而卡钻。

4)处理措施

(1)当土质较好或在石质孔内卡钻时,可以采取小爆破振动使钻头松动,以便提起钻头。

(2)钻头被卡住时,可上下左右试着进行轻提,将钻锥提起。

(3)对于卡钻,不宜强提,只宜轻提钻头,如轻提不动时,可用小冲击钻冲击,或用冲、吸的方法将钻头周围的钻渣松动后再提出。若用千斤顶或滑轮组强提时,应注意孔口的牢固,以防孔口坍塌。

(4)对于掉钻,宜迅速用打捞叉、钩、绳套等工具打捞。

(5)对于埋钻,轻的是粘钻,此时应对泥浆稠度、钻渣、进出口、钻杆内径大小、排渣设备进行检查、计算,并控制适当的进尺。若已严重糊钻,应停钻提出钻头,清除钻渣,冲击钻糊钻时,应减小冲程,降低泥浆稠度,并在黏土层上回填部分砂、砾石,如是坍孔或其他原因造成的埋钻,应使用空气吸泥机吸走埋钻的泥砂,提出钻头。

### 3.2.5 护筒冒水、钻孔漏浆

1)质量问题及现象

护筒外壁冒水,护筒刃脚或钻孔壁向孔外漏浆的现象称为护筒冒水、钻孔漏浆;一旦漏浆,护筒内的承压水头高度便得不到保障，易引发坍孔，也会造成护筒倾斜、移位及周围地面下沉。

2）原因分析

（1）护筒埋设太浅，周围填土不密实，或护筒的接缝不严密，在护筒刃脚或其接缝处产生漏水。

（2）钻头起落时，碰撞护筒，造成漏水。

（3）钻孔中遇有透水性强或地下水流动的地层。

（4）护筒内水位过高。

3）预防措施

（1）埋设护筒时，护筒四周土要分层夯实，土质选择含水率适当的黏土。外护筒一般采用钢制护筒，内径2m左右为宜。其主要作用是固定桩位，控制孔口有一定的水头，保护孔口不坍塌，不穿孔。

（2）在旱地上埋设外护筒一般采用挖埋法，埋置深度以进入好土1m以上为宜，并在护筒周围对称地、均匀地回填最佳含水率的黏土，要分层回填夯实，以达到最佳密实度。

（3）在水中埋设外护筒可采用振动加压下沉法，护筒底一定要下沉至硬土1m左右，否则易坍塌、穿孔。

（4）起落钻头，要注意对中，避免碰撞护筒，有钻孔漏浆相应情况时，可增加护筒沉埋深度，采取加大泥浆相对密度，倒入黏土慢速转动，用冲击法钻孔时，还可填入片石、碎卵石土，反复冲击增强护壁。

（5）适当降低护筒内的水头，施工中，严格控制好护筒内水位，一般情况下，以保持高于筒外施工水位1.5m为宜，水头过高易从护筒底脚处产生空孔现象，水头过低又会减弱井孔内的水压外渗护壁作用，甚至产生“反渗”现象。

### 3.2.6 导管进水

1）质量问题及现象

灌注桩首次灌注混凝土时，孔内泥浆及水从导管下口灌入导管；灌注中，导管接头处进水；灌注中，提升导管过量；孔内水和泥浆从导管下口涌入导管等。

2）原因分析

（1）首次灌注混凝土时，由于灌满导管和导管下口至桩孔底部间隙所需的混凝土总量计算不当，使首灌的混凝土不能埋住导管下口，而是全部冲出导管以外，造成导管底口进水事故。

（2）导管接头不严，灌注混凝土中，由于未连续灌注，在导管内产生气囊，当再次聚集大量的混凝土拌和物猛灌时，导管内气囊产生高压；将两节导管间加入的封水橡皮垫挤出或焊缝破裂，使导管接口漏空而进水。

（3）导管连接处密封不好，垫圈放置不平正；垫圈挤出或损坏；法兰螺栓松动。

（4）测深时，误判造成导管提升过量，致使导管底口脱离孔内混凝土液面，使水进入。

3）预防措施

（1）新旧导管需按要求进行气密性试验合格后方能使用。

（2）首灌底口进水和灌注中导管提升过程的进水，一旦发生，停止灌注，利用导管作吸泥管，以空气吸泥法，将已灌注的混凝土拌和物全部吸出。针对发生原因，予以纠正后，重新灌注混凝土。

### 3.2.7 导管堵管

1)质量问题及现象

导管已提升很高,导管底口埋入混凝土接近1m,但是灌注在导管中的混凝土仍不能翻涌上来。

2)原因分析

(1)由于各种原因使混凝土离析,粗集料集中而造成导管堵塞。

(2)由于灌注时间持续过长,最初灌注的混凝土已初凝,增大了管内混凝土下落的阻力,使混凝土堵管。

(3)混凝土灌注导管内含空气,形成压力差,导致首灌混凝土封底失败。

(4)灌注混凝土过程中未按程序要求及时拔管,导管埋入混凝土过深。

(5)突然灌注大量的混凝土,导管内空气不能马上排出,可能导致堵管,若管内空气从导管底端排出,可能带动导管拔出混凝土面。

3)预防措施

(1)桩基混凝土灌注前做好施工组织,保证桩基混凝土的质量和及时性,确保混凝土连续灌注。

(2)混凝土灌注前对导管进行上下提放,将导管内的空气排放干净,方能灌注水下混凝土。

(3)严格按照程序要求拆拔导管,使导管埋深控制在2~4m之间。

(4)浇注混凝土过程中,应匀速向导管料斗内灌注,防止一次性向导管料斗内灌注大量混凝土,导致管内的空气不能及时排出形成堵管。

4)处理措施

(1)发生堵管事件后,应冷静分析,查找原因;如发生堵管,在导管上部可用钢筋疏通,在下部提取导管上下振击。

(2)由于混凝土质量造成的导管堵塞,可以采用适当(根据堵管前测量及计算的导管埋深结果,在保证导管最小安全埋深的情况下确定)提升导管而后快速下落或加大一次性灌注混凝土数量而后快速提升再迅速下放,以冲击疏通导管的方法进行处理。

(3)由于混凝土冲击力不足造成的,应及时加长上部导管的长度,然后,以一次性较大量的混凝土冲击灌注达到疏通导管的目的。

(4)如灌注开始不久发生堵管时,可用长杆冲、捣或用振动器振动导管。若无效果,拔出导管,用空气吸泥机或抓斗将已灌入孔底的混凝土清除,换新导管,准备足够量的混凝土,重新灌注。

### 3.2.8 灌注混凝土时钢筋笼上浮

1)质量问题及现象

在灌注混凝土时钢筋笼上浮;在提升导管时,钢筋笼上浮。

2)原因分析

(1)当灌注的混凝土接近钢筋笼底部时灌注速度过快,混凝土将钢筋笼托起;或提升导管速度过快,带动混凝土上升,导致钢筋笼上浮。

(2)在提升导管时,导管挂在钢筋笼上,钢筋笼随同导管一同上升。

3)预防措施

(1)当所灌注的混凝土接近钢筋笼时,要适当放慢混凝土的灌注速度,待导管底口提高至钢筋笼内至少2m以上时方可恢复正常的灌注速度。

(2)在安放导管时,应使导管中心与钻孔中心尽量重合,导管接头处应做好防挂措施,以防止提升导管时挂住钢筋笼,造成钢筋笼上浮。

4)处理措施

(1)钢筋笼卡住导管后,可设法转动导管,使之脱离钢筋笼。

(2)发现钢筋笼有上浮迹象时,可适当加压,以防止继续上浮。

### 3.2.9 钢筋笼变形

1)质量问题及现象

钢筋笼起吊后,发生过大的扭转或弯曲变形。

2)原因分析

(1)当钢筋笼较长时,未加设临时固定杆。

(2)吊点位置不对。

(3)加劲箍筋间距大,或直径小,导致刚度不够。

(4)吊点处未设置加强筋。

3)预防措施

(1)钢筋笼上每隔2~2.5m增设一道加劲箍筋,在吊点位置应设置加强筋。在加强筋上加设十字交叉钢筋来提高加强筋的刚度,以增强抗变形能力,在钢筋笼入井时,再将十字交叉筋割除。

(2)钢筋笼尽量采用一次性整体入孔,若钢筋笼较长不能一次性整体入孔时,也尽量少分段,以减少入孔时间;分段的钢筋笼也要设临时固定杆,并备足焊接设备,尽量缩短焊接时间;两钢筋笼对接时,上下节中心线保持一致。若能整体入孔时,应在钢筋笼内侧设置临时固定杆,整体入孔,入孔后再拆除临时固定杆件。

(3)吊点位置应选好,钢筋笼较短时可采用一个吊点,较长时可采用两个吊点。

4)处理措施

若钢筋笼发生严重扭曲变形时,必须将钢筋笼拆开重新制作。

### 3.2.10 灌注混凝土时桩孔坍孔

1)质量问题及现象

灌注水下混凝土过程中,发现护筒内泥浆水位忽然上升溢出护筒,随即骤降并冒出气泡,为坍孔征兆;如用测深锤探测混凝土面与原深度相差很多时,可确定为坍孔。

2)原因分析

(1)灌注混凝土过程中,孔内外水头未能保持一定高差。在潮汐地区,没有采取措施来稳定孔内水位。

(2)护筒刃脚周围漏水;孔外堆放重物或有机械振动,使孔壁在灌注混凝土时坍孔。

(3)导管卡挂钢筋笼及堵管时,均易发生坍孔。

3)防治措施

(1)灌注混凝土过程中,要采取各种措施来稳定孔内水位,还要防止护筒及孔壁漏水。

(2)桩基清孔到灌注混凝土前,要保证桩内泥浆的相对密度(一般不小于1.12);泥浆太稀导致泥浆护臂变薄,稳定性差。

(3)坍孔较严重时,或坍孔部位较深,宜将导管、钢筋笼拔出,回填黏土,重新钻孔。

### 3.2.11 桩基出现断桩

1)质量问题及现象

在灌注混凝土过程中,由于导管拔脱,泥浆进入导管内,致使孔内泥浆豁然迅速下降;由于导管接头处密封不好,致使泥浆进入导管,若继续灌注,则会在混凝土中出现泥浆夹层;由于导管埋置过深,当混凝土堵塞导管时处理时间过长或灌注时间较长,使先期灌注的混凝土凝固,导致导管不能提起;在无破损检测中,桩的某一部位存在夹泥层。

2)原因分析

(1)灌注水下混凝土时,混凝土的坍落度过小,集料级配不良,粗集料颗粒太大,灌注前或灌注中混凝土发生离析,或导管进水等使桩身混凝土产生中断。

(2)由于计算错误致使导管底口距孔底距离较大,致使首批灌注的混凝土不能埋住导管,从而形成断桩。

(3)在导管提拔时,由于测量或计算错误,或盲目提拔导管使导管提拔过量,从而使导管底口拔出混凝土面,或使导管口处于泥浆层或泥浆与混凝土的混合层中,形成断桩。

(4)在提拔导管时,钢筋笼卡住导管,在混凝土初凝前无法提起,造成混凝土灌注中断,形成断桩。

(5)导管接口渗漏致使泥浆进入导管内,在混凝土内形成夹层,造成断桩。

(6)导管埋置深度过深,无法提起导管或将导管拔断,造成断桩。

(7)由于其他意外原因造成混凝土不能连续灌注,中断时间超过混凝土初凝时间,致使导管无法提升,形成断桩。

3)预防措施

(1)导管使用前,要对导管进行检漏和抗拉力试验,以防导管渗漏。每节导管组装编号,导管安装完毕后要建立复核和检验制度。导管的直径应根据桩径和石料的最大粒径确定,尽量采用大直径导管。

(2)下导管时,其底口距孔底的距离不大于40cm,同时要保证首批混凝土灌注后能埋住导管至少1m。在随后的灌注过程中,导管的埋置深度一般控制在2~4m范围内。

(3)混凝土的坍落度要控制在18~22cm,要求和易性好。若灌注时间较长时,可在混凝土中加入缓凝剂,以防止先期灌注混凝土初凝,堵塞导管。

(4)在钢筋笼制作时,一般要采用对焊,以保证焊口平顺。当采用搭接焊时,要保证焊缝不要在钢筋内形成错台,以防钢筋笼卡住导管。

(5)在提升导管时要通过测量混凝土的灌注深度及已拆下导管的长度,认真计算提拔导管的长度，严禁不经测量和计算而盲目提拔导管，一般情况下，一次只能拆除一节导管。

(6)关键设备要有备用，材料要准备充足，以保证混凝土能够连续灌注。

(7)当混凝土堵塞导管时，可采用拔插抖动导管的方法，当所堵塞的导管长度较短时，也可用型钢插入导管内进行冲击来疏通导管，也可在导管上固定附着式振捣器进行振动来疏通导管内的混凝土。

(8)当钢筋笼卡住导管后，可设法转动导管，使之脱离钢筋笼。

### 3.2.12 桩头混凝土浇注质量差

1)质量问题及现象

桩头处的混凝土中含泥浆等杂质，强度不足；桩头混凝土裂缝或桩身上部混凝土碎裂；桩顶低于设计高程，超出规范规定。

2)原因分析

(1)灌注混凝土完成后，立即掏浆至桩顶设计高程，使泥浆掺入混凝土内，同时减少对桩头混凝土的压力，致使混凝土的强度有所下降。

(2)在混凝土强度未形成或未达到一定强度(70%以上)就凿除桩头，对混凝土产生扰动，破坏混凝土强度的形成，或使混凝土内部产生细小裂纹。

(3)采用爆破法破桩头，剂量控制不准，造成对桩头爆破过度，致使桩身上部出现碎裂。

(4)对设计桩顶的高程计算或测量不准，导致灌注混凝土提前结束，致使桩头高程低于设计高程。

(5)在灌注水下混凝土时，未按《公路桥涵施工技术规范》(JTG/T F50—2011)要求进行超灌、超灌高度不足或无法进行超灌。

(6)泥浆稠度大且回淤厚度大，造成混凝土与泥浆的混合层较厚。

(7)清孔不彻底或回淤测量有误。

3)预防措施

(1)当混凝土灌至距桩头较近时，要提高漏斗口至少高出桩顶4m，也可搭建一个3m高的平台，在平台上进行灌注混凝土，以便混凝土在压力的作用下能够将泥浆顶起。

(2)灌注混凝土时应比桩顶设计高程至少超灌80cm，以保证桩顶处混凝土在超灌部分自重作用下的密实，同时保证桩头处的混凝土中不含泥浆。

(3)在混凝土灌注后必须达到一定强度(要求70%以上，平均气温在15℃以上时，一般龄期达到7d即可，气温较低时必须延长龄期)时才能破除桩头。严禁混凝土灌注完毕后随即进行掏浆。

(4)凿桩头时当凿至距设计位置10cm左右时，应注意先对设计桩头高程处的四周进行凿除，然后再凿除中间部分，桩头破除后形状应呈平面或桩中略有凸起，以利接柱或浇注系梁混凝土前冲洗桩头。

(5)严禁使用爆破法破桩头。

4)处理措施

(1)若因意外原因，在凿除桩头后混凝土中仍含有泥浆，则应继续向下凿除，直至混凝土中含浆量及混凝土强度满足设计要求时为止。此时可支模板浇注混凝土，深度较大时，需先行浇注，若深度较浅时可在浇筑承台混凝土时同时浇注。

（2）无地下水时，可开挖后做接桩处理；有地下水时，接长护筒，沉至已灌注的混凝土面以下，然后抽水、清渣、按接桩处理。

### 3.2.13 钻孔桩中心偏位

1）质量问题及现象

破除桩头后，经测量放样检查钻孔桩中心与设计要求存在偏差。

2）原因分析

（1）桩位定位存在误差。

（2）护筒的形状不符合要求或埋设时出现偏差。

（3）钢筋笼定位不准确。

3）预防措施

（1）在桩位定位时要认真复核，做好骑马式控制桩并采取一定的保护措施，以便能够准确确定钻头中心及对钢筋笼进行准确定位。

（2）护筒的形状要符合要求，埋设时其四周的回填要密实，防止在钻进过程中发生移动。

（3）钢筋笼定位准确，固定要牢固，经复核无误后方可灌注混凝土。

## 3.3 三水河特大桥桩基施工工艺

### 3.3.1 桩基施工工艺流程

桩基的施工工艺流程如图 3-1 所示。

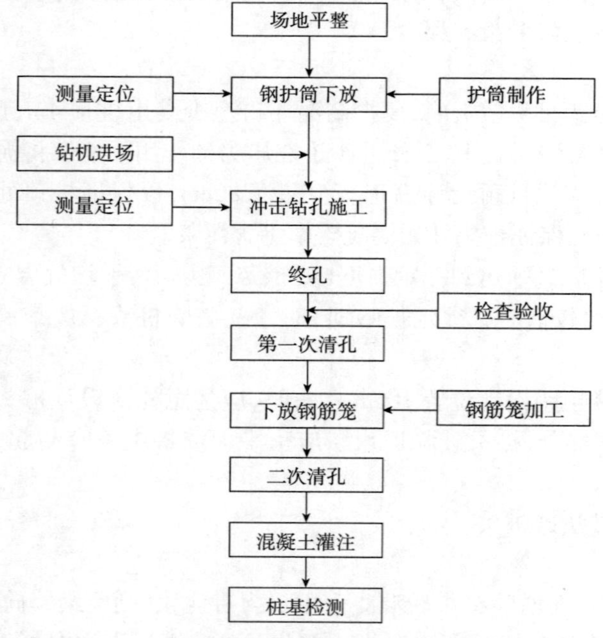


图 3-1 桩基施工工艺流程图

## 3.3.2 桩基施工工艺

### 3.3.2.1 主桥桩基施工钻机布置

本工程的6个主墩同时开工,11~12号墩配置一台旋挖钻成孔,12号墩采用旋挖钻和冲击结合成孔,12号墩旋挖钻机利用11号墩旋挖钻机,13~15号墩每个墩配置6台冲击钻配合成孔,待12号墩施工完毕之后将8台冲击钻转移至16号墩施工。主墩施工完毕之后,钻机转移至引桥钻孔施工。由于钻机较多,钻机布置必须严格按照图3-2的顺序布置。其中数字分别表示第几批施工顺序。桩基桩位平面布置及施工顺序如图3-2所示。

| ④ | ③ | ② | ① | ⑤ |
|---|---|---|---|---|
| ⑤ | ④ | ③ | ② | ① |
| ④ | ③ | ② | ① | ⑤ |
| ⑤ | ④ | ③ | ② | ① |
| ④ | ③ | ② | ① | ⑤ |
| ⑤ | ④ | ③ | ② | ① |

图3-2 13~15号墩桩位平面布置及施工顺序图

### 3.3.2.2 护筒制作与安装

桩基护筒在后场分节加工制作,前场拼装。护筒直径根据各桩径不同,分别在桩径的基础上加大20cm,壁厚12mm,各墩护筒工程量统计如表3-1所示。

表3-1 护筒工程量统计表

| 桩位 | 护筒长度(m) | 护筒直径(m) | 根数 | 质量(t) | 合计(t) | 备注 |
|---|---|---|---|---|---|---|
| 11~16号墩 | 3 | 2.7 | 60 | 143.2 | 143.2 | |

护筒安装前先在地面上放出该桩的平面位置十字线,并用红油漆做好标记,采用人工挖孔的形式开挖约1.0m深,采用50t履带吊将护筒安装到桩孔内。对护筒进行校核,安装到位后跟进护筒,直至护筒顶高出地面约30cm。将护筒周围空隙部分用黏土回填夯实。

### 3.3.2.3 钻孔施工

为了加快施工进度,11号主桥采用旋挖钻施工,12号墩桩基采用旋挖钻和冲击钻相结合的形式进行施工,其余主墩使用冲击钻成孔施工。

12号主桥桩基在护筒安装完成后,首先用旋挖钻施工,当旋挖钻施工进尺较慢或到达岩层位置时,移除旋挖钻钻机,安装冲击钻继续施工至设计桩底高程。

1)旋挖钻施工

旋挖钻施工工作原理:旋挖钻机采用动力头形式,其工作原理是用短螺旋钻头或旋挖斗,利用强大的扭矩直接将土或砂砾等钻渣旋转挖掘,然后快速提出孔外,在不需要泥浆支护的情况下可实现干法施工,即使在特殊地层需要泥浆护壁的情况下,泥浆也只起支护作用,钻削中的泥浆含量相当低,这使污染源大大减少,进而降低了施工成本,也改善了施工环境,成孔效率高。

(1)钻机安装、定位

钻机就位前应对钻机各主要机具设备进行检查和维修,使钻机始终保持最佳工作状态。桩基护筒定位完成后,旋挖钻钻机通过行走装置自行至目标孔位,将钻头对准孔位,进行钻孔。钻机定位微调采用上下或左右转动桅杆的方式进行。

(2)钻孔施工

旋挖钻采用筒式钻斗。钻机就位后,调整钻杆垂直度(如孔位地质条件较好、孔壁稳定,直接采用空钻成孔方式钻孔;如土质条件较差,采用注入调制好的泥浆),然后进行钻进。当钻头下降到预定深度后,旋转钻头并施加压力,将土挤入钻斗内,仪表自动显示筒满时,钻斗底部关闭。提升钻斗将土卸于堆放地点。如为泥浆孔施工,钻孔过程中泥浆面始终不能低于护筒底面,以保证孔壁的稳定性。通过钻头的旋转、削土、提升、卸土、泥浆撑护孔壁,反复循环,直至达到基岩位置或指定高程。

(3)钻机移除

当旋挖钻孔施工至基岩或指定高程后,提出钻头,进行下一个孔位施工。

2)冲击钻施工

冲击钻施工主要用于12~16号主墩桩基施工。

(1)钻机安装就位

钻机就位前应对钻机各主要机具设备进行检查和维修,使钻机始终保持最佳工作状态。钻机利用50t履带吊吊装就位。

(2)钻机调试

钻机就位后,要对钻机进行调平,若不平则需用千斤顶将较低边顶起,下垫钢板调平。然后检查钻头中心及孔位中心是否在同一铅垂线上,开动电机,检查润滑系统是否正常。

(3)成孔施工

①泥浆

桩基采用黏土制造泥浆,必须保证泥浆浓度,防止孔内漏浆。

②钻进

钻孔作业应分班连续进行,认真填写施工记录;每班检查孔位及钻机位正确与否,并适当调整。每班检查钢丝绳完好情况,如发现有发毛、断丝等现象应及时更换。孔内要求保持比地面略高的水头高度,防止坍孔,每钻进1m和地层变化处均应捞取渣样,以便与勘察设计时的地质剖面图进行核对。在钻孔施工过程中,钻渣集中堆放,统一运到指定位置,不能随意排放。

③终孔

钻头钻至设计高程时,停止钻孔,捞取渣样,请监理工程师认证,待其认可后方可进行下步操作。

④清孔

清孔分两次进行,以第一次清孔为主,第二次清孔(混凝土浇注导管清孔)为辅。第一次在终孔后,采用气举反循环或泵吸法将钻渣带出,同时要及时补充循环泥浆。二次清孔在钢筋笼和混凝土浇注导管安装下放完毕后,经测定孔底沉渣和泥浆指标达到设计要求时,方可浇注混凝土。

⑤检孔

清孔完毕后,请监理工程师检查桩径、倾斜度、孔深等。待监理工程师认证后方可拆除钻锤、撤离钻机。孔径采用自制钢筋检孔器4D(外径2.5m,长度10m)检测。孔深采用自制测深锤(测深锤自重大于浮力)检测。

根据《公路桥涵施工技术规范》(JTG/T F50—2011)要求,钻孔桩成孔质量标准如表3-2所示。

**表 3-2 钻、挖孔成孔质量标准**

| 项 目 | 允许偏差 |
|---|---|
| 孔的中心位置(mm) | 群桩:100;<br>单排桩:50 |
| 孔径(mm) | 不小于设计桩径 |
| 倾斜度 | 钻孔:小于 1%;<br>挖孔:小于 0.5% |
| 孔深 | 摩擦桩:不小于设计规定;<br>支承桩:比设计深度超深不小于 50mm |
| 沉淀厚度(mm) | 摩擦桩:符合设计要求,当设计无要求时,对于直径≤1.5m的桩,≤300mm;对桩径>1.5m 或桩长>40m 或土质较差的桩,≤500mm;<br>支承桩:不大于设计规定 |
| 清孔后泥浆指标 | 相对密度:1.03~1.10;<br>黏度:17~20Pa·s;<br>含砂率:<2%;<br>胶体率:>98% |

#### 3.3.2.4 成桩施工

1)钢筋笼工程

(1)钢筋笼制作

①在后场加工平台同槽分节加工。将长 10m 的[22 槽口朝上平放在地上。然后按 2m 间距将三角形加劲圈($\phi$25)点焊在槽钢上,根据设计要求将主筋与加劲圈进行焊接,主筋要求与加劲圈垂直。主筋加工完毕后,将钢筋笼与槽钢割离开,按设计要求绑扎箍筋。

根据《公路桥涵施工技术规范》(JTG/T F50—2011),钢筋笼制作偏差如表 3-3 所示。

**表 3-3 钢筋位置允许偏差**

| 项 目 | 主筋间距(mm) | 箍筋间距(mm) | 骨架外径(mm) | 骨架保护层厚度(mm) | 骨架长度(mm) |
|---|---|---|---|---|---|
| 允许偏差 | ±10 | ±20 | ±10 | ±20 | ±10 |

②钢筋笼接头采用镦粗直螺纹接头,接头应相互间隔错开,根据规定,错距控制在 40$d$($d$ 为主筋直径),因本桥桩基钢筋笼主筋为 $\phi$25,因此错距为 100cm,直螺纹法接头要求钢筋笼加工精度高,第一节钢筋笼加工完毕经监理工程师检查认可后,就地同槽加工与之相邻的一节钢筋笼。同样在地上放置[22 的槽钢,点焊加劲圈,在焊接主筋以前,应用直螺纹接头将第二节钢筋笼主筋与前一节钢筋笼主筋进行试连接,并作上标记,便于现场连接时对号入座,以此类推直至钢筋笼加工完毕。钢筋笼的直螺纹丝口应带塑料保护帽,防止钢筋笼在吊装、运输过程中破坏丝口。

③制作好后经监理工程师认证的钢筋笼应挂牌标识,注明验收事宜、桩号及节段号。

④在制作钢筋笼的同时应在其上正确安装检测管,同一截面上均匀布置 3 根 $\phi$57 ×

3.5mm无缝钢管，其中11～16号墩每根桩基布置4根$\phi 57\times 3.5$mm无缝钢管，检测管固定前同样要求进行试连接，然后作上标记，根据设计要求，声测管底部应埋设到桩底，顶部高出桩顶100cm，接头采用螺纹接头连接，埋设前底部严格密封，声测管随钢筋笼一起下放，下放一节连接一次，下放完毕后应将管口严格密封，防止混凝土进入。

(2)钢筋骨架吊装就位

①钢筋笼下放

钢筋笼在后场加工好后经运输车运至施工现场在墩上接长下放，钢筋笼下放前应将三角形撑架由下而上割掉，待钢筋笼最后一个加劲圈降至操作平台时，用2根长4m的工25工字钢作为扁担横穿钢筋笼加劲圈，将其担在施工平台上，吊装下一节钢筋笼与之对接，如此循环直到最后一节钢筋笼接完，钢筋笼下放时应尽量垂直，缓慢下放，防止与孔壁碰撞造成坍孔。

根据《公路桥涵施工技术规范》(JTG/T F50—2011)，钢筋笼下放允许偏差如表3-4所示。

**表3-4 钢筋笼下放允许偏差**

| 骨架中心平面位置(mm) | 骨架顶端高程(mm) | 骨架底面高程(mm) |
|---|---|---|
| 20 | ±20 | ±50 |

②钢筋笼吊装

钢筋笼采用50t履带吊或25t吊车吊装下放。

③钢筋笼定位与抗浮

钢筋笼定位采取在护筒上用红油漆标上横桥向及纵桥向的桩位，用广线连接四点定出钢筋笼中心。钢筋笼接长到位后，用4根带钩头的$\phi 22$钢筋与钢筋笼4个角点上的主筋焊接牢固(焊缝长15cm，$h_f\geqslant 20$mm)，并用4根[6对称焊在主筋上，钢筋笼下放到位后，靠4根钩头筋挂在护筒上(并与之焊接)支承钢筋笼自重，4根[6与护筒焊在一起抗浮。

2)灌注水下混凝土

计划在14号墩附近设置一集中拌和站，混凝土通过运输罐车运至现场。

(1)混凝土要求

桩基混凝土由拌和站搅拌。采用泵送浇注，拌和站生产能力为150m$^3$/h。水下混凝土要求如表3-5所示。

**表3-5 水下混凝土要求**

| 工程部位 | | 主墩桩基 |
|---|---|---|
| 质量要求 | 混凝土强度等级 | 水下C30 |
| | 初凝时间 | ≥18h |
| | 坍落度 | 18～22cm |
| | 水泥强度 | ≥32.5MPa |
| | 粗集料 | 碎石0～5mm、10～20mm、10～30mm三级配 |
| | 细集料 | 级配良好的中砂 |
| | 水灰比 | 0.5～0.6 |
| | 其他 | 根据实际适量加入粉煤灰和外加剂 |

采用混凝土拖泵将混凝土从搅拌站直接输送至用于浇注桩基的集料料斗。

(2)混凝土浇注准备工作

①混凝土配合比

混凝土配合比先进行试配,然后选定,经监理工程师检查签证后认可。

②导管

导管采用其他工地现有外径300mm的无缝钢管,底节长度4m,中间各节长2.7m,另外配置1m和1.5m调节管。全桥施工按照3套87.5m长度配置。

导管接头采用快速螺纹式,在使用前必须进行水密承压试验和接头抗拉试验,并要检查接头丝口是否完好,丝口破坏的要弃用,在丝口完好的导管上下接头以下35cm处各加焊一圈$\phi$10的钢筋作为定位圈。水密承压试验采用空气加压法。先将导管接长,两端密封(各留一个出气口),从出气口往导管里加水至满,封闭一端出气口,将空气从另一个出气口中灌入。根据《公路桥涵施工技术规范》(JTG/T F50—2011)水密性试验压力$p$为:

$$p = 1.3(\gamma_c h_c - \gamma_w h_w)$$

式中:$p$——导管可能受到的最大内压力(kPa);

$\gamma_c$——混凝土的重度,取24.0kN/m$^3$;

$\gamma_w$——孔内泥浆重度,11kN/m$^3$;

$h_c$——导管内混凝土柱最大高度(m),以导管全长或预计的最大高度计;

$h_w$——孔内泥浆的深度(m)。

$$p = 1.3 \times (24.0 \times 85 - 11 \times 85) = 1\ 436.5(\text{kPa})$$

③漏斗

为保证首批混凝土浇注的连续性,在导管顶部接一漏头,漏斗采用主墩施工用漏斗,尺寸为直径1.2m,高度0.8m,容量为1.35m$^3$,漏斗封口采用球栓式,根据导管内径尺寸,用$\phi$300钢管加工。混凝土漏斗结构如图3-3所示。

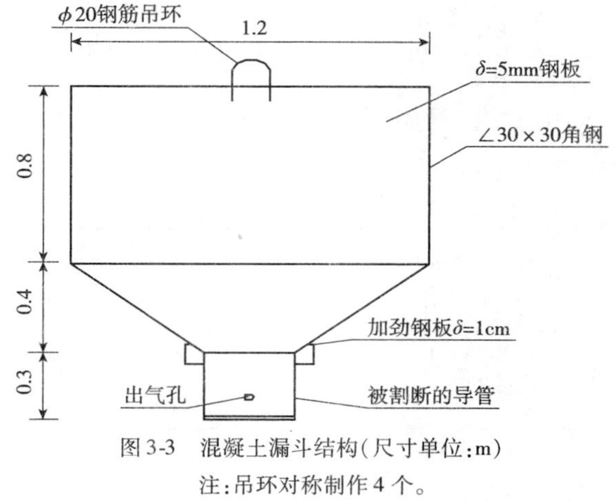


图3-3 混凝土漏斗结构(尺寸单位:m)

注:吊环对称制作4个。

④集料斗(容量9m$^3$、约5t)

为使封底成功,首批混凝土的数量应能满足导管首次埋深(≥1.0m)和填充导管底部的需要。所需混凝土量:

$$V \geqslant (\pi D^2/4)(H_1 + H_2) + (\pi d^2/4)h_1$$
$$= \pi \times 2.5 \times 2.5 \div 4 \times (0.4 + 1) + \pi \times 0.3 \times 0.3 \div 4 \times (85 - 1 - 0.4) \times 11 \div 24$$
$$= 9.58(m^3)$$

式中：$V$——灌注首批混凝土的体积($m^3$)；

$D$——桩孔直径(m)；

$H_1$——桩孔底至导管底端间距(m)，一般为0.4m；

$H_2$——导管初次埋设深度(m)；

$d$——导管内径(m)；

$h_1$——桩孔内混凝土达到埋置深度$H_2$时，导管内混凝土柱平衡导管外(或泥浆)压力所需的高度(m)，即$h_1 = H_w \gamma_w / \gamma_c$。

混凝土集料料斗设计如图3-4所示。

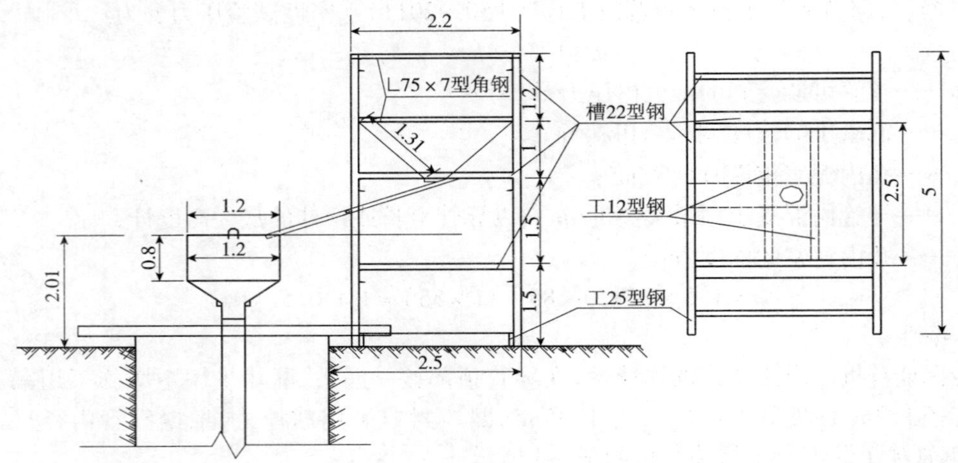


图3-4　混凝土集料料斗设计图(尺寸单位：m)

注：所有连接都采用焊接。

引桥墩桩基集料斗采用主墩桩基施工用集料斗满足施工要求，单个集料斗工程数量如表3-6所示。

**表3-6　单个集料斗工程数量表**

| 材料数量 / 材料名称 | 数量 (m或$m^2$) | 单重 (kg/m或kg/$m^2$) | 总重 (kg) |
|---|---|---|---|
| 工25型钢 | 14.4 | 38.1 | 548.6 |
| 工12型钢 | 5 | 14.2 | 71.0 |
| 双槽22型钢 | 120.4 | 25 | 3 010.0 |
| 12mm槽板 | 11.8 | 94.2 | 1 111.6 |
| ∠75×7角钢 | 18.8 | 7.98 | 150.0 |
| 合计 | | | 4 891.2 |

(3)灌注水下混凝土

①导管接长,按照图 3-5 所示加工导管定位架,第一节导管靠定位圈卡在定位架上,起吊另一节导管与之对接,对接完毕后,打开定位板,导管由吊钩吊住慢慢下放,待导管接头通过定位架后,关闭定位板,又靠第二节导管限位圈卡在定位架上支承导管自重,脱钩起吊下一节导管进行连接。

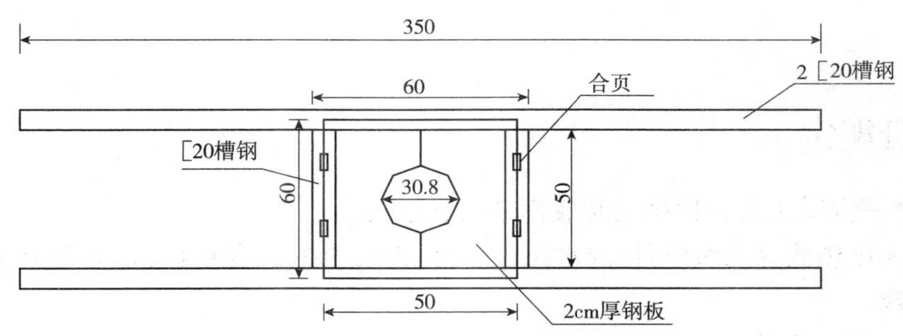


图 3-5 导管定位架设计图(尺寸单位:cm)

②导管接完后(导管底口离桩底 35cm),用测深锤检测沉渣厚度,若符合规范要求,并经监理工程师认可后即可进行下道工序施工。

③依次将漏斗、储料斗吊上操作平台,漏斗与导管采用快速螺纹接头,储料斗与漏斗错开一个孔位,在漏斗与储料斗之间用溜槽作为混凝土的通道。漏斗接好后在其下部均匀涂上黄油,铺上油纸,并放好封口木塞。

④一切准备就绪后,往储料斗加注混凝土,并打开储料斗阀门,待漏斗灌满后,关闭储料斗阀门,继续往储料斗内灌注混凝土至满。

⑤用吊车拔起木塞,同时开启储料斗闸门,将首批混凝土灌入桩底,立即测孔内混凝土面高度,计算埋深,符合规范要求则通过储料斗往漏斗里灌注混凝土,反之则要立即清孔重新封底。

⑥在浇注过程中要经常测量混凝土面高度,认真作好混凝土浇注记录,并要防止混凝土从漏斗中溢出或不经漏斗掉入孔中,否则将会影响混凝土面高度检测的准确性,导管埋深控制在 2 ~6m,多余导管应及时快速拆除。

⑦为保证桩顶混凝土强度,灌注的桩顶高程比设计桩顶高程高 0.5m,多余部分在终凝前凿除掉,或在桩顶处割穿护筒,让泥浆自动溢出。

#### 3.3.2.5 桩质量检测认证

混凝土浇注后,由试验室测定 7d 和 28d 试块强度,确认混凝土强度,并经监理工程师认可是否合格。采用超声波检测仪通过声测管对桩身质量进行无破损检测。

# 4 大体积承台施工

## 4.1 一般规定

(1)大体积混凝土配合比确定时应遵循以下原则:

①选用水化热低、初凝时间长的水泥,以降低混凝土的总发热量,延缓混凝土硬化时放热峰值的出现。

②掺加粉煤灰取代部分水泥,以减少总发热量,同时改善混凝土的和易性、增加可泵性。

③使用外加剂减少水泥用量,以减少总发热量。

(2)应根据冷却效率的影响因素,设计冷却管降温系统,以降低混凝土内部水化热。各层间进、出口应各自独立、分别供水,以便根据实际测量数据,相应调整各层水循环速度和进水温度。中心竖管为进水管,角部竖管为出水管。

(3)承台施工时应准确埋设空心墩预埋竖向钢筋。

(4)施工单位应在大体积承台内分层分部位预埋温度传感元件,测取混凝土内部各位置在混凝土硬化过程中的温度。预埋层距宜为50~70cm,层内每3m设一布置点。从混凝土浇筑10h开始观察至72h,水化热峰值出现时段宜每小时测温1次,通过调整进管水温和水速,以达到混凝土内外温差不大于25℃。

(5)承台浇筑完成后应用覆盖法和洒水法结合养生不少于7d或用"温度·时间"法确定养生时间。

## 4.2 大体积承台施工期常见问题及其预防措施

1)质量问题及现象

混凝土表面出现裂缝,甚至出现贯穿裂缝。

2)原因分析

(1)地基变形引起的裂缝。由于地基不均匀沉降或水平方向位移,使结构产生附加应力,超出混凝土结构的抗拉能力,导致结构开裂。

(2)由于温差变化产生的裂缝。在施工过程中,混凝土浇筑完毕后,由于水泥水化时产生大量热量,致使内部温度升高,内外温差过大。在温度应力的作用下,使混凝土表面出现裂缝。

(3)混凝土收缩产生的裂缝。混凝土浇筑完毕后,塑性收缩和缩水收缩是混凝土表面产生裂缝的主要原因。

3)预防措施

(1)当基底土质变化较大或承载力不均匀时,应按有关规定进行处理,使基底具有均匀足够的承载力。

(2)根据实际情况,应选择水化热低的水泥,限制水泥用量,降低集料入模温度,并缓慢降温。

(3)为减少混凝土的塑性收缩,应严格控制混凝土的水灰比,振捣密实,避免过振。为避免出现缩水裂缝,在混凝土浇筑后应加强养生,保持混凝土表面温润,避免忽干忽湿。

(4)对于刚刚出厂的水泥,要经过至少2周的熟化才能使用。

(5)当承台的平载面过大时,不能在前层混凝土初凝或重塑前浇筑完成次层混凝土时,可分块进行浇筑。浇筑时应符合下列规定:

①分块应合理布置,各分块平均面积不小于$50m^2$。

②分块高度不超过2m。

③块与块间竖向接缝面应与基础平截面短边平行,与长边垂直。

④上下层混凝土间的竖向接缝,应错开位置并做成企口,按施工缝处理。

(6)在混凝土中掺加适量的膨胀剂,对混凝土的收缩进行补偿。

(7)混凝土浇筑完毕后,为控制混凝土内外温差,可在混凝土顶面采用蓄水并覆盖塑料布进行养生,使混凝土的表面温度控制在一定范围内,降低混凝土内外温差。

(8)在混凝土中可掺加外加剂、片石等方法减少水泥用量。

(9)在高温季节施工时,应避免高温时段施工,尽力安排在气温较低时进行混凝土浇筑。同时对原材料进行降温,并用冷却水进行拌和,降低混凝土浇筑后的内部温度。

(10)采取上述措施仍无法降低混凝土内外温差时,必须在混凝土内部埋置铁管采用循环冷却系统进行内部散热,或采用薄层连续浇筑,以便加快散热。

4)处理措施

(1)当裂缝较小时,可用碳纤维粘贴加固、环氧树脂灌注等方法进行处理。

(2)当混凝土基础出现裂缝时,可用扒钉钉合或钢箍加固封闭裂缝。

## 4.3 三水河特大桥承台钢筋混凝土施工工艺

### 4.3.1 承台施工工艺流程及钻孔桩中间交工阶段

#### 4.3.1.1 施工工艺流程

11、12、16号主墩承台采取先开挖承台后施工桩基的方式。工序流程为:测量放线(桩基施工前)→基坑开挖→坑底高程测量、放样(放样至超过承台底高程30cm处)→桩基施工完成→进行二次开挖→坑底高程测量、放线→浇筑15cm厚C15封底混凝土→承台平面位置精确放样→第一次钢筋绑扎→第一次模板安装→第一次混凝土浇筑及模板撤除→第二次顶部钢筋绑扎→第二次模板安装→测量高程、放样→第二次混凝土浇筑养护。

13、14、15号主墩承台在桩基施工完毕后开挖。工序流程为:测量放线(桩基施工后)→基坑开挖→坑底高程测量、放样→桩头剥除→基底清理→坑底高程测量、放线→浇筑15cm厚C15封底混凝土→承台平面位置精确放样→第一次钢筋绑扎→第一次模板安装→第一次混凝土浇筑及模板撤除→第二次顶部钢筋绑扎→第二次模板安装→测量高程、放样→第二次混凝土浇筑养护。主墩承台施工工艺流程详见图4-1。

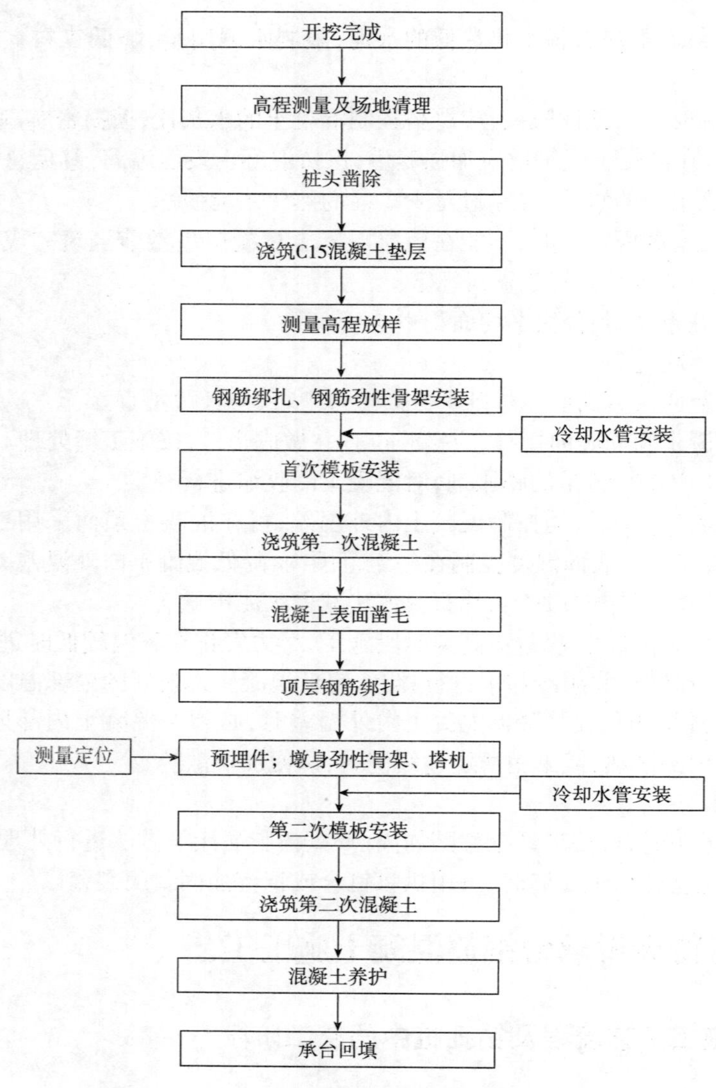


图4-1 主墩承台施工工艺流程图

#### 4.3.1.2 钻孔桩中间交工阶段,承台与钻孔桩施工交替进行

1)桩身质量检测

桩身质量采用超声波检测仪逐桩进行无破损检测。检测完毕后,再进行桩头凿除。

2)桩头凿除

桩施工完成后,即对已浇筑桩基桩头进行凿除,桩头高程控制应满足设计及规范要求。

3)施工平台清理

各墩在桩施工完毕后,立即对现场进行清理干净,为承台基坑开挖做好准备。

4）测量放样

基底处理完毕，立即测量放样承台设计边线，测量放样以施工设计图为依据，且满足《公路桥涵施工技术规范》（JTG/T F50—2011），并用红油漆标明清楚。

5）基坑开挖

本桥在桩基施工前已经对承台区域进行开挖，基底高程比承台设计底高程高出30cm，二次开挖采用机械开挖，人工清理基底并作夯实处理。

6）基坑排水

基坑断面外周边设置截水沟、开挖排水沟、集水井，汇集地下水和雨水，以防止雨水浸泡基坑。用抽水机抽排基坑内积水。

7）基底硬化处理

基底清理完毕后，浇筑15cm厚C15混凝土满铺基坑底部，垫层浇筑时预埋模板加固用预埋件，待达到强度时测量放线、立模、绑扎钢筋，立即进行基础混凝土施工，避免基底暴露过久或受地表水浸泡而影响地基承载力。

8）模板投入及安装

承台模板第一节段、第二节段均采用大块精制钢模，纵横带采用型钢，辅以拉杆和支撑内外加固，内撑外顶。模板间夹贴海绵条，确保不漏浆。在施工前将表面清理干净，涂上脱模剂。承台按设计安装模板，分2次进行承台施工。

#### 4.3.1.3 承台施工工序流程时间

主墩单个承台施工用时如表4-1所示，引桥单个承台施工用时如表4-2所示。

**表4-1 主墩单个承台施工工序流程时间表**

| 工序名称（桩基施工完成） | 工序需用时间（d） | 备 注 |
|---|---|---|
| 1. 平场和基坑二次开挖 | 2 | 包含地基夯实处理 |
| 2. 凿除桩头 | 2 | 根据桩头多少调整时间 |
| 3. 浇筑垫层及等待强度 | 2 | |
| 4. 承台第一次钢筋及冷却水管的安装 | 10 | |
| 5. 安装第一次承台模板及加固 | 2 | |
| 6. 浇筑第一次混凝土 | 1 | |
| 7. 拆除第一次浇筑模板 | 1 | |
| 8. 混凝土表面凿毛 | 1 | |
| 9. 制作和安装承台第二次钢筋，及冷却水管的安装 | 10 | 包含墩身劲性骨架预埋件、塔吊及施工电梯预埋件 |
| 10. 安装第二次模板 | 2 | |
| 11. 浇筑第二次混凝土 | 1 | |
| 12. 强度等待 | 2 | |
| 13. 撤除承台外模板，并回填夯实 | 3 | 拆模混凝土强度大于2.5MPa |
| 合 计 | 39 | |

表 4-2　引桥单个承台施工工序流程时间表

| 工序名称(桩基施工完成) | 工序需用时间(d) | 备　注 |
| --- | --- | --- |
| 1. 平场和基坑二次开挖 | 1 | 包含地基夯实处理 |
| 2. 凿除桩头 | 3 | |
| 3. 浇筑垫层及等待强度 | 2 | |
| 4. 承台钢筋安装 | 7 | 包含墩身劲性骨架预埋件 |
| 5. 安装承台模板及加固 | 5 | |
| 6. 浇筑承台混凝土 | 1 | |
| 7. 撤除承台外模板并回填夯实 | 3 | |
| 合　计 | 22 | |

## 4.3.2　承台钢筋制作及安装

### 4.3.2.1　作业条件

(1)熟悉桥梁承台设计图纸,明确承台钢筋的做法,核对钢筋配料表和料牌,核对成品钢筋的钢种、直径、形状、尺寸和数量。

(2)进场钢筋按图纸要求悉数进场,且已试验合格。

### 4.3.2.2　钢筋加工

(1)钢筋工程施工应满足《公路桥涵施工技术规范》(JTG/T F50—2011)要求。对设计要求采用机械连接的钢筋施工,还应满足现行《镦粗直螺纹钢筋接头》(JG 171—2005)要求。

(2)钢筋在钢筋房集中统一制作成半成品,运输到现场安装。

(3)根据图纸设计要求,钢筋工长应熟悉图纸进行钢筋抽样,抽样完毕后,方可交付钢筋工下料。

(4)在钢筋下料过程中,应严把质量关。而且质量员应不定期抽查后台下料长度与钢筋工长料单长度比较,误差大于规范要求的应重新制作。

(5)钢筋在下料时,钢筋工应严格按照设计规范要求进行下料,而且钢筋锚固长度应符合设计及规范要求。

(6)成品堆放应标明所用部位、长度、规格。

### 4.3.2.3　钢筋绑扎和焊接

(1)桩头钢筋处理应理顺调直,整理成设计要求的喇叭状。对部分没有加工成直角弯钩的桩头钢筋,应采用加工成直角的接长钢筋对其接长,钢筋要错开搭接,同一断面不能超过50%。然后清除钢筋表面锈皮和水泥浆,绑扎桩头螺旋筋。

(2)承台钢筋采用汽车运输至墩位处,汽车吊与履带吊配合进行绑扎施工。镦粗直螺纹接头钢筋,在堆放和转运过程中丝口端均应戴上塑料帽进行保护。塑料帽在进行主墩钢筋绑扎施工前应摘除,避免掉落在承台范围内,造成污染。

(3)根据设计要求和承台分层施工工艺,钢筋绑扎施工顺序为:承台底面防裂钢筋网铺设→承台钢筋架立绑扎(第一次施工)→承台四周防裂钢筋网铺设→承台第一次支模混凝土浇筑→承台钢筋架立绑扎(第二次施工)→承台顶面防裂钢筋网铺设→墩身预留钢筋和劲性骨架施工→承台第二次支模混凝土浇筑。

(4)用粉笔在混凝土垫层上按设计要求画出钢筋位置线,依线摆好钢筋,逐个进行绑扎。

(5)主墩承台钢筋施工除按设计要求,对直径大于20mm螺纹钢需采用镦粗直螺纹接头,其余钢筋采用冷搭接或焊接施工。冷搭接施工长度应不小于$40d$且不小于300mm,焊接施工长度单面焊不小于$10d$,双面焊不小于$5d$,且接头须按规范要求间隔错开。

(6)水平钢筋骨架在纵横交接处,应绑扎紧密、结实,各层钢筋骨架之间采用$\phi$25螺纹钢拉筋作为架立钢筋进行支撑。架立钢筋一次安装到承台顶面,架立筋间交接处应焊接牢固。由于两个主墩承台平面断面均较大,钢筋较难控制,可能会出现东倒西歪的现象。故除了竖向支撑外,可适当焊接斜向钢筋支撑固定,保证钢筋牢固稳定。钢筋骨架分两次施工,第一次将承台四周侧向钢筋绑扎至承台顶面,承台内水平分布钢筋分层绑扎至侧模顶位置,待第一节混凝土浇筑后将余下部分全部完成,包括主塔墩身预留钢筋。在绑扎承台顶层水平分布钢筋时,设置一个人孔作为操作人员上、下通道,待混凝土浇至人孔处,再采用钢筋搭接绑扎封堵。

(7)底面钢筋采用混凝土垫块进行支垫,底层钢筋垫块必须与承台混凝土的强度一样或大于承台混凝土的强度,确保混凝土底面的保护层厚度。钢筋焊接加工由持证焊工进行,采用焊条应与钢筋材质相对应,焊接完成后,由质检员检查焊缝长度、宽度和深度,以确保焊接质量,且不容许出现咬边、气孔、夹渣等现象。

(8)由于承台四周侧向钢筋架立,在第一次混凝土施工前均绑扎完毕,而第一次支立侧模高3m,故侧向钢筋有3m高露出侧模。为防止在第一次混凝土浇筑过程中,因碰撞侧向外露钢筋而导致钢筋骨架变形,在第一次钢筋绑扎完毕,采用型钢将外露钢筋与水平分布筋和模板顶面进行临时支撑固定。

(9)承台第一次钢筋施工时,应预埋焊接塔身预留钢筋定位劲性骨架的预埋铁件。

(10)在承台第二次钢筋施工前,首先焊接主塔墩预留钢筋定位劲性骨架,劲性骨架的安装应进行精确放样。承台第二次钢筋施工完毕,即可进行主塔墩预留钢筋施工。预留钢筋同样要精确放样,各边均应作闭合复测及对角线校核,放样精度要求桥轴线控制在10mm内,内部几何尺寸控制在20mm内。劲性骨架采用∠100和∠75加工而成。钢筋预埋时,在劲性骨架上标出主塔墩每束预留钢筋位置,后方能绑扎固定,以确保主塔墩预留钢筋位置准确。墩身预埋钢筋长度,应综合考虑塔身浇筑标准节段高及第一、二节段高进行确定,同时还应考虑钢筋接头错开长度。

(11)绑扎钢筋时应满绑,钢筋网片绑扎采用梅花形布置,不得缺扣或漏绑。

(12)钢筋的直螺纹连接和焊接必须满足设计和桥梁施工规范及相关标准。

#### 4.3.2.4 质量要求

(1)高度重视半成品加工质量,下料前必须调直钢筋。下料尺寸必须经施工技术人员严格审查后执行。钢筋制作一律在工地加工房内使用机械加工弯制成半成品,保证弯曲角度和平直部分长度。加工好后应按照规格品种分类堆放整齐,交代工人取用时不得错拿错放,以保证成型骨架准确。钢筋直螺纹丝头必须严格按照规范要求进行制作,直螺纹套筒满足设计和规范要求。

(2)钢筋骨架绑扎应注意绑扎方法,宜采用十字扣绑扎法,不得采用顺扣绑扎法,防止钢筋变形。

#### 4.3.2.5 成品保护

(1)成品钢筋应垫平堆放,且应分规格和品种堆放。

(2)钢筋堆放时,要保持钢筋表面洁净。

(3)避免踩踏已绑扎好的钢筋。

### 4.3.3 冷却水管安装

为减少混凝土内部水化热,降低承台混凝土内外温差,尽量避免承台混凝土开裂,采取在承台混凝土内设冷却水管通水降温的措施。

冷却水管根据温控设计要求及分层厚度布置成4层,间距1.5m。冷却水管采用公称直径为$D=50$mm、$\delta=2.5$mm,具有一定强度、导热性能好的钢管制作。根据该要求,每层冷却管设10个进水口、10个出水口,进水口临时封堵,出水口设置阀门,然后用软胶管引至承台外水池中。冷却水管接头采用外接管箍,连接安装时采用角钢或槽钢支架固定,均采用U形定位筋与支架卡焊,要确保位置准确、固定牢靠,保证在浇筑混凝土过程中不发生移位现象,具体如图4-2所示。

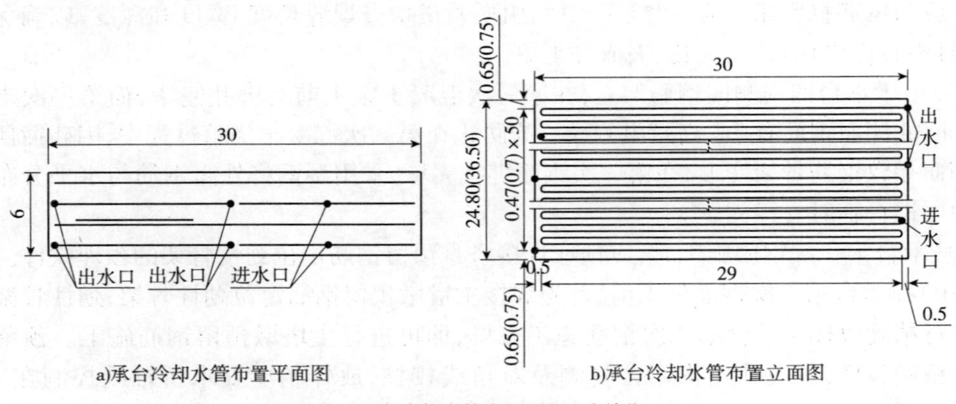


图4-2 承台冷却水管布置图(尺寸单位:m)

(1)埋设冷却水管时同时埋设测温管,测温管垂直冷却水管每层平面布置,采用角钢或$\phi$25钢筋固定牢固,端头用橡皮塞封堵。

(2)冷却水管安装完成后,进行通水试验,保证混凝土浇筑时,混凝土砂浆不漏进冷却水管内而造成水管堵塞,做到管道通畅,接头可靠,不漏水、不阻水。冷却水管的进水口采取集中布置、统一管理,并标识清楚。循环冷却工作结束后,冷却管内压注水泥浆进行封闭。

(3)布管时,冷却水管应与承台主筋错开;若错开有困难,可适当移动水管位置。

(4)冷却管应与钢筋骨架或架立钢结构支架绑扎牢靠,以防水管变形或接头脱落。

(5)冷却管网安装完成后,应将进出水管与总管、水泵接通,进行通水试验。

(6)冷却管网应分区分层编号,每一层管网的进出水管均应编号登记。

(7)承台施工及养护结束后,冷却水管压注水泥浆。

### 4.3.4 墩身模板及劲性骨架预埋件安装

劲性骨架是墩身施工的导向,墩身钢筋定位、模板固定、劲性骨架预埋件都以劲性骨架作为参考。预埋件安装位置根据劲性骨架几个角点的测量放样结果确定,须严格控制其平面位置与高程。

首节墩身模板安装固定用预埋件在二次浇筑中预埋,首节墩身模板安装固定预埋件设置两排,间距 2m,第一排距墩身 2m,预埋件应有足够的锚固长度。预埋件具体位置布置示意图如图 4-3 所示,预埋件示意图如图 4-4 所示。

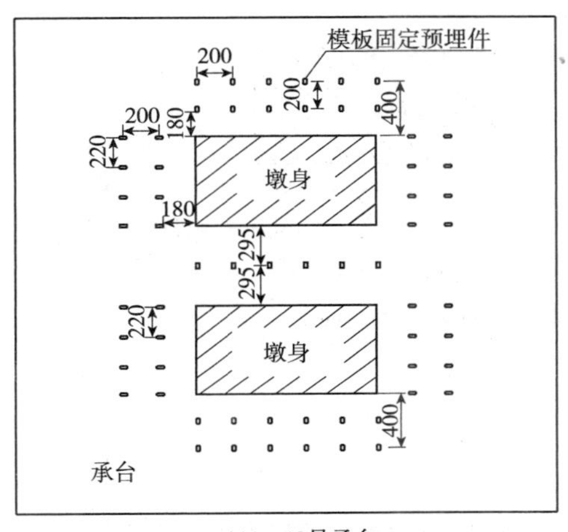


a)11、12号承台　　b)13~16号承台

图 4-3　首节墩身混凝土模板固定预埋件位置图(尺寸单位:cm)

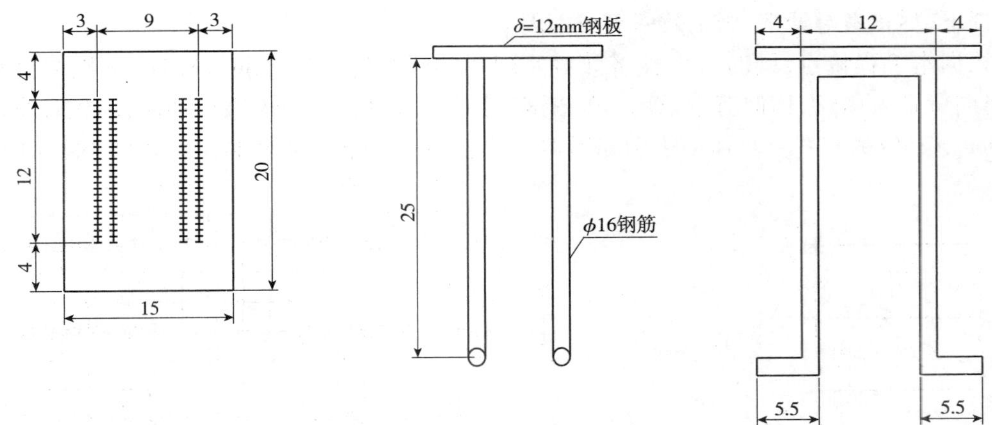


图 4-4　首节墩身混凝土模板固定预埋件大样图(尺寸单位:cm)

### 4.3.5 施工电梯预埋件安装

施工用施工电梯设置在承台顶面,每个主墩配置两部施工电梯,塔吊和电梯基础预埋件在二次浇筑混凝土时预埋。根据图 4-5 所示安装施工电梯的基础预埋件,预埋件应有足够

的锚固长度，预埋件的安装应位置准确，连接牢固。

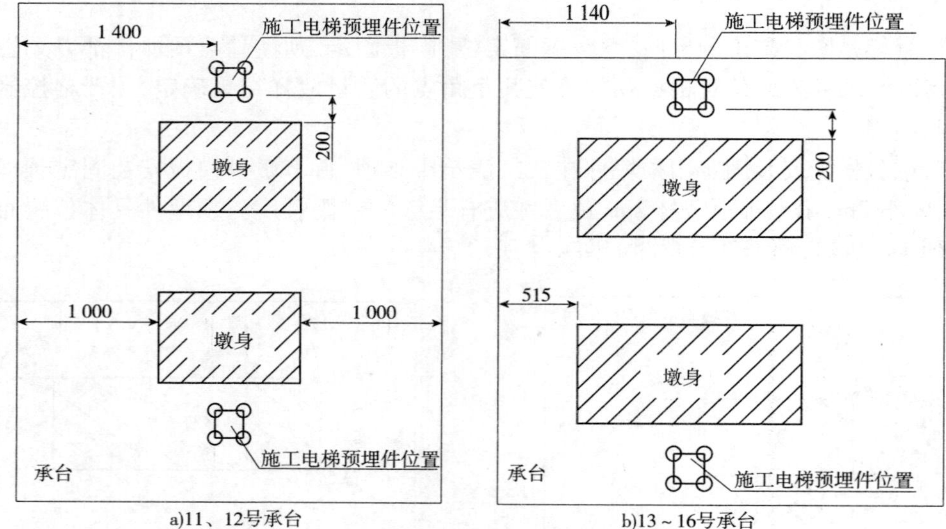


图4-5 塔吊、施工电梯预埋件位置布置示意图(尺寸单位:cm)

## 4.3.6 模板的制作及安装

### 4.3.6.1 模板选型及质量要求

本工程承台的模板分为两次施工。模板设计及加工按照《公路桥涵施工技术规范》(JTG/T F50—2011)标准实施。模板接缝严密、不漏浆，构件的形状尺寸和相互位置正确，模板构造简单、支装方便，在实施过程中不变形、不破坏、不倒塌。在满足模板施工及质量要求的前提下，尽量考虑经济、施工效率等成本因素。

根据本工程特点，同时考虑经济效益及现场实际情况，采用2m×1.2m大钢模拼装施工，竖向背带采用[8，横向背带采用[12槽钢双拼焊接，对每块模板进行加固，$\phi$20对拉螺杆按90cm×100cm布置。具体施工图如图4-6所示，单个承台模板材料工程量如表4-3所示。

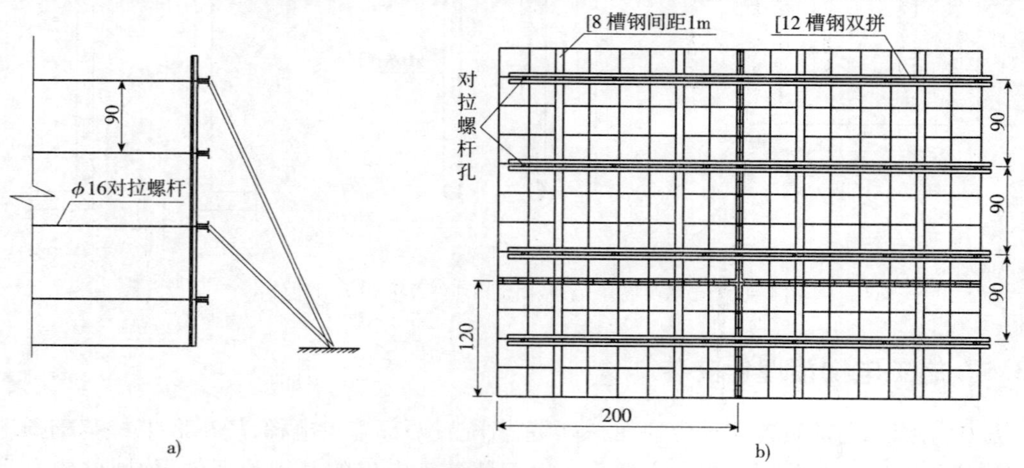


图4-6 承台模板图(尺寸单位:cm)

表 4-3 单个承台模板材料工程量表

| 项目名称 | 规格 | 数量 | 备注 |
|---|---|---|---|
| 大块钢模板 | 2m×1.2m | 800m² | 模板面板 |
| 槽钢 | [8 | 800m(6.44t) | 竖向背带 |
| 槽钢 | [12 | 2 128m(25.66t) | 横向背带 |
| 钢管 | ϕ48×3.5 | 8t | 支撑 |

#### 4.3.6.2 模板安装的技术要求

模板、钢筋安装工作应配合进行,妨碍绑扎钢筋的模板应待钢筋安装完毕后安设。模板不应与脚手架连接(模板与脚手架整体设计时除外),避免引起模板变形。

安装侧模板时,应防止模板位移和凸出。模板设拉杆固定。浇筑在混凝土中的拉杆,应按拉杆拔出或不拔出的要求,采取相应的措施。

为防止出现漏浆、烂根现象,在模板就位前,模口需贴海绵条。模板板面之间应平整,接缝严密,不漏浆,保证结构物外露面美观,线条流畅。

模板安装完毕后,应对其平面位置、顶部高程、节点联系及纵横向稳定性进行检查,符合要求后方浇筑混凝土。浇筑混凝土前,模板应涂刷脱模剂,外露面混凝土模板的脱模剂应采用同一品种,不得使用废机油等油料,且不得污染钢筋及混凝土的施工缝。重复使用的模板、支架应经常检查、维修。

浇筑混凝土时,发现模板有超过允许偏差变形值的可能时,应及时用葫芦加缆风绳调整纠正。

#### 4.3.6.3 模板安装及拆除的控制要点

模板安装前先进行放线,根据边线焊接限位支撑。对模板的垂直度、截面尺寸及顶板高程、钢筋保护层厚度进行控制。对拉螺栓的分布间距均应根据承台宽度高度经计算确定。脚手架应有双向的剪刀撑,以增加整体稳定性。模板拆除应遵循先支后拆、后支先拆的顺序,拆除期限应根据结构物特点、模板部位和混凝土所达到的强度来决定。侧模应在混凝土强度能保证其表面及棱角不因拆除而受损时,方可拆除。拆时严禁抛扔,模板拆除后应维修整理,分类妥善存放。

### 4.3.7 混凝土浇筑

#### 4.3.7.1 配合比设计

施工前,要先根据将使用的材料作好混凝土配合比设计,并做混凝土配合比试验,要求混凝土的流动性、和易性、初凝时间、缓凝早强性都能达到施工要求,配合比试验合格并经监理工程师认可后才可用于结构物中。

#### 4.3.7.2 混凝土的选用

混凝土强度等级符合设计要求,其材料、配合比经中心试验室检验,混凝土在桥梁工区拌和站集中进行拌和,用混凝土罐车运送到浇筑现场。混凝土坍落度控制在 180~200mm。汽车泵泵送入模。

#### 4.3.7.3 混凝土的拌和

(1)严格按混凝土配合比拌和混凝土,混凝土搅拌完毕后,应检测混凝土拌和物的坍落度;浇筑过程中要严格控制混凝土的坍落度及和易性。

(2)应检查混凝土拌和物的均匀性,混凝土拌和物应拌和均匀,颜色一致,不得有离析和泌水现象。

#### 4.3.7.4 混凝土全断面水平浇筑方案的计算及参数

为确保承台混凝土浇筑顺利,采取三台汽车泵共同浇筑一个承台,中心搅拌站集中供料。配备8台$10m^3$混凝土运输罐车,另备两台$6m^3$混凝土罐车应急。

根据初凝时间确定浇筑强度:

$$Q=\frac{F\times d}{t_1-t_2}$$

式中:$F$——最大水平浇筑截面积($m^2$),$F=36.5\times30=1\ 095m^2$;

$d$——混凝土分层浇筑厚度(m),取$d=0.3m$;

$t_1$——水泥的初凝时间(h),取$t_1=2.5h$;

$t_2$——混凝土运输时间(h),取$t_2=0.5h$。

根据以上参数,$Q=1\ 095\times0.3/(2.5-0.5)=164(m^3/h)$。

根据以上参数,浇筑第一层3m高度所需要的时间为:$T_{max}=36.5\times30\times3/164=20(h)$,浇筑第二层3m高度需要时间也为20h。

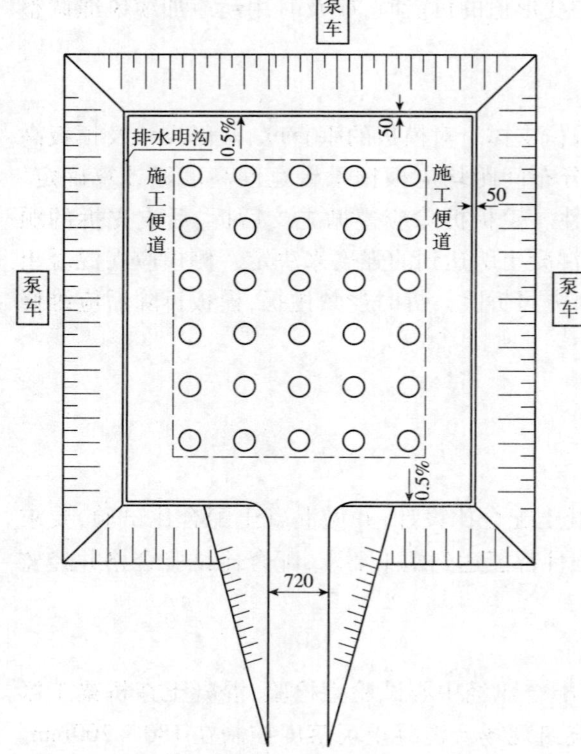


图4-7 泵车平面位置布置示意图(尺寸单位:cm)

#### 4.3.7.5 混凝土的运输泵送入模

混凝土自搅拌机卸出后,在运输过程中,要防止混凝土离析,水泥浆流失,坍落度变化以及产生初凝等现象。利用托泵泵送至待浇筑位置入模,入模高度不能大于2m,超过2m则布置串筒。应避免串筒出料处混凝土接触钢筋,发生分离、离析。

1)混凝土的泵送

承台浇筑采用三台汽车泵同时浇筑,汽车泵位置布置示意图如图4-7所示。

开始泵送时,先输送适量的同强度等级的砂浆润滑输送管壁,紧接着输送正常混凝土(实际施工中,当管路较长时,先泵送适量的水对管路进行密闭检查和一定程度的润管作业)。泵送过程中,受料斗内应经常留有足够的混凝土,防止吸入空气,发生堵塞。若要较长时间停止泵送需隔2~4min开泵一次,反泵1~2个行程,再正泵1~2行程,以防止管中混凝土离析、凝结进而造成堵管。若停机时间超过

40min(视气温、坍落度而定),宜将混凝土从泵和输送管中清除,对于坍落度小的混凝土更要严加注意。

2)混凝土浇筑质量控制

混凝土运输到浇筑现场后,应立即卸料、泵送和浇筑,如因其他施工原因不能立即卸料,混凝土搅拌罐应缓慢旋转搅拌。混凝土运输至施工现场后,应在1h内卸料,超过1h后,混凝土坍落度损失将增大,混凝土变稠,施工性能下降,混凝土堵塞泵管的几率增加;超过2h后,混凝土不能使用,应作为废料处理,严禁在混凝土中加生水后继续浇筑。

**4.3.7.6 混凝土浇筑振捣**

承台混凝土水平分层,平面分块,层厚30cm,插入式振捣棒进行振捣,确保层间间隔时间 $t \leqslant 2h$。浇筑顺序由两端开始,逐步向中间浇筑。

混凝土坍落度的检测:到场的混凝土每车检测一次,检测坍落度时,必须认真观察混凝土拌和料的和易性,确保混凝土拌和料的稠度、水灰比等各项技术指标,符合国家现行《混凝土质量控制标准》(GB 50164—2011)的有关规定,浇筑时坍落度超出规定范围的混凝土不得使用。

浇筑混凝土前,全部模板和钢筋应清洁干净,不得有杂物,模板若有缝隙要填塞严密,自检合格,并经监理工程师检验批准后才能浇筑混凝土,严格按大体积混凝土的浇筑方法进行施工,做好温控工作。

由于主墩承台混凝土厚度较大,施工时严格控制混凝土的自由下落高度,最高不能超过2m。超过2m要使用串筒和流槽,以免混凝土产生离析。

混凝土浇筑作业应连续进行,如因故发生中断,其中断时间应不小于前次混凝土的初凝时间或重塑时间,若超过中断时间,断面应作施工缝处理,凿除处理层混凝土表面的水泥砂浆和松弱层,经凿毛处理的混凝土面,用水冲洗干净,在浇筑次层混凝土前刷一层水泥净浆,并立即向监理工程师报告。

混凝土振捣由经验丰富的专业技术工人操作,混凝土振捣时,注意振捣棒的快插慢拔,振捣棒不能达到的地方应辅以小型振棒振捣或附着式振捣器,以免发生漏振、过振现象,保证混凝土受振均匀,外美内实。

发生模板外胀时,要及时加固模板,同时通知降低泵送速度,或转移浇筑点,待模板重新加固好后,再进行正常浇筑。泵送混凝土振捣宜在15~30s之间,振至混凝土表面气泡减少或无气泡上升为止。混凝土浇筑过程中或浇筑完成时,如果混凝土表面泌水较多,须在不扰动已浇筑混凝土的条件下,用人工将水排除。

**4.3.7.7 混凝土的养护**

(1)混凝土浇筑完成后,在初凝后尽快予以覆盖和洒水养护,覆盖时不得损伤或污染混凝土的表面。混凝土面有模板覆盖时,应在养护期间经常使模板保持湿润,当气温低于5℃时,应覆盖保温,不得向混凝土表面洒水。

(2)当气温高于5℃时,将混凝土表面覆盖并洒水养护,混凝土的洒水养护时间一般为7d,每天洒水次数以能保持混凝土表面经常处于湿润状态为度。

(3)养护措施:

①顶面养护

用钢管和预埋钢筋作为支架,覆盖彩条布,防止顶面热量散失,降低内外温差,并保证混凝土表面湿度，避免日照干裂。混凝土结硬后，用冷却管出水口水流在表面蓄水，水面超过模板后，自然溢流到侧模上。

②侧面养护

混凝土浇筑1/3高度时，用彩条布将侧模全部包裹起来，并用橡胶管在冷却管出水口处引流，不断的淋洒侧面模板，保证彩条布和混凝土表面之间的温度和湿度。

③温度控制、监测及分析

采用水平方向和竖直方向二维监测，分别针对水平方向和垂直方向的温度分布进行考察，再加以综合分析。

a. 水平方向测温点布置：根据对称性，如图4-8所示，在承台1/4断面上布设测温点，编号分别为1～10。5点位于承台中心处。测温设备采用电子测温元件，测温元件在承台浇筑前安装在图4-8所示位置。

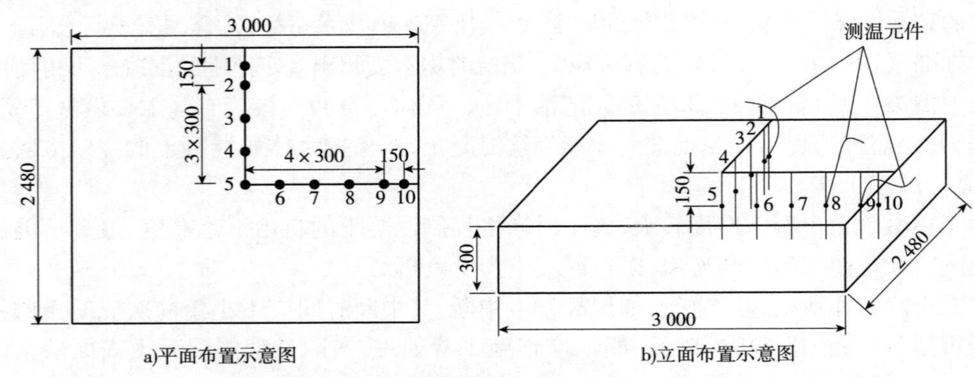


图4-8 测温管及测温点布置示意图（尺寸单位：cm）

b. 竖直方向测温点布置：对于竖直方向测温点，测温元件布置在每层承台浇筑的中间位置，距底面1.5m、距顶面1.5m（图4-8）。出水口测温前将供水水泵关闭，使管内水流停留在管内充分吸热，待15min以后，重新开机供水，水流涌出出水口时迅速测温，并记录数据，以此确保出水口水温最大限度地与内部混凝土的实际温度接近或相同。

c. 测温频率及温控控制表：混凝土第一次浇筑基本完成时即开始监测，第1～4d，每天测温6次，第5～10d，每天测温4次。本工程承台施工分为两次浇筑，每次浇筑后都要进行测温记录工作，测温同时填写大体积混凝土测温记录表。

# 5　薄壁空心高墩施工

## 5.1　一般规定

（1）薄壁空心高墩必须采用翻模或爬模方法施工，不应采用滑模施工。板面用整块钢板，每节高度宜为3～5m，面板选择厚度不小于6mm的冷轧钢板。可将外侧四个直棱角改为半径不大于5cm的圆弧，使高墩外形美观，便于施工。

（2）高墩应采用泵送混凝土施工，坍落度宜控制在12～18cm，单个高墩范围必须采用同一个厂家同型号同批次的水泥，以保持色泽一致。在正式浇筑混凝土前，先在地面做小断面2m高度的试验柱，检验混凝土配合比的施工性能和人工振捣工艺，满足要求后再进行正式施工。

（3）混凝土施工应避开高温时段，分层、均匀、对称浇筑，插入式振实。每次浇筑顶面和模板时，横缝应在同一位置，以减少接缝痕迹。0号块托架预埋钢板位置应准确，焊接牢靠。墩底和承台相接段2m高度内应浇筑为实体段，以杜绝薄壁空心高墩根部斜向剪拉应力裂缝。实心段四个面应分别布设向外的泄水管。

（4）实行脱模签字认可工作制。在每节脱模时必须有施工技术员和监理工程师在场，脱模后立即检查混凝土的质量，经检查符合要求后签字认可。有质量问题时应由施工单位提出处理补救方案，经监理工程师批准后实施。

（5）墩柱拆模后检查无缺陷应及时用薄膜严密裹覆墩柱混凝土表面，同时在桥墩顶部放置不小于200L的塑料桶（图5-1），设一根补水软管，一端放入塑料桶内，一头加阀门固定在墩底部，养生过程中配一台装有水泵的水车，循环补水；桶底连接一根设有渗水眼的软管，环形缠绕墩顶，自动喷淋养生（图5-2），7d后由施工单位和监理共同用回弹仪检测强度，达到设计要求后可停止养生。

图5-1　墩柱养生

图5-2　喷淋养生

(6)薄壁空心高墩线形应用全站仪分别由两名操作手独立测量控制，每节段立模前和混凝土浇筑后，在无太阳强光照射、无大风等干扰条件下，测定墩身纵向、横向中线位置，偏差应不大于10mm。

(7)墩身四周应按设计留有足够的通气孔，位置应准确，并定期测量内外温度。若内外温差大于20℃，可加大通气孔直径。通气孔应设在每浇筑层段的相同位置。

(8)高墩不宜冬季施工。若因工期原因必须冬季施工，应制订可靠的蓄热保温方案，经专家组充分讨论后才能实施。

(9)对于墩高大于30m的桥墩，每个墩位应设置一台附着式塔吊和载人电梯。

(10)曲线连续刚构大桥在设计上应充分考虑悬浇施工时高墩的横向偏位和箱梁的偏扭，及纵向预应力张拉时径向力的影响等问题。高墩施工时应在横向曲线外侧设预偏位移。

(11)大跨径高墩桥梁，每墩应设置一个永久性的水准点。在施工过程中和大桥建成后，应定期观测高墩的沉降等参数，并采用在控制断面埋置应力传感器的方法进行应力监控。

## 5.2 薄壁空心高墩施工期常见问题及预防措施

### 5.2.1 桥墩混凝土质量不一

1)质量问题及现象

混凝土表面出现蜂窝、麻面；钢筋的保护层偏薄；分层印迹明显；混凝土表面出现水纹。

2)原因分析

(1)使用水泥品种不合适。

(2)材料级配发生了变化，致使坍落度变化较大。

(3)当桥墩的高度超过2m时，由于未设置串筒致使混凝土发生离析，振捣时漏振或过振。

(4)钢筋保护层垫块设置不当。

(5)两层浇筑时间间隔过长，或振捣时振捣棒未深入到下层混凝土中，致使两层混凝土未结合好。

3)预防措施

(1)勿用矿渣水泥，因为使用矿渣水泥后，混凝土表面易出现水纹。

(2)严格控制混凝土的坍落度，保证混凝土的和易性。

(3)当桥墩的高度超过2m时，在浇筑混凝土时要设置串筒，或泵送混凝土接串筒至分层浇筑部位。

(4)分层浇筑振捣的厚度一般每30cm一层，振捣时振捣棒应深入下层5cm左右，不可超厚，否则振捣效果不好。混凝土应该连续浇筑，两层之间的浇筑不可间隔时间过长。

(5)钢筋保护层的垫块要沿钢筋笼四周均匀设置。

(6)使用整体模板，尽量减少接缝，接缝时垫海绵条或橡胶条，并紧固密封。

4)处理措施

当蜂窝面积较小时，可在拆模后及时用高强度等级砂浆进行处理。

### 5.2.2 墩柱顶部水平裂缝

1)质量问题及现象

拆模后,在距顶面40cm左右范围内,有细小裂纹,有时会沿箍筋形成环状水平裂纹。

2)原因分析

(1)墩柱顶部混凝土的压力小。

(2)过振造成大石料下沉,柱顶部分集料减少,易在最上层箍筋处形成环状水平裂缝。

3)预防措施

(1)在混凝土初凝前进行二次振捣。采用二次振捣可以消除因塑性沉降而引起的内分层,改善集料界面结构,提高混凝土强度和渗透能力。

(2)拆除最上部的箍筋。

(3)二次振捣完毕后,在墩柱顶上压砂袋,以增加对上部混凝土的压力。

4)处理措施

(1)当裂缝未形成环状时,可用环氧树脂灌注封闭裂缝。

(2)当裂缝形成环状裂缝,且深度达到箍筋或超过箍筋时,应将裂缝以上部分凿除重新浇筑。当裂缝深度未达到箍筋位置时,可用环氧树脂灌注封闭裂缝。

### 5.2.3 支座下预埋钢板安装误差及混凝土浇筑质量差

1)质量问题及现象

预埋钢板位置与设计位置不符,发生平面或高程误差;预埋钢板下混凝土不密实。

2)原因分析

(1)由于测量失误,导致预埋钢板位置不准确。

(2)预埋钢板定位后,由于未与钢筋进行连接固定,在混凝土浇筑时发生移位。

(3)由于钢板下钢筋较密,混凝土振捣困难。

3)预防措施

(1)在盖梁钢筋绑扎完毕后,要对预埋钢板的位置进行精心测量,定好预埋钢板位置。在钢板定位后要进行认真复测,保证其顶面高程与设计高程相符。

(2)在预埋钢板定位后与钢筋骨架焊接在一起,保证在混凝土浇筑时不会发生移位。

(3)在预埋钢板中心挖一小孔,在浇筑混凝土时直到振捣到孔中流出砂浆为止。

(4)在采取先浇筑混凝土后再插放预埋钢板时,应使用水平仪进行全过程监测,以保证其顶面高程在允许误差范围内。

4)处理措施

当底板(钢板上未钻孔)脱空或平面位置、高程发生误差时,应拆除预埋钢板,可先在钢板上钻孔,然后在水平仪、经纬仪的控制下,重新安装预埋钢板并浇筑混凝土。

### 5.2.4 桥墩滑模施工混凝土局部坍塌或掉角

1)质量问题及现象

桥墩局部出现坍塌或掉角。

2）原因分析

（1）分段不当。

（2）滑模提升过快。

（3）千斤顶高差偏大。

（4）角部振捣不好，混凝土强度较低。

3）预防措施

（1）分段要适当。

（2）滑模的提升速度要适宜，不可过快。

（3）要经常观察并注意千斤顶的高差不要过大。

（4）在混凝土振捣时，不要漏振，保证振捣质量。

（5）控制混凝土的坍落度，添加外加剂，提高混凝土的早期强度。

4）处理措施

（1）局部坍塌或掉角可采用同强度等级细石混凝土进行整修。

（2）如坍塌面积较大无法整修补救时，则需凿除，重新浇筑。

### 5.2.5 桥墩滑模施工模板扭转及偏移

1）质量问题及现象

模板出现扭转及偏移。

2）原因分析

（1）千斤顶爬升速度不一致。

（2）操作平台上的荷载不均匀。

（3）混凝土浇筑程序不合理。

（4）风力及外力冲击等。

3）预防措施

（1）千斤顶的爬升速度要一致。

（2）保持平台上荷载堆放均匀，并经常检查。如发现荷载不均匀要及时调整。

（3）分层浇筑混凝土，落差较大（如超过2m）时必须设串筒以减缓混凝土的冲击力，最好用泵送混凝土接串筒分层浇筑。

4）处理措施

（1）当模板倾斜或偏移时，可加快模板较低一侧千斤顶的爬升速度。

（2）若模板同时出现偏斜与扭转时，应先纠正偏斜，再纠正扭转。其方法是提高对角线上千斤顶的爬升速度，使模板造成有利的高差，调整到正确位置。

### 5.2.6 桥墩滑模施工混凝土出现贯穿裂缝

1）质量问题及现象

混凝土出现贯穿裂缝。

2）原因分析

（1）千斤顶发生倾斜。

(2)模板的提升间隔时间太长。

(3)模板变形。

3)预防措施

(1)保持千斤顶处于水平状态。

(2)发现模板变形或扭转时,要及时调整。

(3)加快混凝土的浇筑速度,尽量缩短模板的提升间隔时间。

4)处理措施

将出现贯穿裂缝的混凝土凿除,重新浇筑。

### 5.2.7 桥墩施工模板偏位和漏浆

1)质量问题及现象

顶面中心偏位,模板接缝处漏浆。

2)原因分析

(1)模板定位后,四周拉杆的松紧程度不一,在浇筑混凝土过程中模板向拉杆较紧的一侧倾斜。

(2)模板定位并固定好后,其中的某一根拉杆受到外力的冲击,导致模板移位。

(3)立模板的基面不平整,导致模板倾斜。

(4)模板变形导致接缝处的间隙较大,密封不好,在浇筑混凝土时出现漏浆。

(5)模板底部漏浆。

3)预防措施

(1)使用整体钢模板,尽可能减少接缝。

(2)模板定位后,四周拉杆的松紧程度要一致,而且在浇筑混凝土前一定要进行复测,以保证桥墩的中心位置符合设计要求。

(3)安装模板前要对模板认真检查,变形的模板要经整修才能使用,模板接缝要用海绵条或胶条进行密封。

(4)支模前应对支撑面进行整修,使之处于水平状态。

(5)模板底部要用砂浆进行密封,待砂浆达到一定强度后才能进行混凝土浇筑。

4)处理措施

拆模后,对漏浆部位用砂浆进行修补。

## 5.3 三水河特大桥薄壁空心墩施工工艺

### 5.3.1 首节段支架法施工

#### 5.3.1.1 施工支架

墩身首节段施工采用支架法施工。在承台顶面墩身外围搭设脚手管支架,作为模板调校及混凝土施工操作平台。脚手管支架距墩壁 70cm,作为模板安装及加固操作空间,如图 5-3 所示。

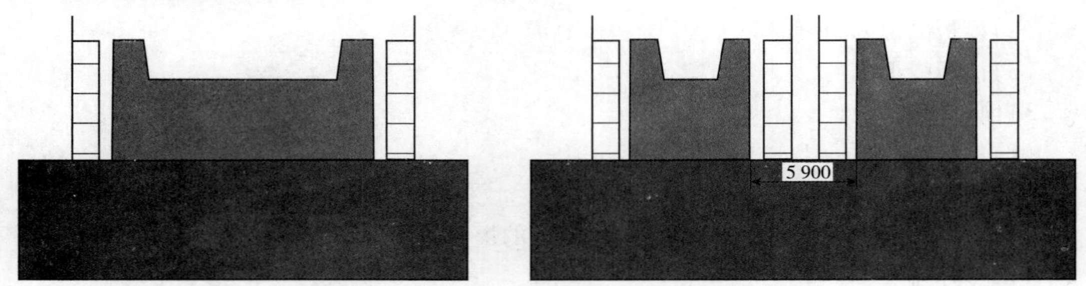


图 5-3　墩身首节段施工支架示意图

### 5.3.1.2　钢筋及预埋件施工

1）钢筋施工

墩身钢筋设置劲性骨架，作为钢筋安装架体。承台施工时，预埋劲性骨架及墩身主筋。首节段施工时，先接长劲性骨架。

劲性骨架安装完成后（图 5-4），开始钢筋安装。墩身钢筋有三种型号，$\phi$32（HRB335 钢）、$\phi$28（HRB335 钢）、$\phi$16（HRB335 钢）和 $\phi$10 防裂带肋钢筋网，$\phi$32、$\phi$28 钢筋为竖向主筋，$\phi$16 为水平拉钩筋及箍筋，$\phi$10 为贴面防裂网。钢筋在加工厂制作，平板车转运至现场安装。

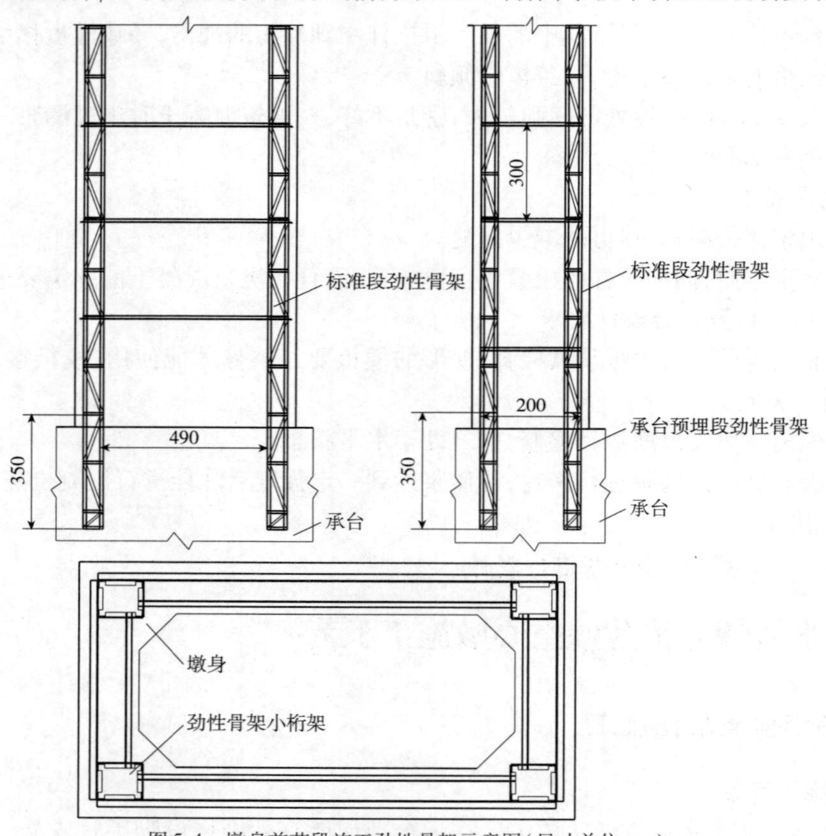


图 5-4　墩身首节段施工劲性骨架示意图（尺寸单位：cm）

钢筋现场安装顺序：劲性骨架接高→定位筋安装→主筋连接→箍筋、拉勾筋等水平筋绑扎→防裂网片安装→混凝土垫块安装。钢筋加工及安装允许偏差如表 5-1 和表 5-2 所示。

表 5-1 钢筋加工允许偏差表

| 项 目 | 允许偏差(mm) | 项 目 | 允许偏差(mm) |
|---|---|---|---|
| 受力钢筋顺长度方向加工后的全长 | ±10 | 箍筋、横向水平筋各部分尺寸 | ±5 |

表 5-2 钢筋安装允许偏差表

| 检 查 项 目 | | 允许偏差(mm) |
|---|---|---|
| 受力钢筋间距 | 两排以上排距 | ±5 |
| | 同排 | ±20 |
| 箍筋、横向水平筋 | | 0~20 |
| 钢筋骨架尺寸 | 长 | ±10 |
| | 宽、高 | ±5 |
| 保护层厚度 | | ±10 |

在劲性骨架上焊接水平短角钢,在短角钢上放样,根据放样结果进行主筋安装定位。水平筋施工时按照设计图及施工规范严格控制层间距及搭接长度。主筋、水平筋安装好后,分片吊装贴面防裂钢筋网,防裂钢筋网采用扣接,扣接长度不少于5cm。

保护层垫块采用与结构混凝土同强度等级的预制砂浆垫块,间距1.0m,上下错开,成梅花形布置。钢筋绑扎完成后对钢筋外形尺寸、数量、间距等进行检查,经监理工程师检查合格后,方可进行下步施工工序。

2)预埋件施工

墩身首节段预埋件有泵管埋件、液压爬模埋件、通气孔。

墩身单幅布置两套泵管,为便于泵管维护,泵管布置在电梯附墙位置,沿墩壁接高,每3m固定一道,固定埋件采用锚锥形式,如图5-5所示。

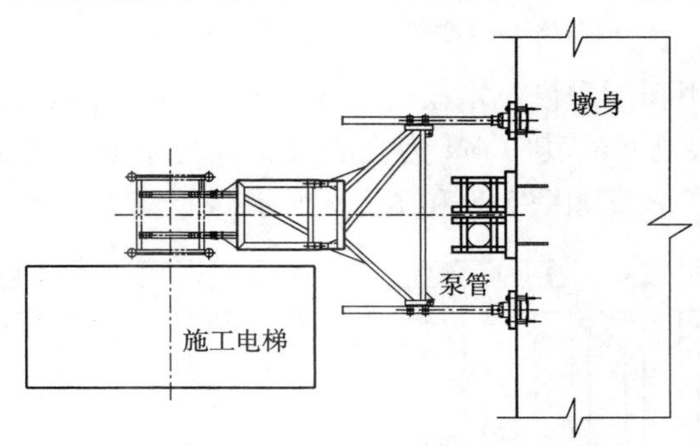


图5-5 泵管固定埋件示意图

液压爬模埋件(图5-6)为预埋锚锥,由液压爬模厂家提供。

桥墩双壁四周每隔5m布置一道直径为10cm的通风孔,采用PVC管预埋。

#### 5.3.1.3 模板施工

墩身首节段外模采用标准节段液压爬模外模,模板采用大块定型钢模板,每块钢模板由6mm钢板、[8槽钢背楞及[14a槽钢围檩三部分组成。钢围檩与钢背楞之间以及面板与钢背楞之间焊接固定。外模安装时底口置于承台顶面,顺桥向外模包横桥向外模,外模示意图如图5-7所示。

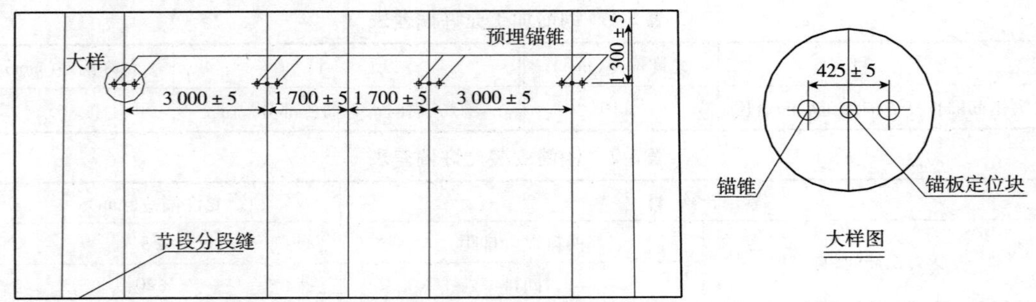


图 5-6　液压爬模埋件示意图(尺寸单位:mm)

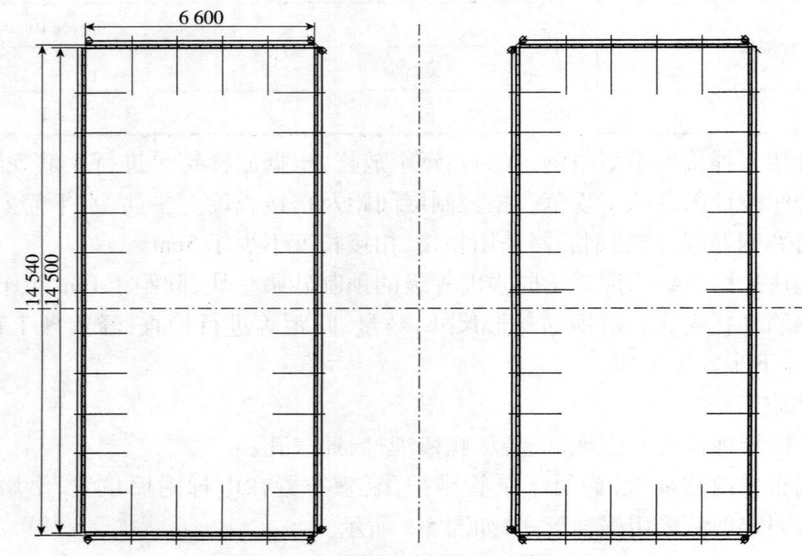


图 5-7　14 号墩外模示意图(尺寸单位:mm)

墩身首节段内模采用新制木模。木模由 1.5cm 厚胶合木面板、10cm×10cm 木方背楞和 2[14a 背带组成。首节段高 6m,其中 4m 为实心段,2m 为空心变截面段。内模底口设置压脚模,顺桥向、横桥向内模分别如图 5-8 和图 5-9 所示。

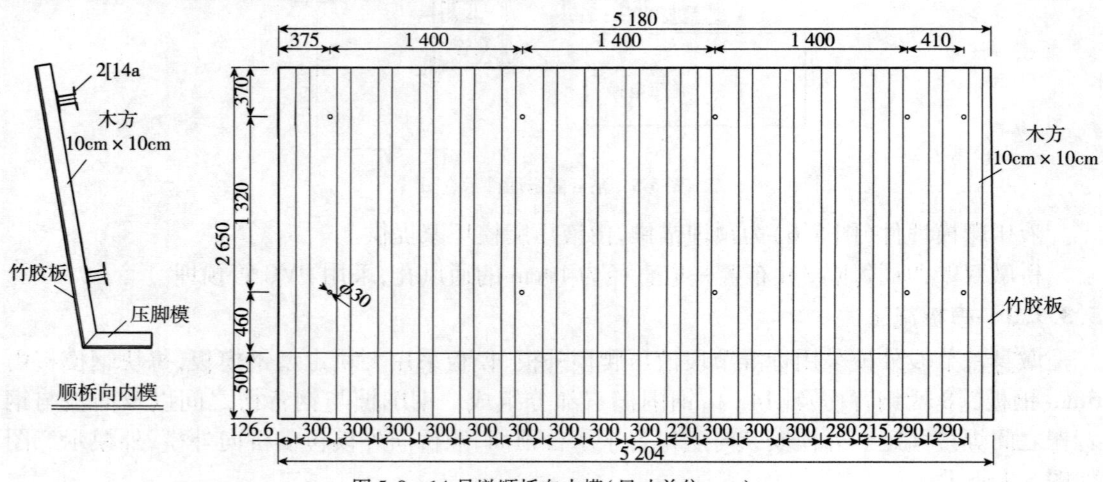


图 5-8　14 号墩顺桥向内模(尺寸单位:mm)

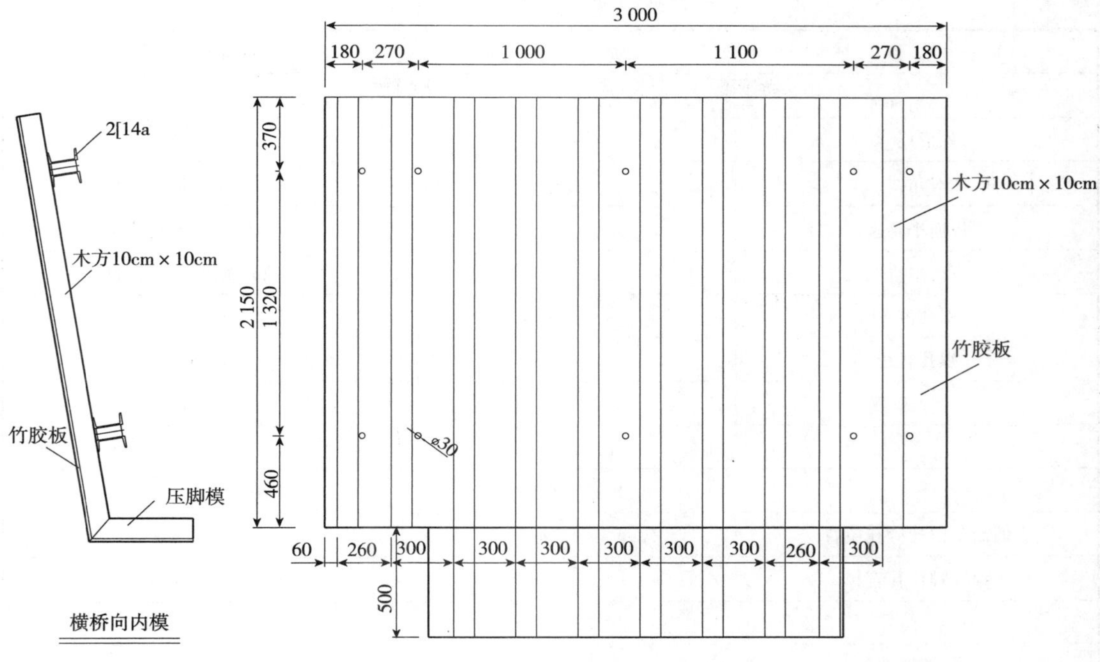


图 5-9　14 号墩横桥向内模(尺寸单位:mm)

模板采用对拉杆固定。在承台顶面设置埋件,固定外模底口;外模顶口可借助劲性骨架固定。内模顶底口各设置一道内撑加固,同时形成混凝土浇筑内操作平台,墩身首节段模板如图 5-10 所示,模板质量要求见表 5-3。

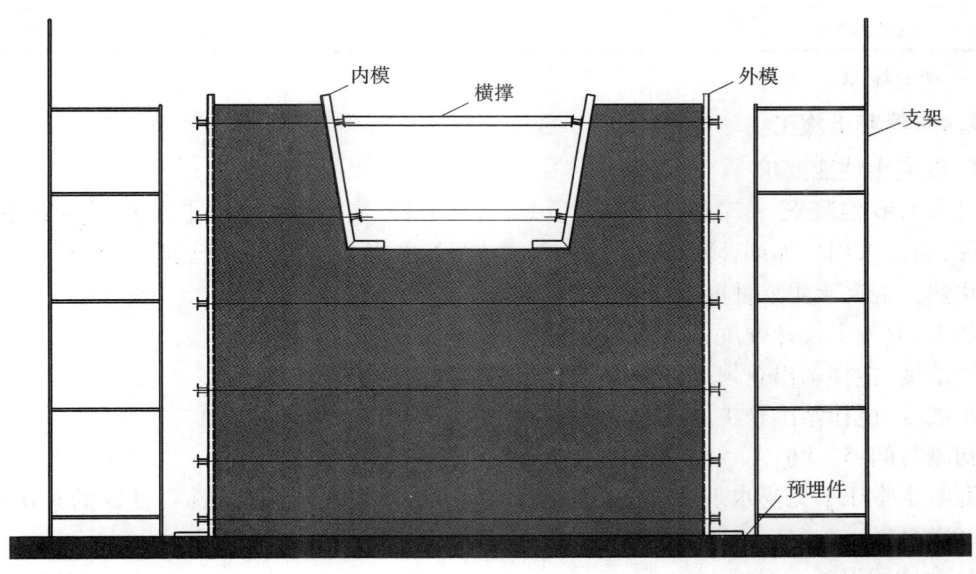


图 5-10　墩身首节段模板加固示意图

表5-3 模板质量要求

| 项目 | 质量标准 | 检测工具与方法 |
|---|---|---|
| （一）制作 | | |
| 外形尺寸 | -3mm | 钢尺测量 |
| 对角线 | ±3mm | 钢尺测量 |
| 板面平整度 | <2mm | 2m靠尺,塞尺测量 |
| 直边平直度 | ±2mm | 2m靠尺,塞尺测量 |
| 螺孔位置 | ±2mm | 钢尺测量 |
| 螺孔直径 | +1mm | 量规测量 |
| 焊缝 | 按图纸要求检查 | |
| （二）安装 | | |
| 1.螺栓与螺栓孔 | | |
| 墙面预留螺栓孔位置 | ±5mm | 钢尺测量 |
| 穿墙螺栓孔直径 | ±2mm | 钢尺测量 |
| 2.模板 | | |
| 拼缝缝隙 | <3mm | 塞尺测量 |
| 拼缝处平整度 | <2mm | 靠尺测量 |
| 垂直度 | <3mm或1%$h$ | 2m靠尺测量 |
| 高程 | ±5mm | 钢尺测量 |
| 3.穿墙螺栓 | | |
| 紧固扭矩 | 40~50N·m | 0~150N·m扭力扳手测量 |

注:$h$为模板高度。

#### 5.3.1.4 混凝土施工

1)混凝土性能要求

墩身C40混凝土,首节段高6m,其中4m为实心段,属大体积混凝土施工,应采用低水化热水泥,通过采用外加剂,降低混凝土的入仓温度等措施,以改善混凝土的性能,减小混凝土的水化热。混凝土主要性能要求如下:

强度:混凝土设计强度等级为C40,24h早期强度达到20MPa;

坍落度:搅拌站出仓坍落度为18~22cm,1h损失小于2cm;

扩展度:搅拌站出仓扩展度为45~55cm,1h损失小于10cm;

初凝时间:5~8h。

混凝土常压下无泌水现象,具有良好的和易性、流动性、抗裂性,具有良好的泵送性能,适于高墩泵送。

2)大体积混凝土温控

首节段大体积混凝土施工温控标准:

混凝土浇筑温度≤28℃;内部最高温度≤70℃;混凝土最大内表温差≤25℃;洒水养

护过程中,混凝土表面洒水水温与混凝土表面温度之差≤15℃;通水冷却过程中,冷却水管入水口水温与出水口水温之差≤15℃;冷却水进水温度以15～20℃为宜,根据具体情况采取加冰或换水的方式;温峰过后混凝土缓慢降温,通过保温控制混凝土最大降温速率≤2.5℃/d。

首节段设置冷却水管,冷却水管采用直径为5cm,厚2.5mm的钢管,管间连接及进出水口采用黑橡胶管。冷却水管布置3层,相邻上下层冷却水管采用纵横布置。在墩身实心段中部布置测温元件,冷却水管及测温元件的布置如图5-11所示。

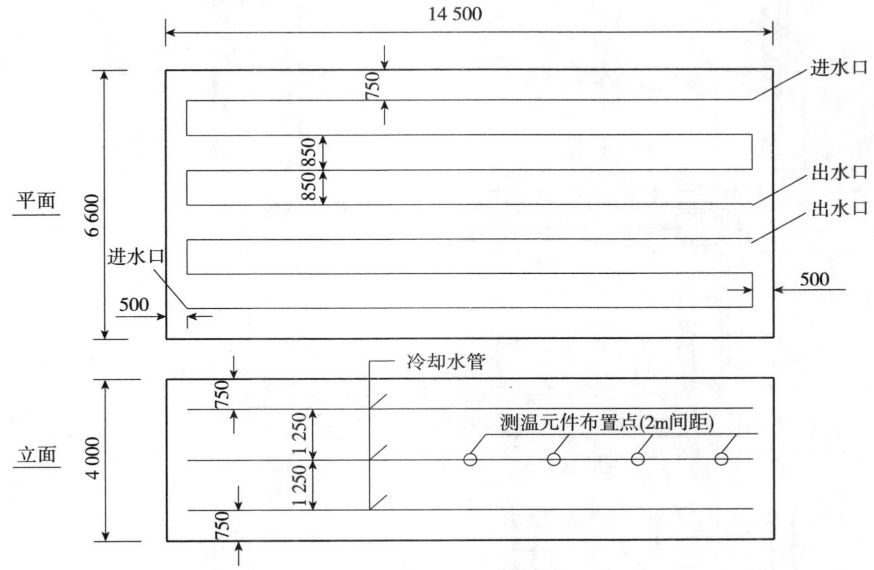


图5-11 墩身首节段冷却水管及测温元件布置示意图(尺寸单位:mm)

冷却水管应进行试通水,确保通畅、不漏水。混凝土浇筑完成后开始通水,并根据混凝土温度调整进水量。通水过程中保证进水温度,采用出水作为混凝土养护水。待冷却水管通水全部结束后,应采用水泥砂浆灌浆、封堵,确保墩身混凝土密实性。

3)混凝土施工

混凝土在拌和站集中拌制,罐车运至现场,汽车泵送入模。混凝土分层布料,厚度控制30～50cm。正确进行混凝土拌和物的振捣,避免用振捣棒横拖搅动混凝土拌和物,以免造成离下料口远处砂浆过多而开裂。对墩身内仓底面混凝土,应作收面处理。混凝土浇筑完成后,做好冷却水通水及混凝土养护工作,确保混凝土质量。

## 5.3.2 钢筋及预埋件施工

### 5.3.2.1 劲性骨架施工

墩身钢筋设置劲性骨架,作为钢筋安装架体。劲性骨架采用小桁架形式在后场加工,严格控制加工精度。制作好的劲性骨架小桁架运至现场,塔吊单片吊安,测量根据墩身空间结构精确定位。承台施工时,预埋劲性骨架首节段。墩身施工时,逐段接长劲性骨架,双肢墩、单肢墩劲性骨架如图5-12和图5-13所示。

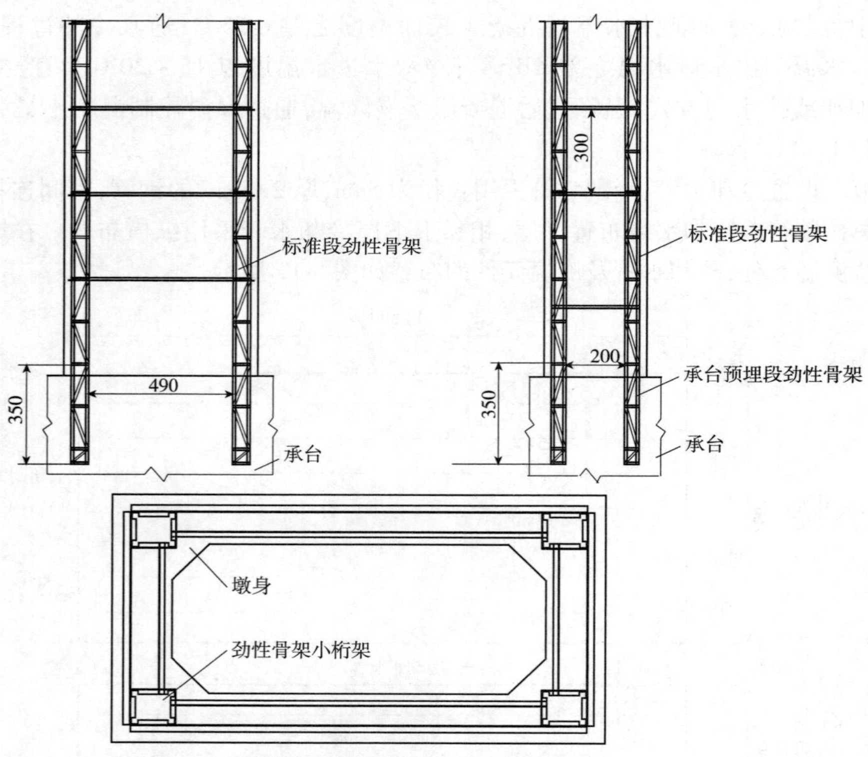


图 5-12 双肢墩劲性骨架示意图(尺寸单位:cm)

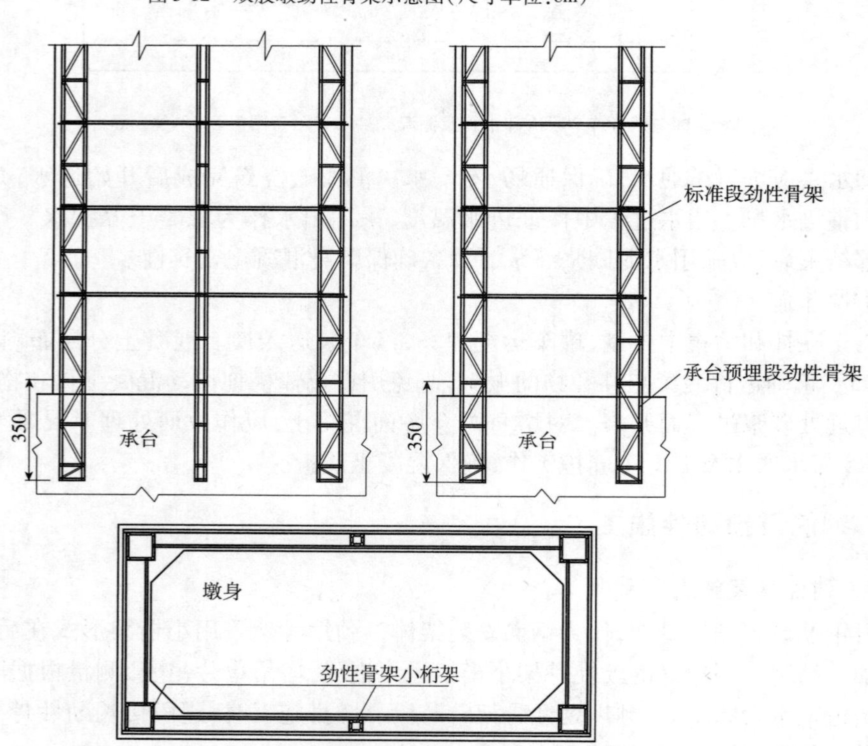


图 5-13 单肢墩劲性骨架示意图(尺寸单位:cm)

#### 5.3.2.2 钢筋施工

墩身钢筋有四种型号：$\phi$32（HBR335 钢）、$\phi$28（HBR335 钢）、$\phi$16（HBR335 钢）和 $\phi$10 防裂带肋钢筋网。$\phi$32、$\phi$28 钢筋为竖向主筋，$\phi$16 为水平拉钩筋及箍筋，$\phi$10 为贴面防裂网。

1）钢筋配料

钢筋进场后按照钢筋型号分区堆放，抽检后注意钢筋保护。钢筋按施工图纸所示钢筋大样图，在确保保护层厚度、转角半径、绑扎搭接长度的要求下下达钢筋配料通知单，据此进行配料。钢筋下料前应将钢筋调直并清理污垢（除锈）。钢筋配料时用砂轮切割机或切断机下料，要求钢筋切割端面垂直于钢筋轴线，端面偏角不允许超过 4°。

2）钢筋加工

主筋接长采用剥肋方式的直螺纹接头，主筋在剥肋前应用砂轮切割机将端头切割整齐，车丝后丝口端部应用手砂轮打磨毛边，然后带好套筒及塑料保护套。钢筋在后场钢筋加工区按要求加工成半成品，并分类编号堆存。为防墩身表面混凝土出现收缩裂纹，墩身采用网眼间距 10cm × 10cm 的 $\phi$10 贴面钢筋网。

3）钢筋运输

根据施工需要，钢筋半成品通过汽车运输至施工现场，由塔吊吊至工作区。为保证钢筋连接的顺利进行，加工好的钢筋在运输及吊装过程中应加强保护，尤其是对钢筋的外露螺纹及套筒的保护。

4）主筋定位

主筋定尺长 12m，采用劲性骨架进行定位安装。主筋定位时，在劲性骨架上焊接一水平短角钢，然后在短角钢上放样，根据放样结果安放水平定位筋并焊接牢固。一般情况下，劲性骨架在前场采用吊锤球的方式安装，安装时根据墩身坡比计算好倾斜距离，安装完成后可由测量人员复核校正。

5）钢筋安装

钢筋现场安装顺序：劲性骨架接高→定位筋安装→主筋连接→箍筋、拉钩筋等水平筋绑扎→防裂网片安装→混凝土垫块安装。

主筋接长：塔吊用特制吊具将主筋吊入定位框架内，与上节段主筋连接；主筋丝牙应上满且牢固；主筋接头应错开，严禁超过 50% 的主筋接头在同一截面上（$35d$ 内均视为同一截面），接头错开间距不小于 $35d$。若墩身系梁的钢筋位置与预应力冲突，可适当调整钢筋间距，保证预应力位置。

水平筋绑扎：水平筋为箍筋及拉钩筋两种，施工时严格按照施工图纸控制层间距，保证钢筋搭接长度。

贴面钢筋网：主筋、水平筋安装好后，通过塔吊分片吊挂安装，贴面防裂钢筋网采用扣接法接长，搭接长度 10cm。

保护层垫块：采用与结构混凝土同强度等级的预制砂浆垫块，上下错开成梅花形布置，间距 1.0m。

钢筋检查：钢筋绑扎完成后对钢筋外形尺寸、数量、间距等进行检查，经监理工程师检查合格后，才进行下步工序施工，墩柱钢筋加工及安装的允许偏差如表 5-1 和表 5-2 所示。

#### 5.3.2.3 预埋件施工

墩身施工预埋件种类繁多,施工时每节段按照设计位置精确定位安装,严禁漏埋错埋。墩身施工预埋件一览表见表5-4。

表5-4 墩身施工预埋件一览表

<table>
<tr><th>序号</th><th>埋件名称</th><th>备注</th></tr>
<tr><td>1</td><td>液压爬模预埋件</td><td>爬模专用锚锥系统</td></tr>
<tr><td>2</td><td>塔吊附墙预埋件</td><td>预埋锚锥</td></tr>
<tr><td>3</td><td>电梯附墙预埋件</td><td>专用电梯附墙埋件</td></tr>
<tr><td>4</td><td>泵管固定预埋件</td><td>预埋锚锥</td></tr>
<tr><td>5</td><td>通风孔</td><td>$\phi$10cmPVC管</td></tr>
<tr><td>6</td><td>内操作平台预埋件</td><td>预埋锚锥</td></tr>
<tr><td>7</td><td>墩系梁施工牛腿预埋件</td><td>预埋锚锥</td></tr>
<tr><td>8</td><td rowspan="2">墩系梁异步施工钢筋、预应力波纹管预埋</td><td rowspan="2">钢筋、波纹管</td></tr>
<tr><td>9</td></tr>
<tr><td>10</td><td>墩系梁预应力操作平台预埋件</td><td>预埋锚锥</td></tr>
<tr><td>11</td><td>0号块竖向预应力预埋</td><td>波纹管、螺纹钢、压浆孔</td></tr>
<tr><td>12</td><td>墩身临时固结埋件</td><td>11、16号墩</td></tr>
<tr><td>13</td><td>0、1号块施工托架埋件</td><td></td></tr>
</table>

### 5.3.3 模板施工

主墩墩身外模采用液压爬模,标准节段内模采用组合钢模,异形段内模采用木模。箱形系梁模板采用木模。

#### 5.3.3.1 液压爬模施工

液压爬模系统分爬架系统和模板系统两部分。模板采用车间组拼、现场安装,利用爬架上设置的模板悬挂及纵、横向调节系统进行模板的闭合、调位及脱模,操作十分便捷,效率高。爬架采用液压爬升,可加快工程进度,利于保证整体工期。

液压爬模工作原理:爬模的爬升通过液压油缸对轨道和爬架交替顶升来实现;当爬模系统处于工作状态时,轨道和爬架都支撑在安装在预埋锚锥的锚板上,两者之间无相对运动;退模后,在所浇段混凝土中预埋的锚锥上安装连接螺杆、锚板及锚靴,调整步进装置手柄(摆杆)方向来顶升轨道,爬架附墙不动,待轨道顶升到位并锁定在锚板及锚靴上后,操作人员转到下平台拆除轨道提升后露出的位于下平台处的锚板及锚靴等;解除爬架与墩身及各爬架间约束,进入爬架升降状态;调整步进装置手柄(摆杆)方向顶升爬架,轨道保持不动;在液压千斤顶一个行程行走完毕后,通过步进装置,一个爬头锁定爬升对象,另一个爬头回缩,进行下一行程爬升,直至完成整个爬升过程。

1)爬架系统

爬架系统由爬升装置及爬架两部分组成,爬架系统的总体构成如图 5-14 ~ 图 5-16 所示。

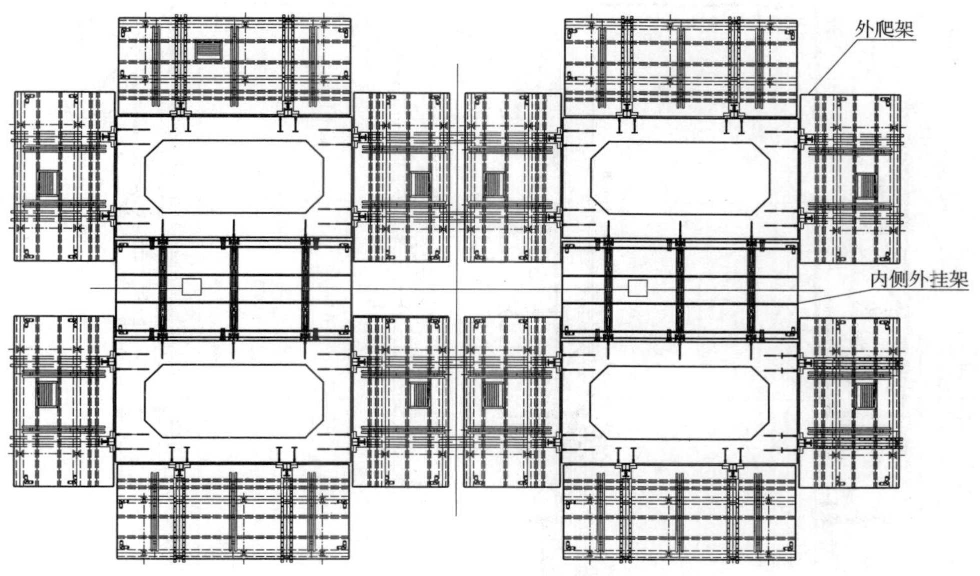


图 5-14 11、16 号墩爬架系统标准横断面图

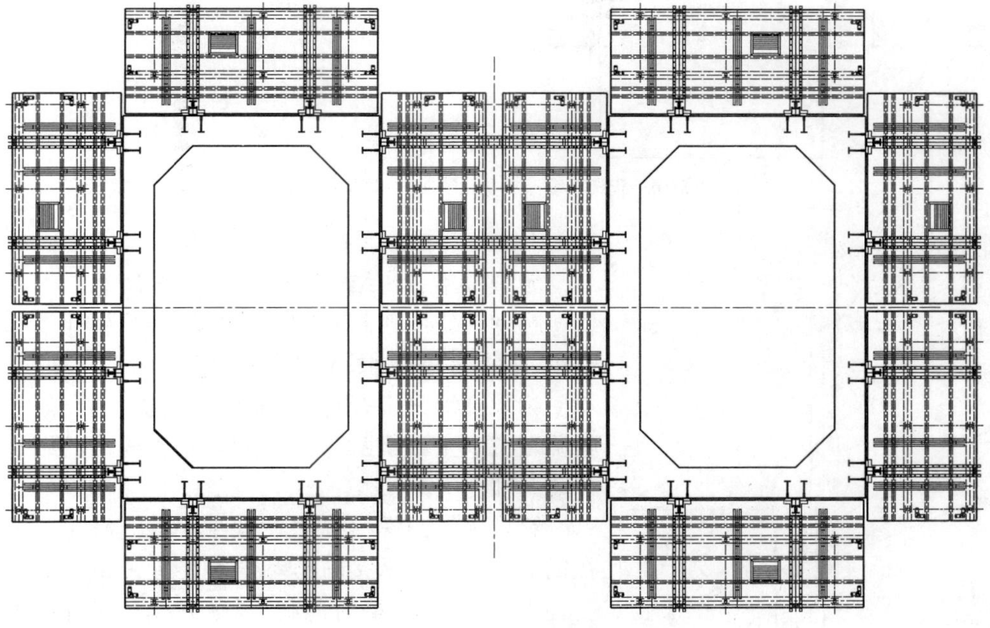

图 5-15 12 ~ 15 号墩爬架系统标准横断面图

(1)爬升装置

爬升装置由预埋锚锥、锚板、锚靴、爬头、轨道及其下撑脚、步进装置、承重架及下支撑等部件组成,爬升装置总体构成如图 5-17 所示。

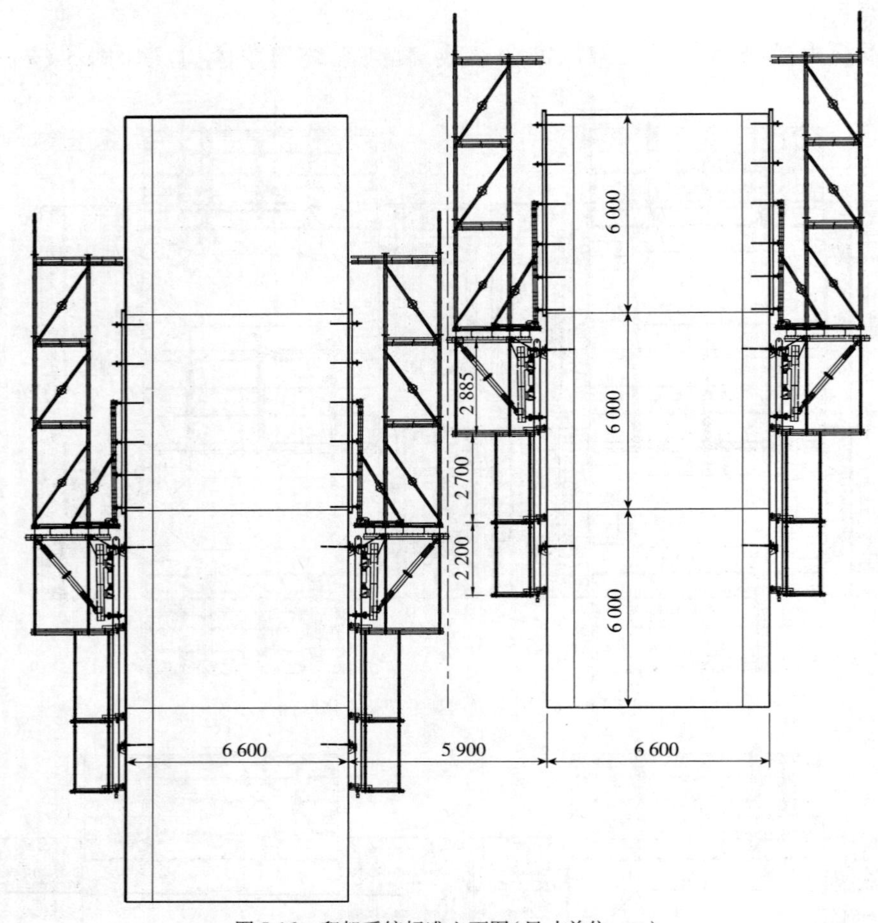

图 5-16　爬架系统标准立面图(尺寸单位:mm)

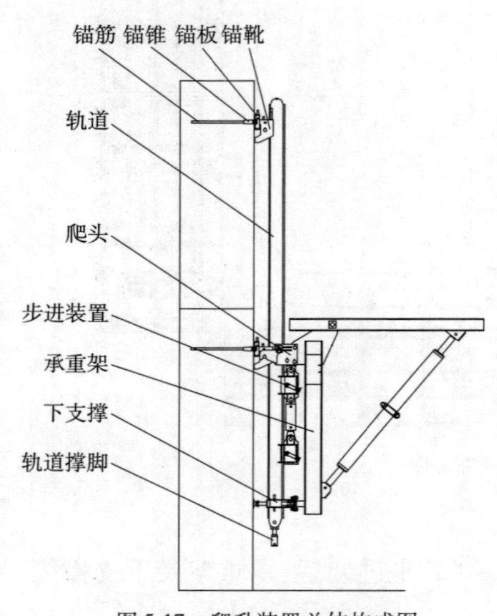

图 5-17　爬升装置总体构成图

预埋锚锥系统结构形式如图 5-18 所示。

预埋锚锥由四部分构成:锚固螺母、锚锥、精轧螺纹钢、预埋锚板,如图 5-19 所示。

为保证埋设位置无误,需要在模板上对预埋锚锥精确定位。主墩墩身外模采用定型钢模,直接在设计位置开孔。

锚板由锚固螺栓锚固在墩身混凝土壁上,锚靴挂在锚板上。锚板承接轨道和主梁传递的载荷,它主要受到施工活荷载、重力荷载、风荷载及弯矩作用等,故其具有很强抗拉、抗剪和抗弯力。同时,锚板起到为轨道导向的作用。

为防止锚板与锚靴脱离,锚板与锚靴之间设置安全销,如图 5-20 所示。

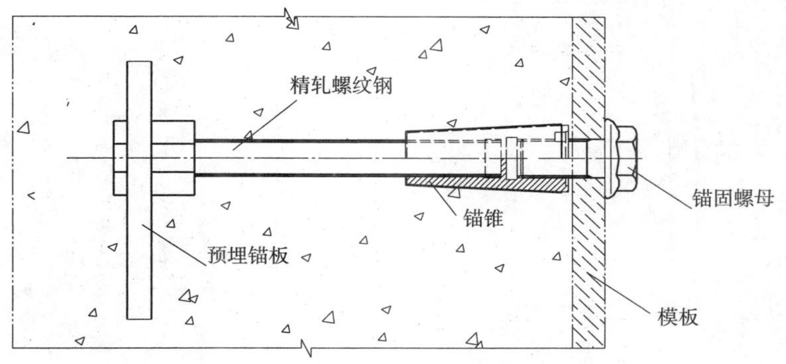


图 5-18 预埋锚锥构成图

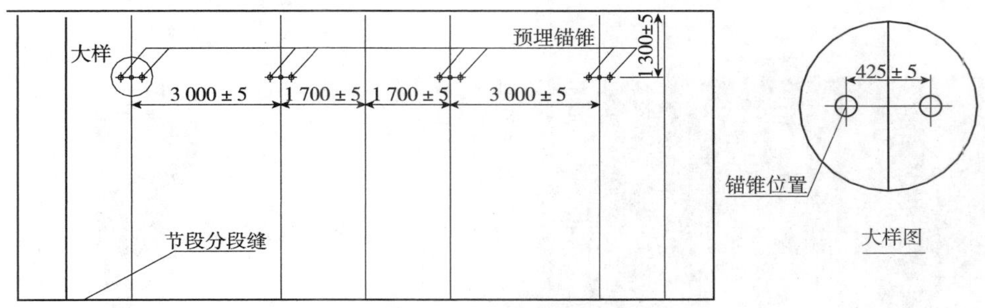


图 5-19 预埋锚锥系统定位示意图(尺寸单位:mm)

爬头是整个爬架系统在施工过程中的承重传力构件,将爬架系统的重量通过锚靴传递给预埋锚锥。爬头通过在锚靴内插入的承重销轴传力给锚靴,为防止爬头与锚靴脱离,在锚靴上设置有安全插销,如图 5-21 所示。

承重架是整个爬架架体的承重构件,爬架上爬架及下吊架都直接安装在承重架上,如图 5-22 所示。

爬轨设置梯档,梯档间距 15cm,供步进装置的凸轮传递荷载。轨爬轨上部腹板开方形孔,插入楔形块,将轨道固定在锚靴上,如图 5-23 所示。

图 5-20 锚板及锚靴实物图

步进装置是爬架与轨道之间进行力传递的重要部件,调整步进装置手柄(摆杆)方向,可实现凸轮方向的改变,凸轮向上时,凸轮可顶升轨道梯档,实现轨道爬升,凸轮向下时,凸轮附着在轨道梯档上可实现爬架的爬升。

在顶升轨道及爬架爬升过程中,凸轮依靠弹簧顶住步进装置手柄(摆杆),从而实现凸轮每爬升一个梯档后自动复位,如图 5-24 所示。

液压系统包括液压泵、可升缩油缸两部分,提供整个爬模系统升降动力,液压系统如图 5-25 所示。

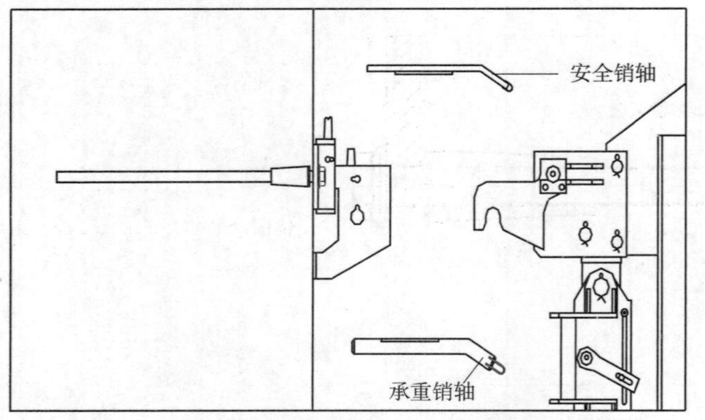


图 5-21　锚板、锚靴及爬头结构图

图 5-22　承重架结构示意图

1-(承重架)斜撑;2-(承重架)横梁;3-爬头;4-(承重架)下支撑;5-(承重架)立柱

图 5-23　轨道与爬头固定示意图

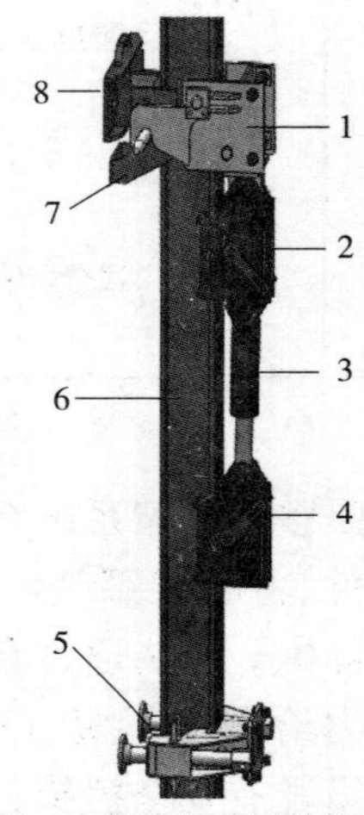


图 5-24　爬架步进装置结构示意图

1-爬头;2-上箱体;3-液压自锁油缸;4-下箱体;5-承重架下支撑;6-爬升轨道;7-锚靴;8-锚板

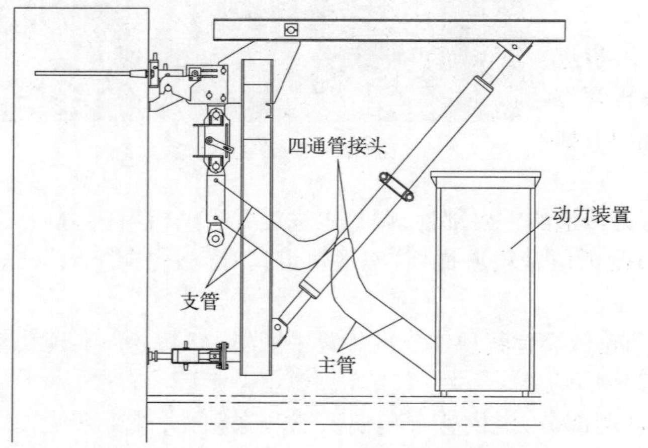


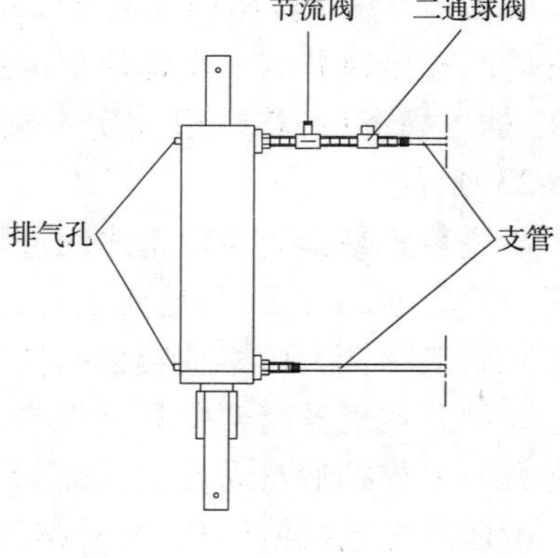


图 5-25　液压系统结构图

(2)爬架架体

爬架架体由上爬架和下吊架两大部分组成,总体布置如图 5-26 所示。

上爬架拼装后构成模板的安装、调整、拆除平台,锚锥安装及墩身钢筋绑扎处理的工作平台。下吊架吊挂在 1 号平台的纵梁上,拼装后构成爬升装置操作、锚锥拆除、墩身混凝土表面修饰及设置电梯入口的工作平台。爬架在墩身外侧从下到上分为 -2、-1、0、+1、+2、+3、+4 共七层工作平台:-2 层为电梯入口平台;-1 层主要用于锚锥的拆除及修饰混凝土表面;0 层为爬架爬升操作平台;+1、+2、+3 层用于模板的安装、调整、拆除,锚锥、锚板及挂靴的安装;+4 层(顶层)为钢筋绑扎及混凝土浇筑工作平台。爬架各层之间设置楼梯作为上下通道,如图 5-27 所示。

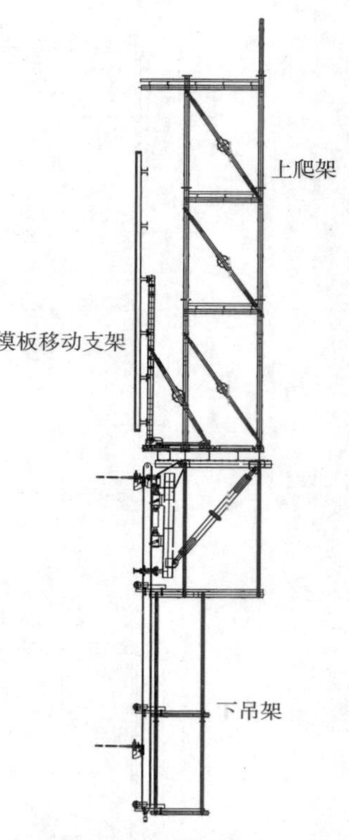

图 5-26 爬架架体总体构成图

2)模板系统

(1)模板构成

墩身标准节段高 6m,模板高 6.2m。模板包边已浇混凝土 15cm 厚,顶面留 5cm 厚蓄水养护并防止已浇混凝土污染索塔外表面。

模板采用大块定型钢模板,由 6mm 厚钢面板、[8 钢背楞及“][”槽 14a 钢围檩三部分组成。钢围檩与钢背楞之间以及面板与钢背楞之间焊接固定。

图 5-27 爬架通道示意图

11、12、16 号墩身无收分,13 ~ 15 号墩身在顺桥向收分。

顺桥向外模收分:每节段按收分尺寸割除部分顺桥向模板(每节具体收分尺寸参见模板设计图纸),通过螺栓连接倒角模板,并与横桥向模板相连,完成收分,如图 5-28 和图 5-29 所示。

爬升模板的质量要求如表 5-5 所示。

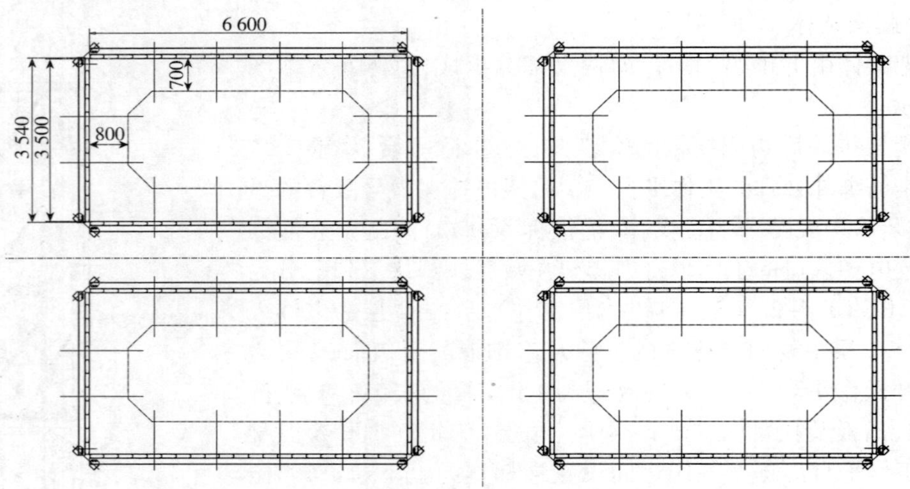


图 5-28　双肢墩外模平面组装示意图(尺寸单位:mm)

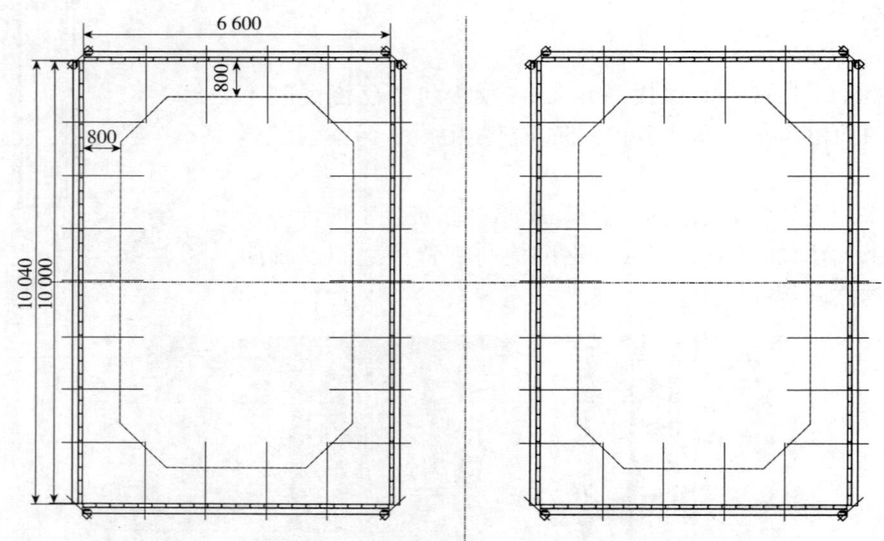


图 5-29　单肢墩外模平面组装示意图(尺寸单位:mm)

(2)模板调节系统

①单肢墩身模板调节系统

单肢墩身四周模板通过模板移动支架跟爬架相连,如图 5-30 所示。

模板的调节依靠模板移动支架完成。

A. 模板倾角的调节

撑杆是一根两端带丝杆(正反丝)、长度可调的空心圆杆,模板竖围檩通过撑杆与支架后支座相连,通过调节撑杆的长度实现模板倾角的调整。

B. 模板的前移和后退

支架上设置有齿条,横梁支架上安装有齿轮轴,通过扳手旋转齿轮轴,实现整体支架的前移或后退。

**表 5-5 爬升模板质量要求**

| 项　目 | 质 量 标 准 | 检测工具与方法 |
|---|---|---|
| （一） 制 作 | | |
| 1. 大 模 板 | | |
| 外形尺寸 | −3mm | 钢尺测量 |
| 对角线 | ±3mm | 钢尺测量 |
| 板面平整度 | <2mm | 2m 靠尺，塞尺测量 |
| 直边平直度 | ±2mm | 2m 靠尺，塞尺测量 |
| 螺孔位置 | ±2mm | 钢尺测量 |
| 螺孔直径 | +1mm | 量规测量 |
| 焊缝 | 按图纸要求检查 | |
| 2. 爬 升 支 架 | | |
| 截面尺寸 | ±3mm | 钢尺测量 |
| 全高弯曲 | ±5mm | 钢丝拉绳测量 |
| 立柱对底座的垂直度 | 1% | 挂线测量 |
| 螺孔位置 | ±2mm | 钢尺测量 |
| 螺孔直径 | +1mm | 量规测量 |
| 焊缝 | 按图纸要求检查 | |
| （二） 安 装 | | |
| 1. 螺栓与螺栓孔 | | |
| 墙面预留螺栓孔位置 | ±5mm | 钢尺测量 |
| 穿墙螺栓孔直径 | ±2mm | 钢尺测量 |
| 2. 模 板 | | |
| 拼缝缝隙 | <3mm | 塞尺测量 |
| 拼缝处平整度 | <2mm | 靠尺测量 |
| 垂直度 | <3mm 或 1%$h$ | 2m 靠尺测量 |
| 高程 | ±5mm | 钢尺测量 |
| 3. 爬 升 支 架 | | |
| 高程 | ±5mm | 钢尺测量 |
| 垂直度 | <3mm 或 1%$H$ | 挂线坠测量 |
| 4. 穿 墙 螺 栓 | | |
| 紧固扭矩 | 40～50N · m | 0～150N · m 扭力扳手测量 |

注：$h$ 为模板高度；$H$ 为爬升支架高度。

C. 模板位置的精确调整

浇筑混凝土前，模板底口包边位置必需紧贴混凝土面防止错台及漏浆，模板顶口位置由测量放样精确控制。

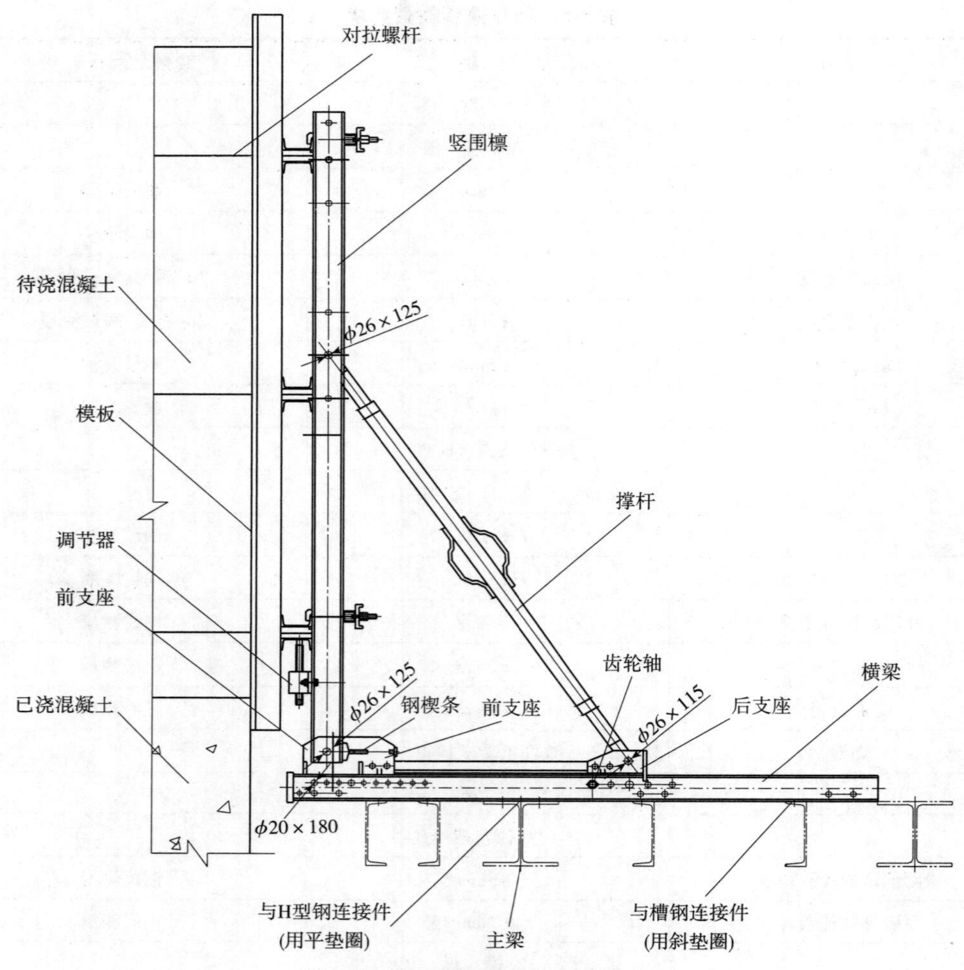


图 5-30 模板移动支架(尺寸单位:mm)

②双肢墩身模板调节系统

双肢墩身外侧外模调节采用模板移动支架。双肢间因间距较小,无模板移动支架安装空间,模板采用悬吊轮悬挂在上爬架平台上,依靠悬挂系统调节模板,如图 5-31 所示。

3)液压爬模系统安装及爬升

液压爬模安装及爬升过程示意图如图 5-32 和图 5-33 所示。

第一步:起步段钢筋绑扎,锚锥预埋,起步段混凝土浇筑,锚板及锚靴安装;

第二步:爬架承重平台三角架安装,爬头在锚靴上固定,液压系统安装;

第三步:上爬架安装,施工模板安装,钢筋绑扎;

第四步:锚锥预埋,混凝土浇筑;

第五步:模板及外爬架系统拆模后退,模板打磨,刷脱模剂;

第六步:安装轨道,轨道顶端插板在爬头上固定;

第七步:调整轨道撑脚顶紧在混凝土面,调整步进装置手柄(摆杆)方向使凸轮挂在轨道梯档上,开启液压系统,爬模沿轨道爬升;

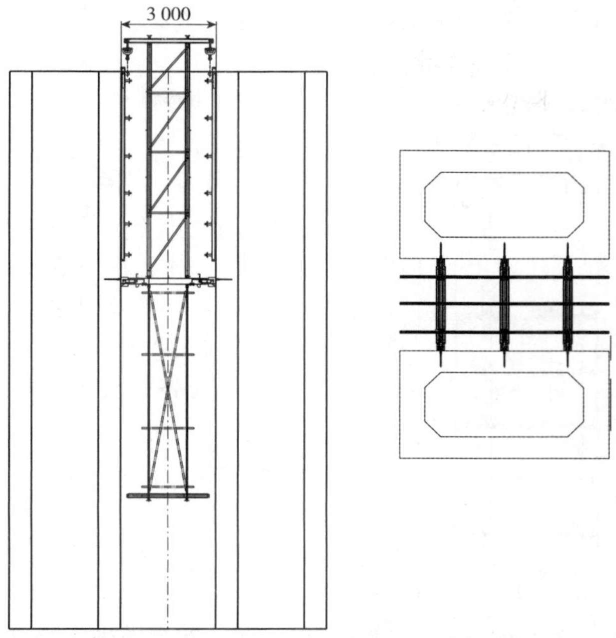


图 5-31 模板悬挂系统示意图(尺寸单位:mm)

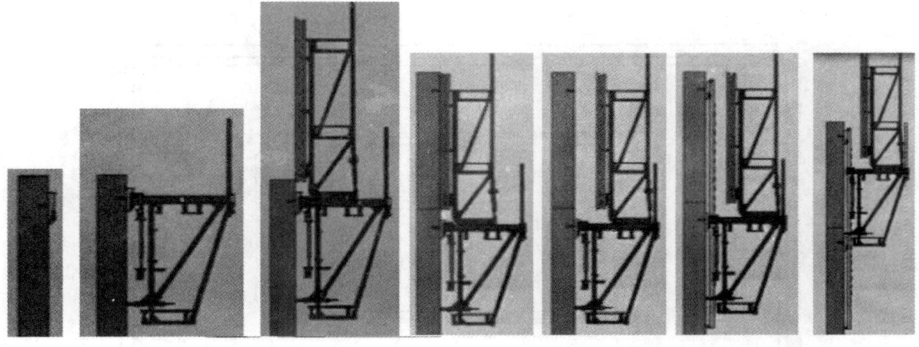

图 5-32 液压爬模安装及爬升步骤示意图(一)

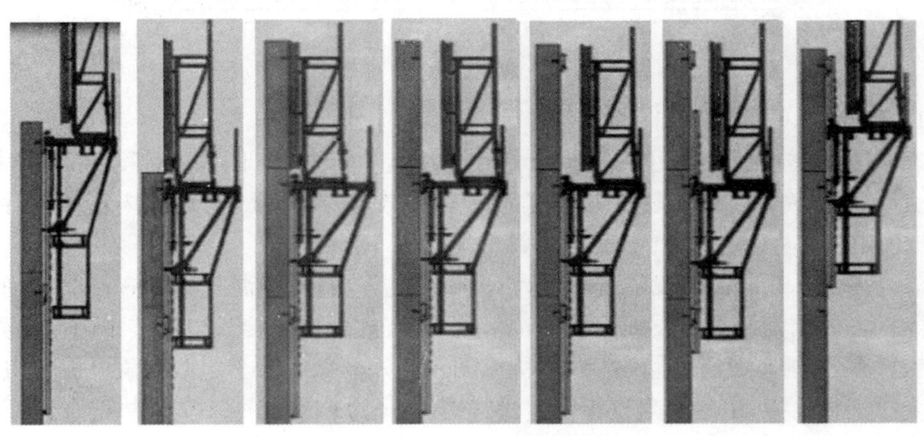

图 5-33 液压爬模安装及爬升步骤示意图(二)

第八步:爬模爬升到位,爬头固定在锚靴上,下吊架安装;

第九步:钢筋绑扎,上爬架模板合模;

第十步:锚锥预埋,混凝土浇筑;

第十一步:退模,模板打磨,刷脱模剂;

第十二步:下节段锚板及锚靴安装;

第十三步:调整步进装置手柄(摆杆)方向,使凸轮向上顶升轨道梯档,轨道在下节段锚靴上固定;

第十四步:再次调整步进装置手柄(摆杆)方向,使凸轮向下附着在轨道梯档上,解除爬头约束,爬模沿轨道爬升,完成一个完整的爬升过程,进入正常的液压爬模施工程序。

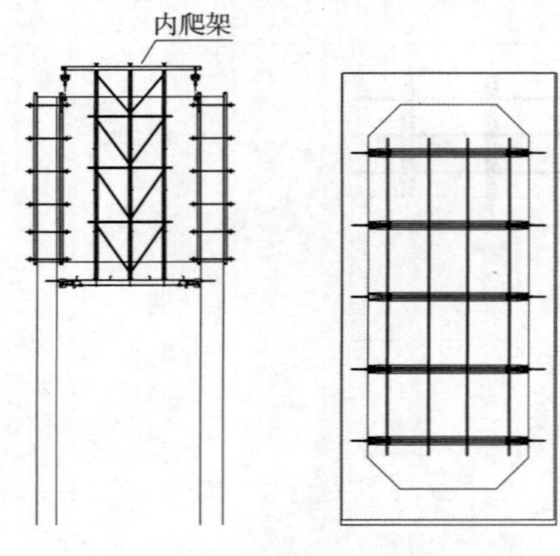


图 5-34 墩身标准节段内模系统示意图

### 5.3.3.2 内模施工

1)内模系统

内模采用悬吊系统,采用组合钢模拼装成大块模板,模板拆除并清理维护后,直接提升模板至下节段。内模的提升靠葫芦配合塔吊来提升,如图 5-34 ~ 图 5-37 所示。

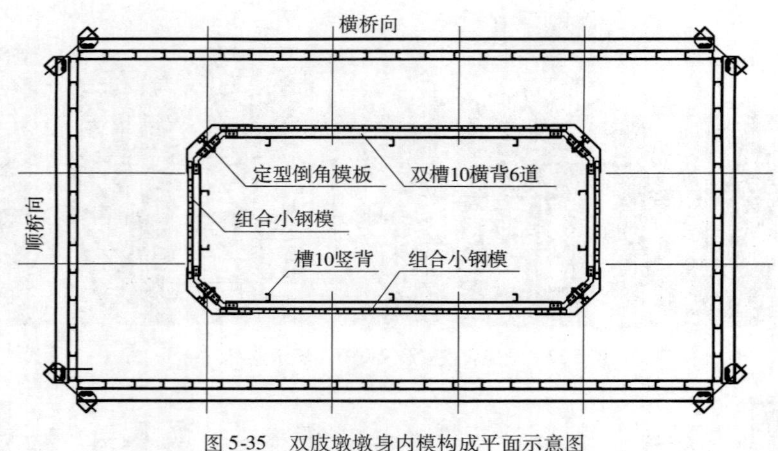


图 5-35 双肢墩墩身内模构成平面示意图

2)内模构成

标准节段内模直线段采用组合钢模,倒角采用定型钢模,异形段内模采用新制木模。

11、12、16 号墩身内箱室截面为等截面,模板无收分。13 ~ 15 号墩身内箱室横桥向不收分,在顺桥向收分。

内模高度为 6.3m,每节段浇筑高度为 6.0m,模板包边已浇混凝土 25cm 厚,顶面留 5cm 厚蓄水养护。内倒角定型钢模板面板在转角处与组合钢模“搭接”,以此实现内模收分。

内模设置竖向[8 背楞,2[14a 围檩,围檩间距与外模相匹配。定型倒角模板与组合小钢模横背采用钢板连接,定型倒角模板设置松紧螺杆,通过调节螺杆来实现与组合钢模面板接缝的严密。

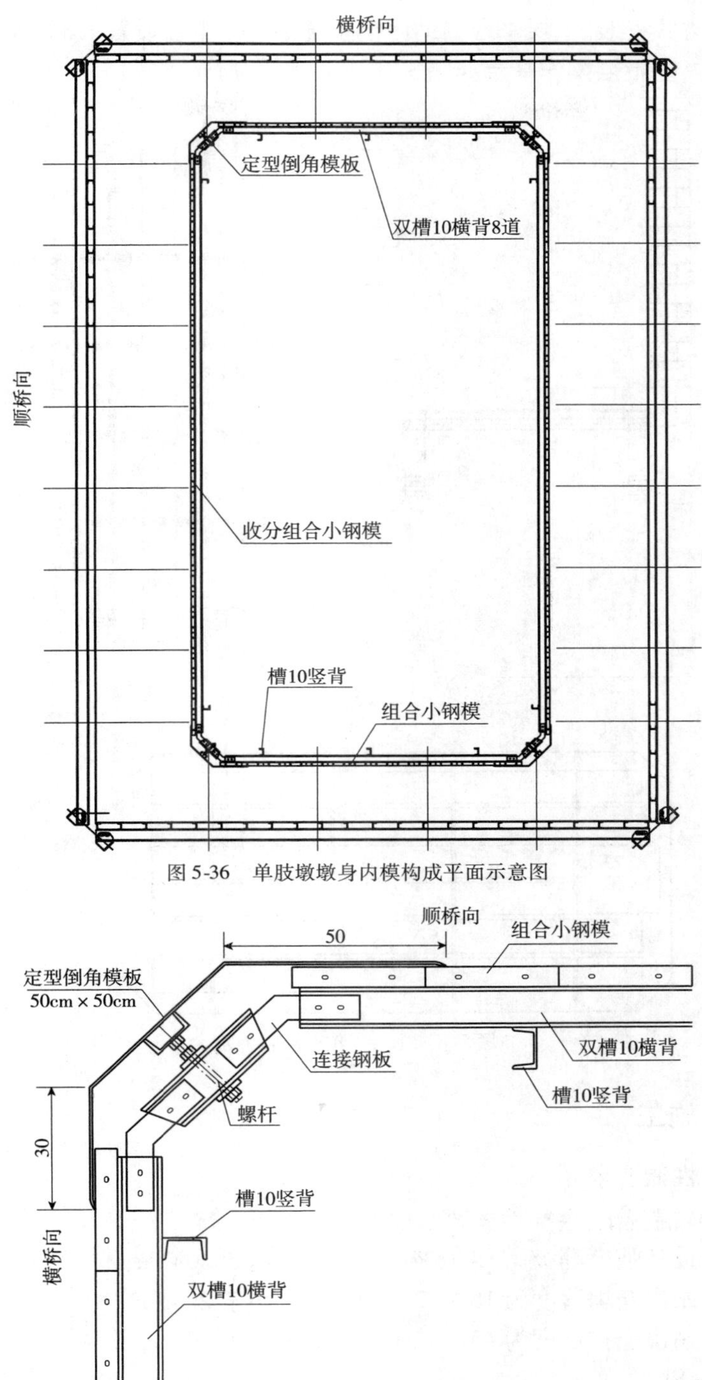


图5-36 单肢墩墩身内模构成平面示意图

图5-37 定型内倒角模板示意图(尺寸单位:cm)

3)内操作平台

墩身内操作平台分上下两层。下层平台为混凝土修饰平台、模板安装平台、混凝土浇筑过程中模板检查平台。上层平台为混凝土浇筑内操作平台、钢筋绑扎内操作平台。下层平台采用预埋锚锥方式安装,上层平台借助内模系统搭设。平台设置人洞,人洞处设置上下爬梯,做好安全防护,上下层操作平台如图 5-38 和图 5-39 所示。

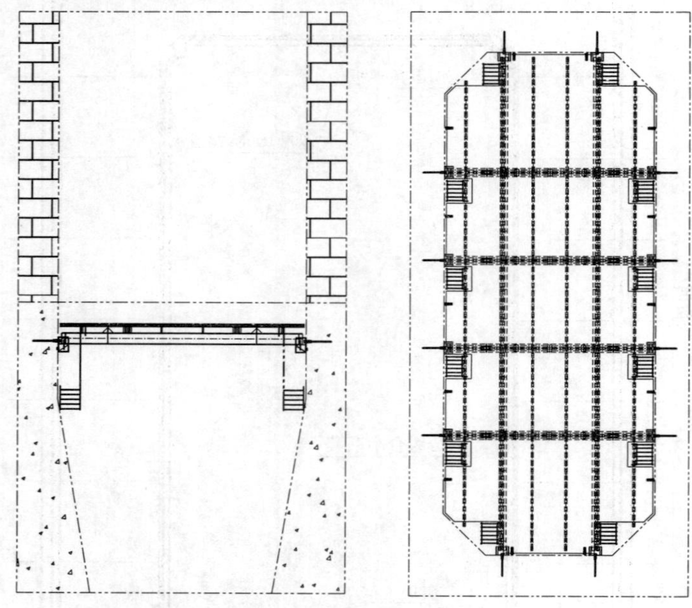

图 5-38 下层操作平台示意图

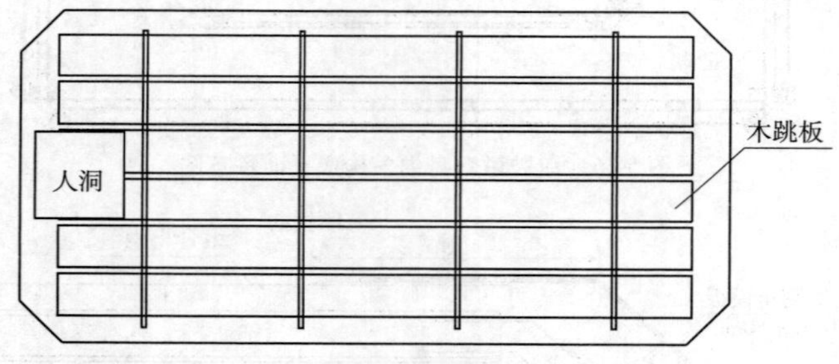


图 5-39 上层操作平台示意图

### 5.3.4 混凝土施工

#### 5.3.4.1 混凝土性能要求

墩身采用 C40 混凝土,主要性能要求如下。

强度:混凝土设计强度等级为 C40,24h 早期强度达到 20MPa;

坍落度:搅拌站出仓坍落度为 18 ~22cm,1h 损失小于 2cm;

扩展度:搅拌站出仓扩展度为 45 ~55cm,1h 损失小于 10cm;

初凝时间:5 ~8h。

混凝土常压下无泌水现象,具有良好的和易性和流动性、抗裂性,具有良好的泵送性能,适于高墩泵送。

#### 5.3.4.2 混凝土施工

混凝土在拌和站集中拌制,罐车运至现场,泵车泵送入模。

混凝土采取分层浇筑、对称分层布料、分层振捣施工方法。每层的布料厚度为30cm，为了保证混凝土的密实度，在施工中应加强对每层布料厚度、振捣时间与振捣间距控制。混凝土浇筑期间，安排专人检查预埋钢筋、预埋件的稳固情况，对松动、变形、移位等情况，及时将其复位并固定好。

每次混凝土浇筑完毕后，以节段顶口线为基准，对靠近模板、宽约1.5cm的混凝土顶面内外接缝作修正、压实、抹平处理，在进行施工缝凿毛时，严禁破坏这条接缝，以确保上下层混凝土接缝顺直。凿毛由人工完成，当处理层混凝土强度达到2.5MPa时，由人工开始凿除混凝土表面的水泥砂浆和松软层，经凿毛处理的混凝土面用压缩空气或高压淡水清理干净。为防止混凝土浇筑时漏浆以及上下两节段混凝土结合部出现过大的错台，待浇节段的模板底部应压紧已浇节段的混凝土顶部外表面(顶部外表面应先清理平整)，不得留有空隙。混凝土浇筑前，再次对接缝表面进行检查清理(若有杂物，应清理干净，以防夹渣)；混凝土浇筑过程中，应经常观察模板与下节段混凝土面的贴紧情况，若出现漏浆，拧紧相应部位的对拉杆螺母及支撑螺旋；接缝两侧的混凝土应充分振捣，以使缝线饱满密实。

拆模后立即对混凝土采用淋淡水、喷涂养护液进行养护，必要时在外围包裹土工布或塑料膜保温保湿。对于螺栓埋件在使用期间应进行防锈处理，当模板及提升架向上爬升一节段后，应及时地取出预埋螺母或锥形套头，修补留下的螺栓孔。

混凝土养护时间不小于7d。根据墩身节段施工时间(一般为4～5d)和混凝土养护时间周期要求，考虑2个已浇混凝土节段须进行养护，高度为12m。

#### 5.3.4.3 混凝土外观修饰

1)对拉螺杆孔修补

脱模后即可修补螺栓孔，修补分三次进行，先用水泥砂浆填充，待凝固干缩后视情况再用水泥砂浆或水泥浆补填，最后用调好色泽的白水泥浆抹面，水泥砂浆和水泥浆里掺一定量的粘胶水。

2)缺陷修补

混凝土施工过程中，应尽可能地避免蜂窝、麻面、气泡、接缝不齐以及其他缺陷的出现，若有细小缺陷出现，在分析出现原因、制订改进措施的同时，及时地进行修补修饰。

对混凝土表面的局部细小突瘤、接缝不齐等缺陷的修补，采用角磨机打磨，使其与周边混凝土顺平；对于混凝土表面出现的少量气泡的修补，先用与墩身混凝土同标号、同品种的水泥掺入定量白水泥和粘胶水配成专用腻子堵塞小气泡，并进行打磨，使修补部位与周围混凝土的颜色一致为止(必要时可用白水泥净浆修饰)；对于蜂窝、麻面等缺陷的修补，若存在松软层则应先行凿除，再用钢丝刷清理干净、用压力水冲洗及润湿后，再用较高强度的水泥砂浆填塞捣实抹平，并用白水泥浆修饰表面，若不存在松软层(属小蜂窝、小麻面)，先将缺陷部位清洗干净，然后进行修补。

3)预埋件封闭

墩身外表面预埋件主要是塔吊及电梯附着预埋件等，除专用埋件外，采用预埋锚锥的形式。预埋件拆除后，先将锚锥部位混凝土清洗干净，然后进行封闭、修饰。

4)修补修饰材料选用

为了保证修补部位与周围混凝土表面颜色一致，所有使用的修补修饰材料统一经试验室严格试配，试配合格并在试验段试验成功后方可使用。试配应结合实际施工条件展开，并根据同龄期混凝土试块色泽的具体情况进行。

## 5.3.5 墩身箱形系梁施工

### 5.3.5.1 箱形系梁施工工艺

为便于爬模施工，箱形系梁采用异步施工（后浇）。爬模施工系梁处墩身时，系梁钢筋紧贴模板，拆模后扳出钢筋，与系梁顶底板钢筋焊接连接。箱形系梁施工采用支架法，脚手管间距 1m。模板系统构造为：在立杆（脚手管）顶托上铺设 10cm × 10cm 木方做主梁，分配梁采用 10cm × 5cm 木方，间距 30cm，分配梁上铺设 1.5cm 厚竹胶板，支架及模板系统如图 5-40所示。

### 5.3.5.2 施工支架

各空心墩墩身内箱室搭设满堂支架，作为箱形系梁施工支架，墩身支架系统如图 5-41 所示。

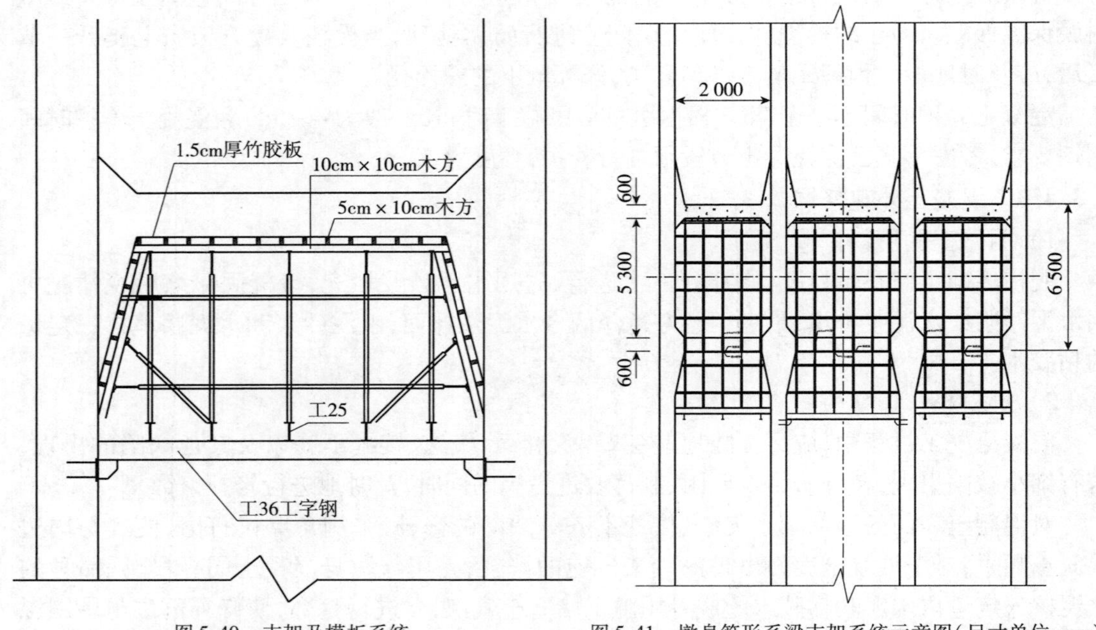


图 5-40 支架及模板系统

图 5-41 墩身箱形系梁支架系统示意图（尺寸单位：mm）

1）牛腿设计

根据箱形系梁的结构形式，箱形系梁腹板下方受力较大，牛腿单独设计，采用 30cm 长双拼工 40 型钢与预埋件焊接。墩内系梁部分受力较小，牛腿采用 30cm 长工 36 型钢与预埋件焊接。牛腿与预埋件采用双面焊焊接。牛腿受力验算详见计算书。

2）支撑系统

满堂支架的支撑系统采用工字钢，采用工 36 的工字钢搭设在牛腿上并进行焊接，墩间系梁腹板下采用双拼工 36 工字钢。采用工 25 的工字钢进行加密，工 25 工字钢间距 1m，11 ~ 16 号墩支架支撑系统如图 5-42 ~ 图 5-44 所示。

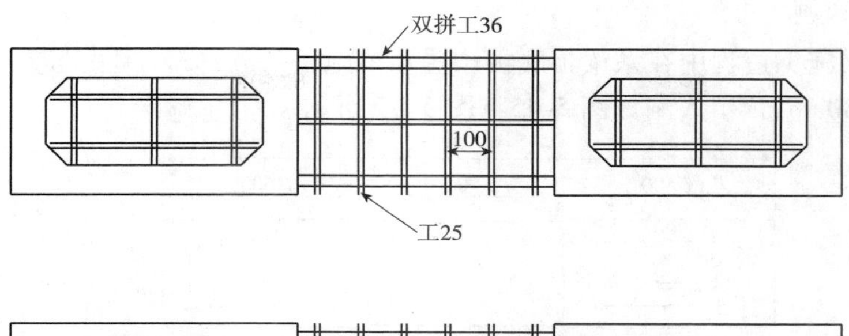


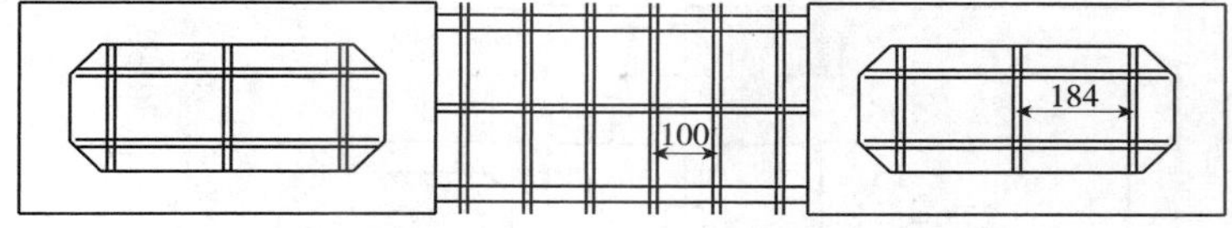


图5-42 11号墩身箱形系梁支架支撑系统(尺寸单位:cm)

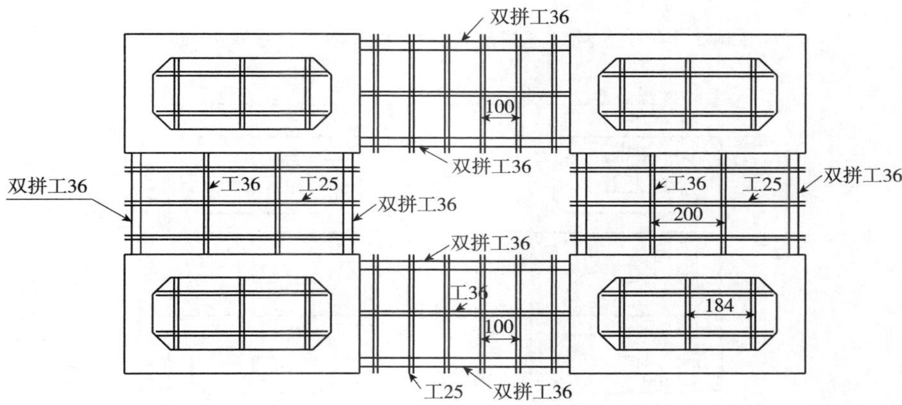


图5-43 16号墩身箱形系梁支架支撑系统(尺寸单位:cm)

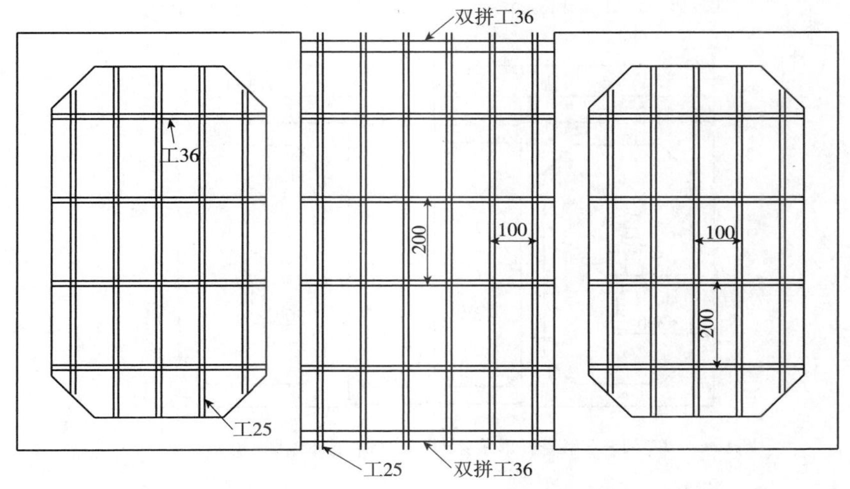


图5-44 12~15号墩身箱形系梁支架支撑系统(尺寸单位:cm)

### 5.3.5.3 施工人洞

在箱形系梁施工过程中在系梁顶底板位置预留施工人洞，方便模板与支架的拆除，人洞尺寸为60cm×80cm，预留人洞如图5-45～图5-47所示。

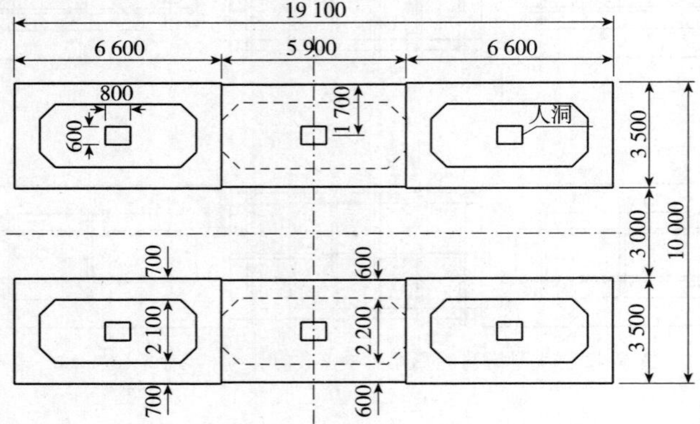


图5-45　11号墩身箱形系梁预留人洞平面布置图（尺寸单位：mm）

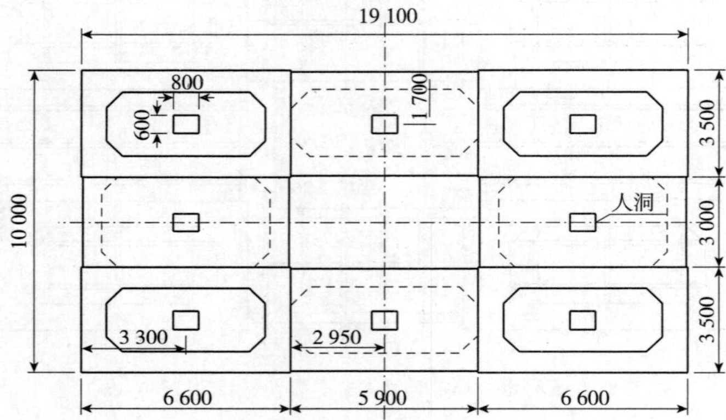


图5-46　16号墩身箱形系梁预留人洞平面布置图（尺寸单位：mm）

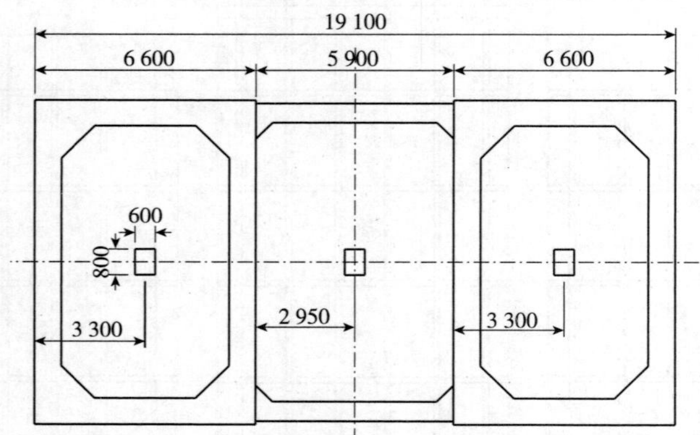


图5-47　12～15号墩身箱形系梁预留人洞平面布置图（尺寸单位：mm）

### 5.3.5.4 箱形系梁墩间箱室施工

墩间箱室分两次浇筑，底板浇筑至倒角上方，腹板与顶板一起浇筑，腹板外膜采用大钢模加背带，内模板采用小钢模加背带，具体形式同墩身模板。倒角位置采用竹胶板后背木方，墩身系箱室施工如图5-48～图5-51所示。

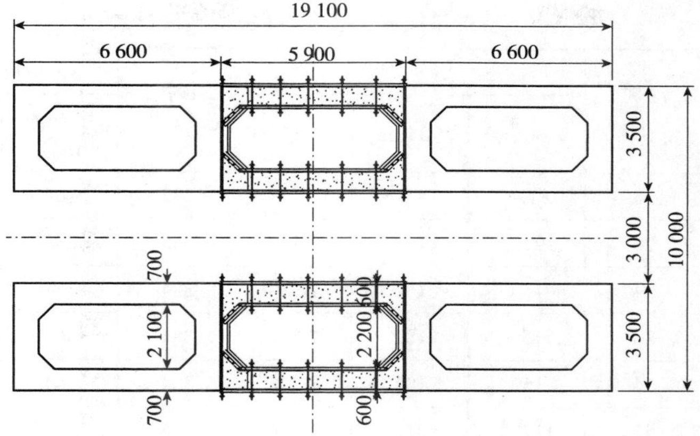


图5-48　11号墩身箱形系梁墩间箱室施工平面布置图(尺寸单位:mm)

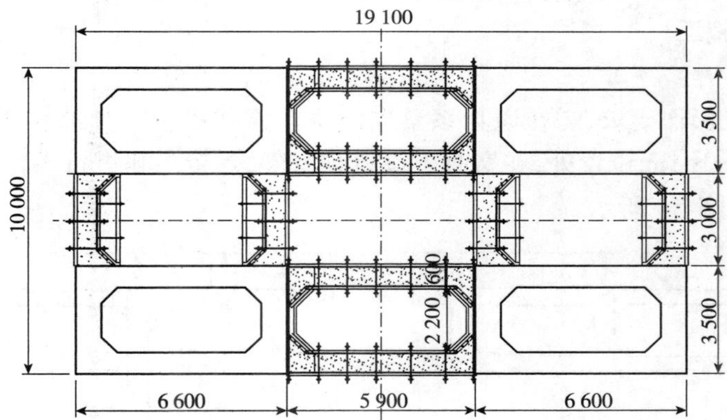


图5-49　16号墩身箱形系梁墩间箱室施工平面布置图(尺寸单位:mm)

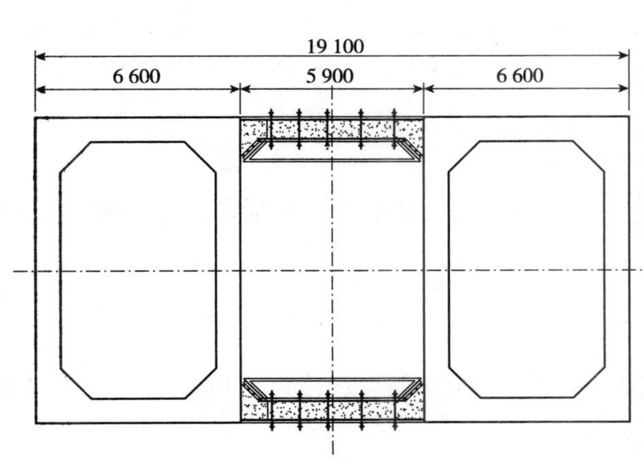


图5-50　12～15号墩身箱形系梁墩间箱室施工平面布置图(尺寸单位:mm)

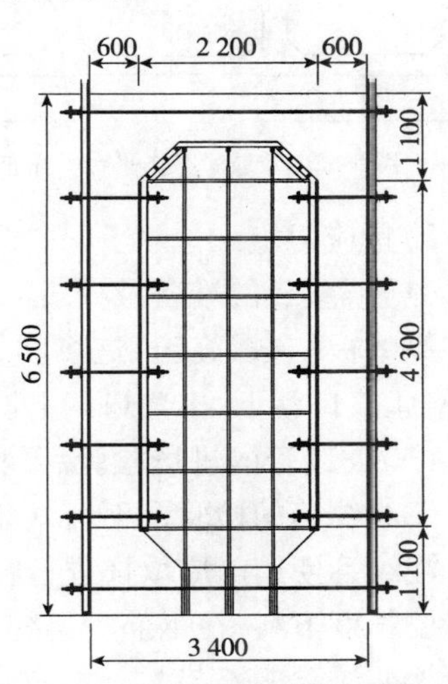


图5-51　墩身箱形系梁墩间箱室施工立面布置图(尺寸单位:mm)

#### 5.3.5.5 箱形系梁施工材料表

箱形系梁施工材料如表5-6所示。

表5-6 箱形系梁施工支架、模板材料统计表

| 序号＼项目 | 墩位 | 牛腿(个) | 型钢 | | | 顶托(个) | 木方用料长度(m) | | 竹胶板($m^2$) |
|---|---|---|---|---|---|---|---|---|---|
| | | | 工36(m) | 工25(m) | 脚手管(m) | | 10cm×10cm | 10cm×5cm | |
| 1 | 11号墩 | 36 | 81.8 | 82 | 928 | 232 | 164 | 312 | 158.6 |
| 2 | 12号墩 | 28 | 127.2 | 144 | 1 392 | 348 | 288 | 954 | 286 |
| 3 | 13号墩 | 34 | 159 | 182 | 1 536 | 384 | 364 | 1 053 | 373.4 |
| 4 | 14号墩 | 34 | 159 | 182 | 1 536 | 384 | 364 | 1 053 | 373.4 |
| 5 | 15号墩 | 34 | 159 | 182 | 1 536 | 384 | 364 | 1 053 | 373.4 |
| 6 | 16号墩 | 52 | 117.8 | 121.6 | 1 264 | 316 | 243.2 | 588 | 237.8 |
| 7 | 合计 | 218 | 803.8 | 893.6 | 8 192 | 2 048 | 1 787.2 | 5 013 | 1 802.6 |

#### 5.3.5.6 预应力施工

1)操作平台

考虑系梁施工操作要求,需在墩身系梁周围搭设操作平台。外操作平台宽度1.5m,平台在箱形系梁底板下1m位置处,在墩身上设置预埋件,焊接牛腿进行操作平台的搭设,操作平台如图5-52~图5-54所示。

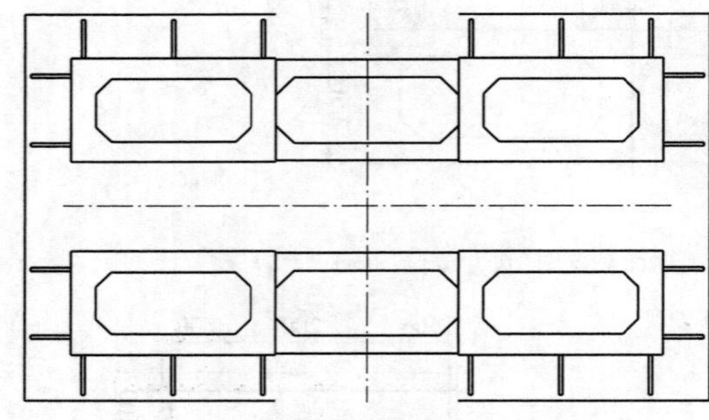

图5-52 双肢墩操作平台平面布置图

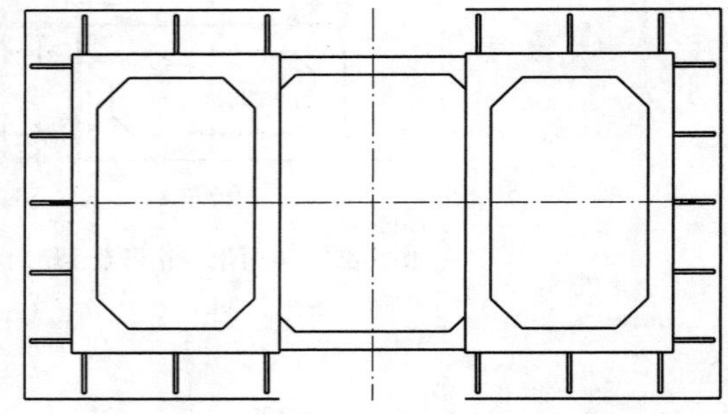

图5-53 单肢墩操作平台平面布置图

2)预应力施工

(1)锚垫板的准备及安装

锚垫板(含螺旋筋)进场时,按要求进行检查验收,满足要求后才能使用。锚垫板安装时,将压浆口朝下、出浆口朝上。

(2)波纹管的进场检验、下料及安装

①波纹管的检验及下料

波纹管使用前应取样进行径向刚度、抗渗漏等方面的试验,合格后方可使用。波纹管根据需要长度下料,在钢筋骨架绑扎过程中安装。

②波纹管的安装

波纹管按设计采用"#"形定位钢筋固定,定位筋在直线段按0.5m间距设置(节段管

口处和连接处适当加密)。波纹管安装过程中,当受到普通钢筋的影响时,可适当调整钢筋位置,保证预应力位置准确。

③波纹管的防护措施

安装好的波纹管要注意保护,在钢筋绑扎、混凝土浇筑过程中,不得踏压波纹管;不得在没有防护的情况下在波纹管的上方或附近进行电焊、气割作业。混凝土浇筑前,要仔细检查波纹管的位置、数量、接头质量、固定情况及顺直与否,发现问题及时处理。

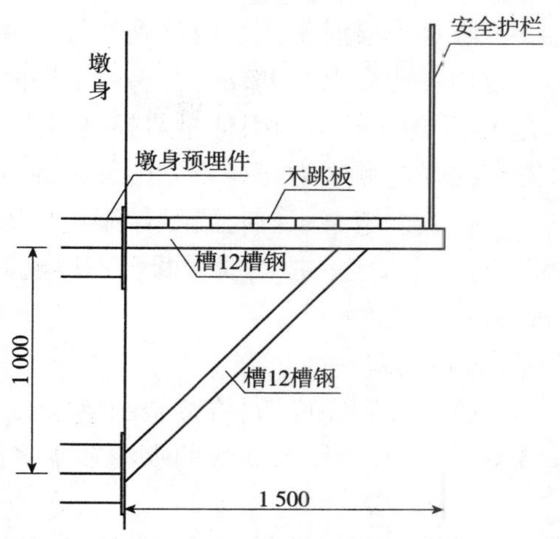

图 5-54 操作平台立面布置图(尺寸单位:mm)

为确保在系梁混凝土浇筑过程中波纹管管道不堵塞,采取以下控制方法:将波纹管与锚垫板间的间隙填塞密实,并在缝口外用防水胶带缠绕严密;在锚垫板孔道和波纹管内套入塑料内衬管,并在锚垫板套筒内及波纹管接出端的套筒内用棉纱填塞密实,同时,在波纹管接出端的套筒外用防水胶带封口;在锚垫板钢套筒口安装木塞,并将其与套筒的缝隙用防水胶带缠绕封堵;波纹管接头采用专用套管接头,周围用防水胶带缠绕严密。

(3)钢绞线的进场检验、下料及穿束

①钢绞线进场检验

钢绞线进场后,按规范要求进行验收,对其强度、延伸量、弹性模量及外形尺寸进行检查、测试,合格后才能使用。

②钢绞线下料

钢绞线根据设计要求的下料长度进行下料,考虑实际操作需求。下料采用钢卷尺精确测量,砂轮切割机切割。下好的钢绞线单根盘起,分类编号后临时存放。钢绞线临时存放时,必须在其下垫木方,并全面覆盖防雨、防潮。下好的钢绞线必须及时使用,尽量减少临时存放时间。

③管道穿束

系梁预应力束钢绞线采取先穿法,即在系梁混凝土浇筑前完成穿束。为方便穿设,钢绞线采取单根穿进。钢绞线穿设时,先在其头部套接“子弹头”型钢套筒(或缠绕多层胶带),然后边转动钢绞线盘放松钢绞线,边由人工或卷扬机将其送入孔道内。完成穿设的钢绞线需在两端贴上标签号。

④预应力钢束张拉

锚板、夹片使用前须经检查验收,并分类保存;千斤顶和油压表在张拉前进行标定,以确定张拉力与压力表读数之间的关系曲线,张拉设备转运至现场后,由专人使用和管理,并按规定维护、检验。

预应力锚具及千斤顶安装时,先清理锚垫板及钢绞线,然后分别安装锚板、夹片、限位板、千斤顶、工具锚板及工具夹片。千斤顶由 1t 的手拉葫芦悬挂及调位。

系梁预应力张拉工艺如下:

墩身系梁混凝土强度达到设计强度的90%以上方可进行预应力张拉；预应力束张拉程序为:0→初应力(10% $\sigma_{con}$)→$\sigma_{con}$(持荷2min后锚固)；预应力钢束采取两端张拉，一次张拉完成；采用张拉力与引伸量双控，引伸量实际伸长值与理论伸长值控制在±6%以内；预应力钢束的张拉顺序为先从系梁中部开始对称张拉横向钢束，再对称张拉纵向钢束。

预应力钢束张拉时要尽量避免出现滑丝、断丝现象，应确保在同一截面上的断丝率不大于1%，且限定一根钢绞线断丝不得超过1根。每束钢丝滑移量的总和不得大于该束伸长量的1%。

(4)封端

张拉锚固完成后，将多余的钢绞线用砂轮机切除，使钢绞线剩余长度为3~4cm。钢绞线切除后，及时用高标号的水泥砂浆将锚头端部钢绞线间的缝隙进行封堵。

(5)压浆

预应力束张拉完成后应尽快进行孔道压浆，压降采用真空压浆方式进行。

①浆液的主要技术要求

压浆采用普通硅酸盐水泥配制的水泥浆，其主要的技术要求为：水泥浆的强度应达到墩身混凝土的设计强度(C40)；水灰比宜控制在0.4~0.45之间；稠度宜控制在14~18s之间；泌水率不超过3%，拌和后3h泌水率宜控制在2%，泌水应在24h内重新全部被浆吸回；水泥浆里宜掺入适当的外加剂；水泥浆必须通过配合比试验并经验收合格后才能使用。

②压浆基本操作方法

A.拌制水泥浆

为了检查机械完好情况，同时充分润湿搅拌机内壁，水泥浆搅拌前，加水空转几分钟，然后将积水倒净。

根据配合比及需要的搅浆量，将各原料准确称好，首先将水倒入搅拌机里，同时启动搅浆机，然后投入计算好的外加剂量并搅拌均匀，最后加水泥，加水泥要慢且均匀，避免浆体中有结块。浆体搅拌完成后，按规范要求进行取样试验，合格的浆液通过过滤网倒入储浆桶。

B.压浆

水泥浆搅拌均匀后，经过一层1.2mm过滤网，送入储浆罐，再由储浆罐引到灌浆泵，在灌浆泵高压橡胶管出口打出浆体，直到出来的浆体与灌浆泵的浆体浓度一样时关掉灌浆泵，然后将高压橡胶管接到孔道压浆管，绑扎牢固。

关闭灌浆阀，启动真空泵，当真空值达到并维持在-0.06~0.1MPa时，打开灌浆阀，启动灌浆泵，开始灌浆，灌浆过程中，真空泵应保持连续工作。

应采用从低处向高处压浆的方式，当出浆孔流出浓浆后关闭出浆口，压浆口继续压浆使压力达到0.6MPa左右，持压1min，完成排气泌水，使管道内浆体密实饱满，完成灌浆，关闭灌浆泵及灌浆阀门。

③灌浆量控制

计算单根波纹管的理论体积，减去钢绞线的理论体积，即为每根波纹管理论灌浆量计算量。在实际施工时，实际压浆量做好记录，与理论压浆量进行对比，实际灌浆量应不小于理论灌浆量。

④清洗

拆卸外接管路,清洗真空机的空气滤清器及管路阀门,清洗灌浆泵、搅拌机及所有沾有水泥浆的设备和附件。

(6)封锚混凝土施工

压浆完成后,及时进行封锚混凝土浇筑,封锚混凝土强度应与墩身混凝土强度相同。封锚施工时,先对封锚段进行清理,然后填塞混凝土,为保证封锚质量防止封锚混凝土开裂,应设置钢筋网。

## 5.3.6 墩身临时固结

11、16 号墩为薄壁双肢墩,11 号墩从墩底至墩顶双薄壁均无连接,16 号墩在系梁处两薄壁之间有固结,但墩顶处无连接,考虑墩身施工过程中墩身的刚度要求及后期 0、1 号块的施工要求,在 11 号墩墩顶和系梁施加临时固结,16 号墩墩顶施加临时固结。临时固结采用直径 80cm 钢管,壁厚 2cm,用精轧螺纹钢施加部分预应力锚固在墩身上。

### 5.3.6.1 11 号墩墩身临时固结

11 号墩设置两道临时固结,分别设置在系梁处及墩顶处。临时固结采用直径 80cm 的钢管支撑在两薄壁之间,在墩身施工过程中预埋孔道,精轧螺纹钢从钢管内穿过并穿过墩身后进行张拉锚固。临时固结在 0、1 号块施工完毕后拆除。墩顶及系梁临时固结如图 5-55 和图 5-56 所示。

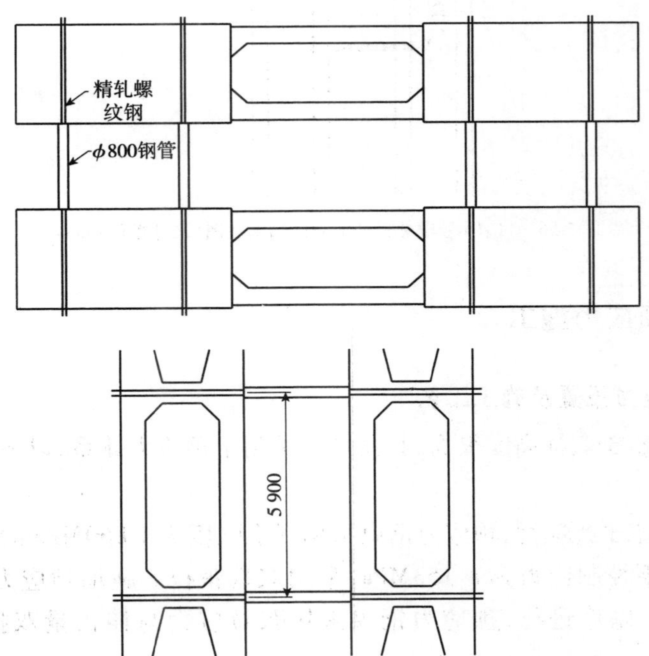


图 5-55 11 号墩系梁处临时固结示意图(尺寸单位:mm)

### 5.3.6.2 16 号墩墩身临时固结

16 号墩在墩顶处设置一道临时固结。临时固结采用直径为 80cm 的钢管支撑在两薄壁之间，在墩身施工过程中预埋孔道，精轧螺纹钢筋从钢管内穿过并穿过墩身后进行张拉锚固，16 号墩墩顶临时固结示意图同 11 号墩墩顶临时固结示意图，如图 5-56 所示。临时固结在 0、1 号块施工完毕后拆除。

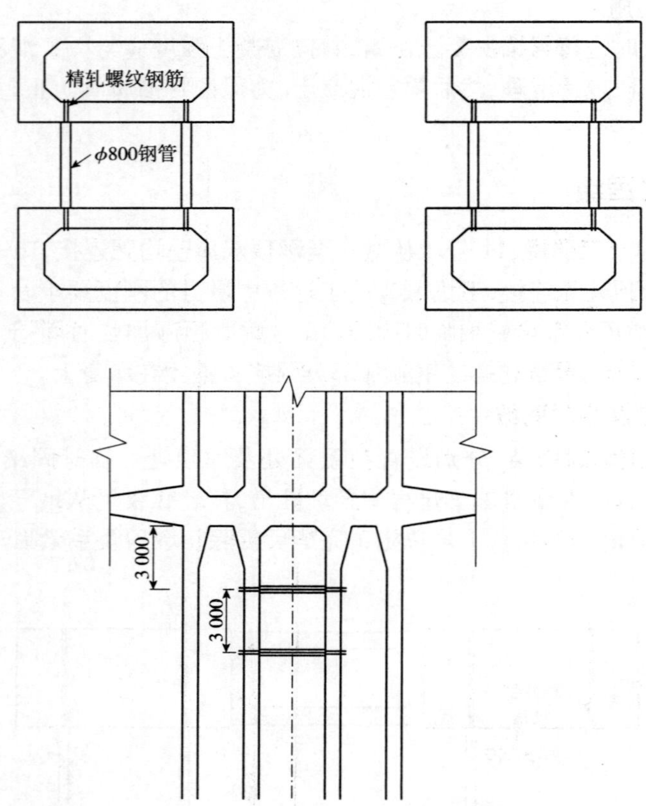


图 5-56　11、16 号墩墩顶处临时固结示意图（尺寸单位：mm）

## 5.3.7　横系梁预应力施工

### 5.3.7.1　系梁预应力设置及施工工艺

三水河特大桥由于墩柱高度很高，其横系梁采用了预应力体系，以下介绍其施工工艺，如图 5-57 所示。

箱形系梁设置水平预应力，预应力钢束采用标准强度为 1 860MPa 的 $\phi^{S}15.2$ 低松弛高强钢绞线，钢束锚下控制应力为 1 153MPa，采用双端张拉。施加预应力在混凝土强度达到设计强度的 80% 以后进行，预应力钢束采用张拉应力与伸长量双控，伸长量误差在 ±6% 以内。

预应力施工步骤：墩内隔板施工预埋管道→墩间系梁施工接长预应力管道→预应力锚固区锚垫板安装→预应力穿束→异步施工混凝土浇筑→满足条件后预应力张拉→压浆及封锚。

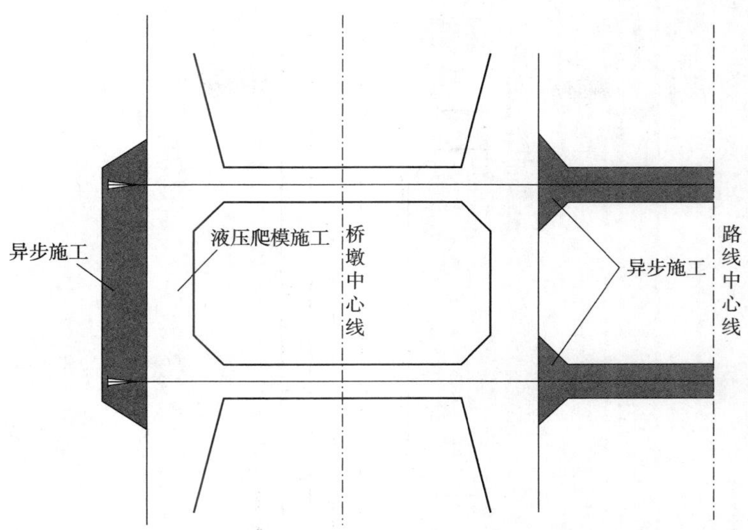


图 5-57　墩间系梁及预应力槽口异步施工示意图

### 5.3.7.2　操作平台

考虑系梁施工操作要求,需在墩身系梁周围搭设操作平台。操作平台采用模板支撑系统的三角挂架搭设。操作平台布置见图 5-58 ~ 图 5-60 所示。

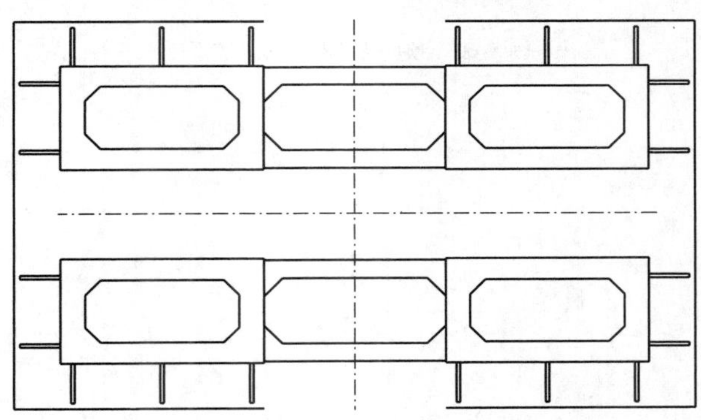

图 5-58　双肢墩操作平台平面布置图

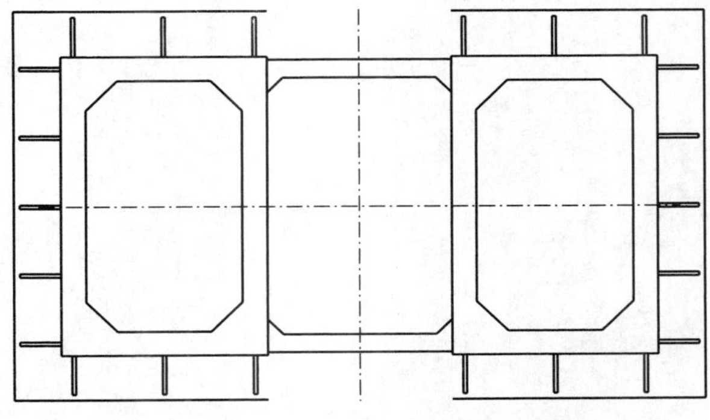

图 5-59　单肢墩操作平台平面布置图

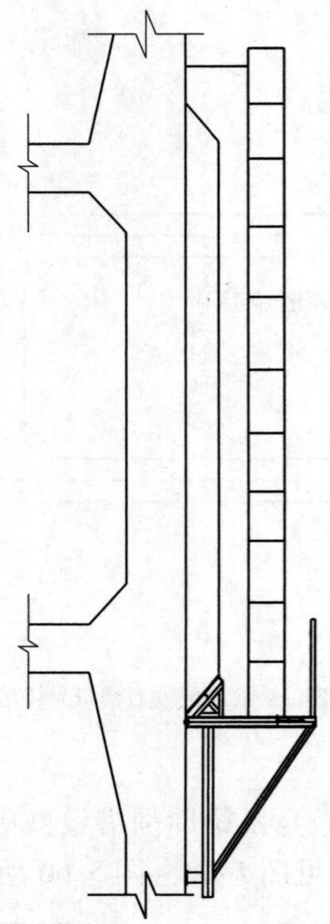

图 5-60　预应力操作支架示意图

# 6　0、1 号块施工

## 6.1　一般规定

(1)根据连续刚构桥结构尺寸特点,为了搭建能够拼装挂篮的平台,宜 0、1 号块同时浇筑,按支架现浇梁的方法组织施工。墩身不高时宜采用支撑在地面的支架,墩身较高时应采用在墩侧焊连支撑的扇形托架上施工。

(2)施工单位应对托架或支架进行专门设计。

①对预埋焊接件、杆件及焊缝或连接螺栓等的强度、刚度应进行计算和验算,挂篮设计图纸及计算资料应报监理工程师办公室审批。

②为了使托架不产生非弹性变形,应采用全焊接的方法组拼。若是装配式和支架式的支撑,必须进行加载预压,以消除非弹性变形,测量弹性变形值。

(3)墩顶段用于托架的预埋焊接钢板应位置准确、牢靠,由有焊接证的工人施焊,确保焊缝质量和托架安全。

(4)0、1 号块同时浇筑的外模必须用整块新钢模板,内模可用大块钢模板,拐角处应根据结构尺寸设计专门的钢模板。内、外模应通过模肋保证整体强度与刚度,使模板不产生变形。

(5)墩顶临时支撑采用现浇硫黄砂浆条带,施工完毕后,利用酒精喷灯烧熔或经预埋电热丝通电烧熔。

(6)钢筋、预应力波纹管安置位置有冲突时,应按纵向预应力筋、竖向预应力筋、横向预应力筋、非预应力主筋、结构钢筋的先后顺序避让。预应力管道应做到不锈、不沉、不浮、不破、不偏、不堵、不漏。后穿预应力筋的孔道必须设置塑料内衬管,以杜绝浇筑混凝土时可能产生的预留孔道变形。

(7)0、1 号块结构为单箱或双箱,整体现浇成型后底板、顶板、腹板和横隔板三向伸缩,互相牵制、张拉,应采取各种有效手段预防内力裂缝的出现。在横隔板与侧板相连处、腹板预应力孔道处、人洞顶部等非单一方向伸缩变形处和结构混凝土断面薄弱处,内外侧受力钢筋外挂 $\phi10$(5cm × 5cm 间距)的防裂钢筋网片,面积延伸至可能出现裂缝处 50cm 外。

(8)应在底板最低处设置泄水孔,在腹板中部设置通风孔,直径宜为 5 ~ 10cm,每箱每段预留泄水孔和通风孔各一个。

(9)宜采用一次成型的方法浇筑 0、1 号块,以减少不同步伸缩出现的裂缝。应按先两侧后中部、两端两侧对称分层浇筑的方法进行。为了方便混凝土的投料和放入振捣设备,在底、腹板的内模适当位置可开口,浇筑到此位置时封闭。悬浇混凝土应用泵送施工,配合比设计除满足强度要求外,还应满足早强、缓凝、水化热小、和易性好等性能要求。

(10)为了防止底板混凝土上溢,在底板混凝土初凝后再浇筑腹板至40~60cm高,待该部分混凝土初凝后再连续浇筑完成。

(11)采用顶板覆盖、外侧喷淋、内部洒水的方法养护混凝土至设计强度。

(12)混凝土达到拆模强度后可按部分进行模板拆除。为了施工安全,托架和临时支墩应待合龙段完成后拆除。

(13)从0号块开始,一般采用高强混凝土材料。其配置及性能要求如下:

①施工单位应专门研究高强混凝土的配制方法,为了不影响悬浇箱梁的正常施工,应提前半年进行配制试验。应选用不少于两种水泥和外加剂,配制符合性能要求的两种以上的设计强度等级混凝土配合比,不因一种水泥供应中断而影响正常施工。

②上部高强混凝土应采用泵送施工,混凝土应按3~4d达到设计强度进行配合比设计,还应具有缓凝、流动性大、早强、和易性好等性能,并考虑地区气候特点(干燥、风大,混凝土失水速度快)等对混凝土的不利影响。

③高强混凝土水泥量应控制在500kg/$m^3$以内。应使用细度模数大于2.6的中粗砂和质地坚硬、级配良好的碎石,砂、石料的含泥量应比《公路桥涵施工技术规范》(JTG/T F50—2011)规定值低1%。砂、石料的含泥量超标时应用清水冲洗,砂、石料的其他指标应符合规范要求。

④混凝土外加剂应通过试验和检验,符合混凝土性能要求的方可使用,并应使用有生产线的厂家的产品,不得使用复合厂家的产品。外加剂出厂应附检验合格证明。外加剂带入混凝土含碱量不得大于1.0kg/$m^3$。

⑤混凝土的弹性模量对混凝土性能、缩变及悬浇梁跨中挠度的变化有直接影响。因此,混凝土使用的原材料、外加材料、配制的准确性、拌和程度和养生等方面应采取各种措施,提高并稳定混凝土的弹性模量,做到解除支撑力、移模、浇筑混凝土和施加应力各阶段两端每块段弹性模量经测量尽可能一致。

## 6.2 0、1号块施工期常见问题及预防措施

1)质量问题及现象

施工挂篮底模与模板的配置不当造成施工操作困难,箱梁逐节变化的底板接缝不平顺,底模架变形,侧模接缝不平整,梁体纵向线形不顺,挠度或顶面高程超出允许误差。

2)原因分析

(1)悬臂浇筑一般采用挂篮施工,挂篮的底模架的平面尺寸不满足模板施工的要求。

(2)底模架的设置未按箱梁断面渐变的特点采取措施,使梁底接缝不平、漏浆、梁底段与段之间产生错台。

(3)侧模的接缝不密贴,造成漏浆,侧面产生错台。

(4)挂篮模板定位时,垂直向高程考虑不准,或挂篮前后吊带紧固受力不均。

(5)挂篮模板未按桥梁纵轴线定位。

(6)挂篮底模架的纵横梁连接失稳,几何尺寸变形。

3)预防措施

(1)底模架应有足够的平面及截面尺寸,应满足模板安装时支撑和拆除以及浇筑混凝土

时所需操作工作宽度和刚度。

(2)底模架应考虑箱梁断面渐变和施工预拱度,在底模架的纵梁和横梁连续接处设置活动钢铰,以便适时调节底模架,使梁底接缝平顺。

(3)底模架下的平行纵梁以及平行横梁之间,为防止底模架几何尺寸变形,庆用钢筋或型钢采取剪刀形布置,牢固连接纵横梁。

(4)挂篮就位后,在校正底模架时,必须预留混凝土浇筑时的抛高量,模板安装时应严格按测定位置核对高程,校正中线,模板和前一段的混凝土面应平整密贴。

(5)挂篮就位后应将支点垫稳,收紧后吊带,固定后锚,再次测量梁端高程,在吊带收放时应均匀同步,吊带收紧后,应检查其受力是否均衡,若不均衡就应重新调整。

## 6.3 三水河特大桥0、1号块施工工艺

### 6.3.1 总体施工工艺

三水河特大桥0、1号块总体施工工艺如图6-1所示。

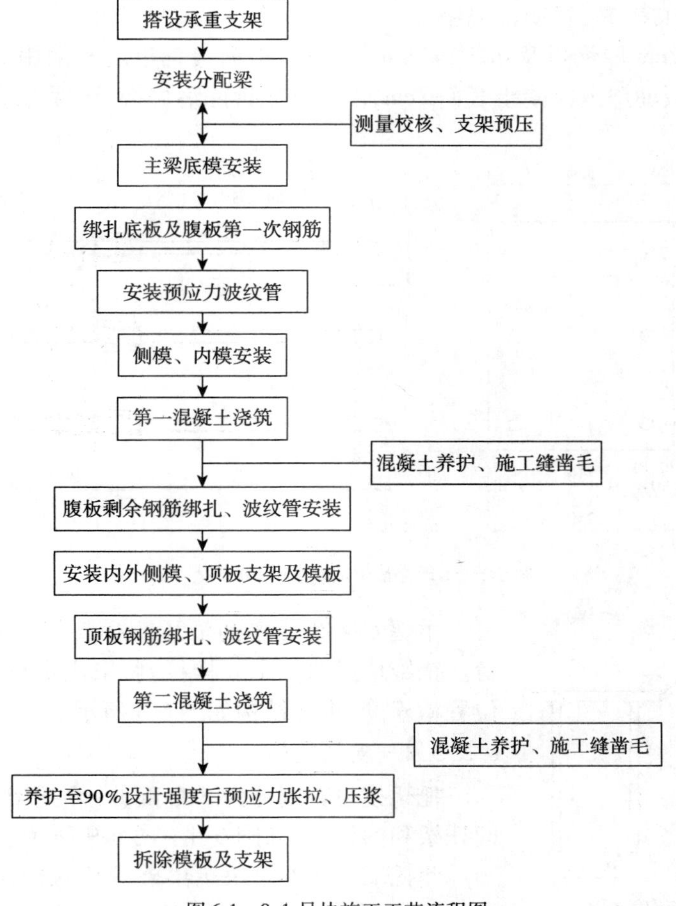


图6-1 0、1号块施工工艺流程图

## 6.3.2 施工控制

施工控制包括施工控制测量和施工监测两部分。根据施工要求及施工环境条件,对现有控制点进行复测,并加密后作为施工测量控制网。

在施工测量过程中,以施工测量控制网点坐标为依据,在 0 号块上放出桥墩中心点,并将高程引至该点,以进行施工中的高程和轴线控制。0 号块直接按照设计值设置底模高程,1 号块悬出部分立模高程应根据支架变形量和后续块段悬臂浇筑预拱度的要求设置。

由于采用支架现浇的施工工艺,监控的主要内容为落架前后主梁的高程及控制截面应力应变变化,初拟两个工况:

(1)工况Ⅰ,在支架上浇筑完毕后张拉预应力束;

(2)工况Ⅱ,在支架拆除后。

## 6.3.3 施工支架

### 6.3.3.1 预埋件及牛腿

墩身施工时设置预埋件,预埋件采用锚锥形式。牛腿采用钢板及型钢制作,在后场加工,转运至现场直接安装,锚固在锚锥上。

预埋件采用 2cm 厚钢板及 $\phi$25 锚筋加工制作,锚筋与钢板之间采用塞孔焊。预埋件安装时控制预埋钢板面深入混凝土表面 2cm,便于支架拆除后修饰,预埋件结构如图 6-2 所示。

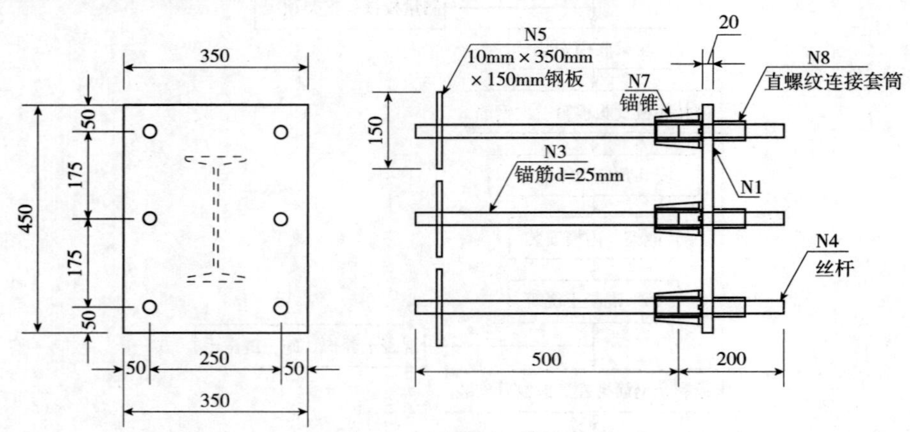


图 6-2 预埋件结构示意图(尺寸单位:mm)

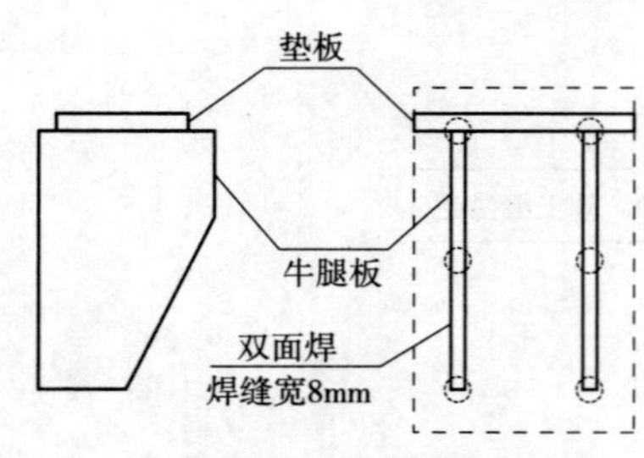


图 6-3 牛腿结构示意图

牛腿安装完成之前液压爬模支架不拆除,作为操作平台。锚锥埋设时测量放样控制,采用定位板定位,保证埋设位置精确度,牛腿结构如图 6-3 所示。

### 6.3.3.2 支架结构

托架按位置划分为 5 个部分:侧托架、端托架、中托架、间托架和内托架,如图 6-4 ~ 图 6-9 所示。

侧托架为 0、1 号块箱梁外侧翼缘现浇混凝土的承载平台;端托架为 1 号块的承载平台;中托架为左右两幅桥中心线

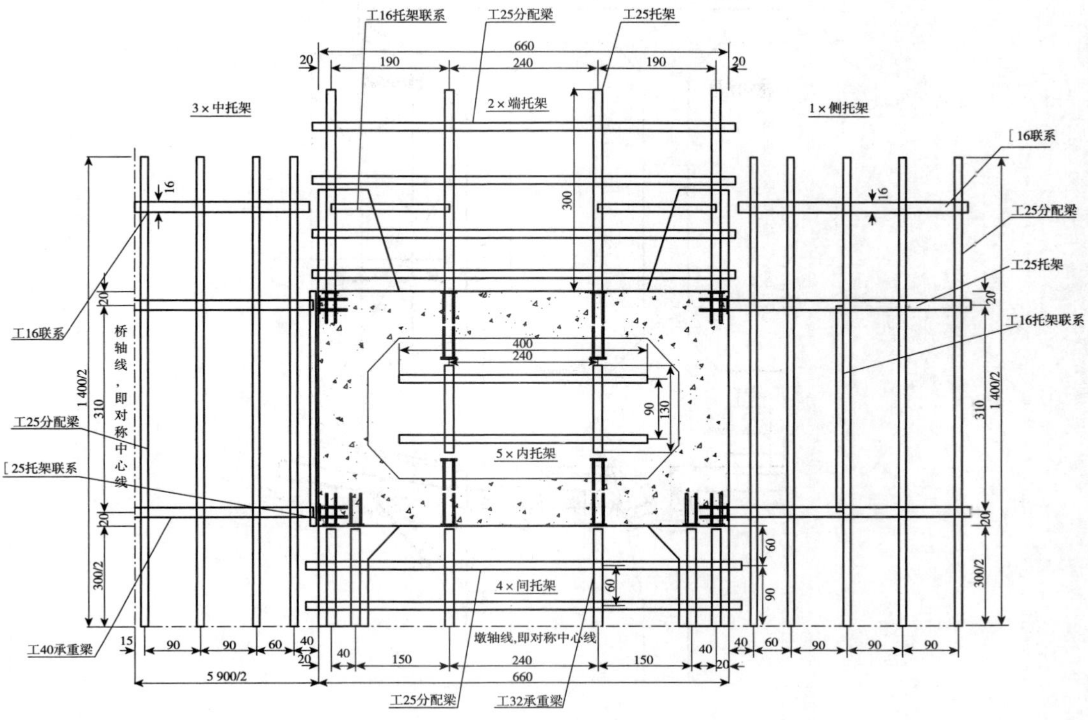


图 6-4 11、16 号墩托架 1/4 平面图(尺寸单位:cm)

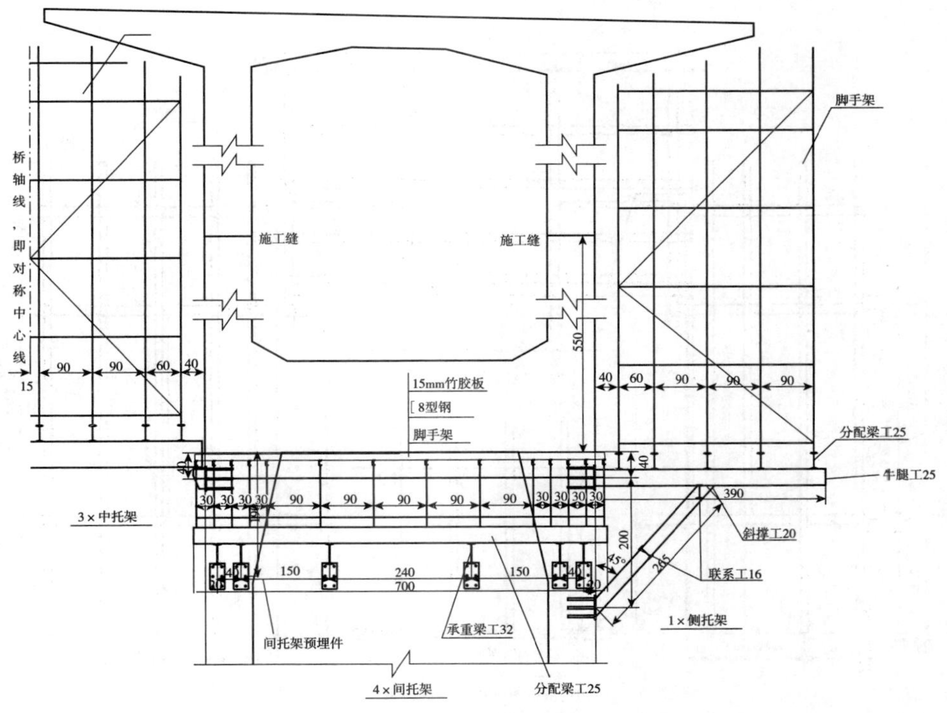


图 6-5 11、16 号墩托架 1/2 横断面图(尺寸单位:cm)

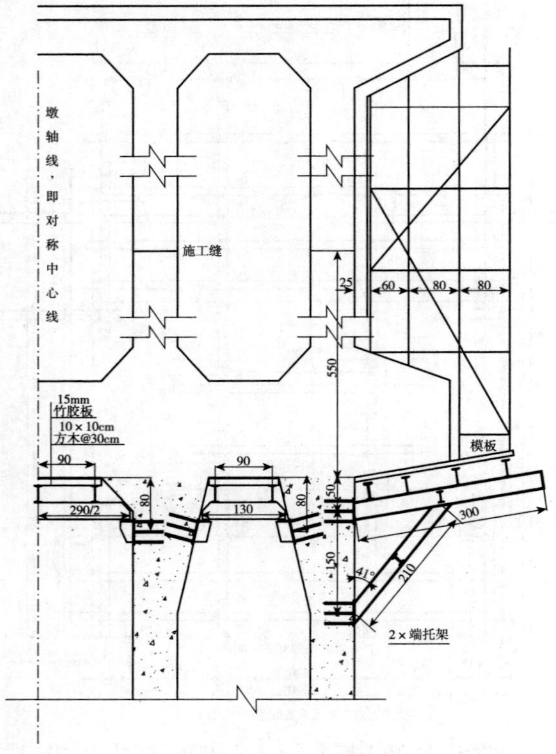


图 6-6　11、16 号墩托架 1/2 纵断面图（尺寸单位：cm）

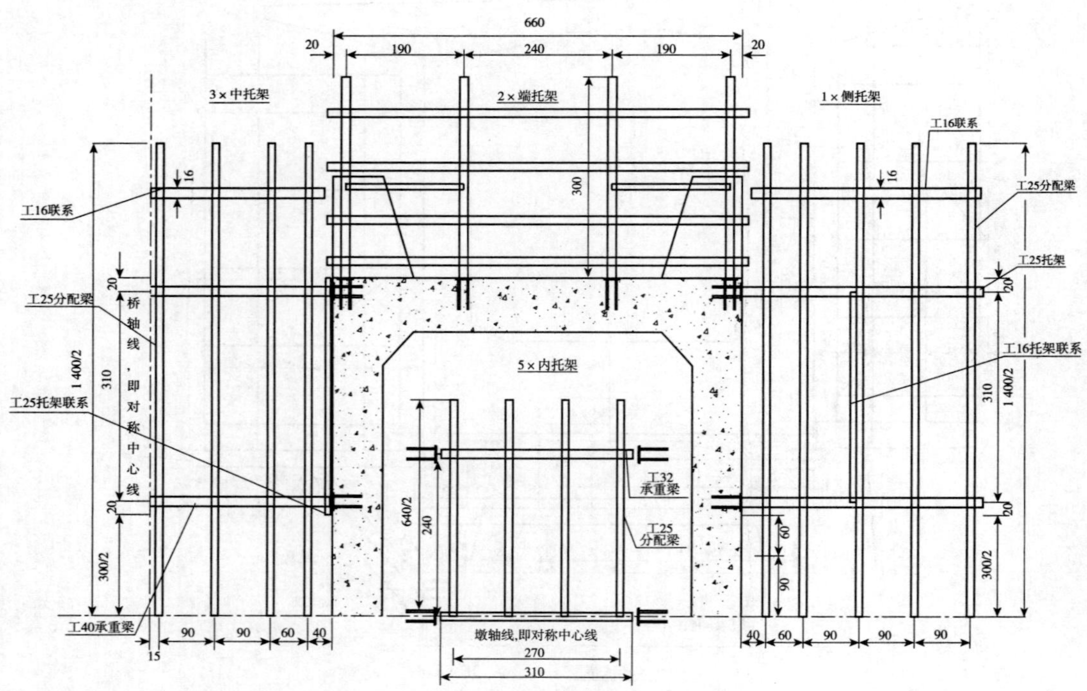


图 6-7　12 ~ 15 号墩托架 1/4 平面图（尺寸单位：cm）

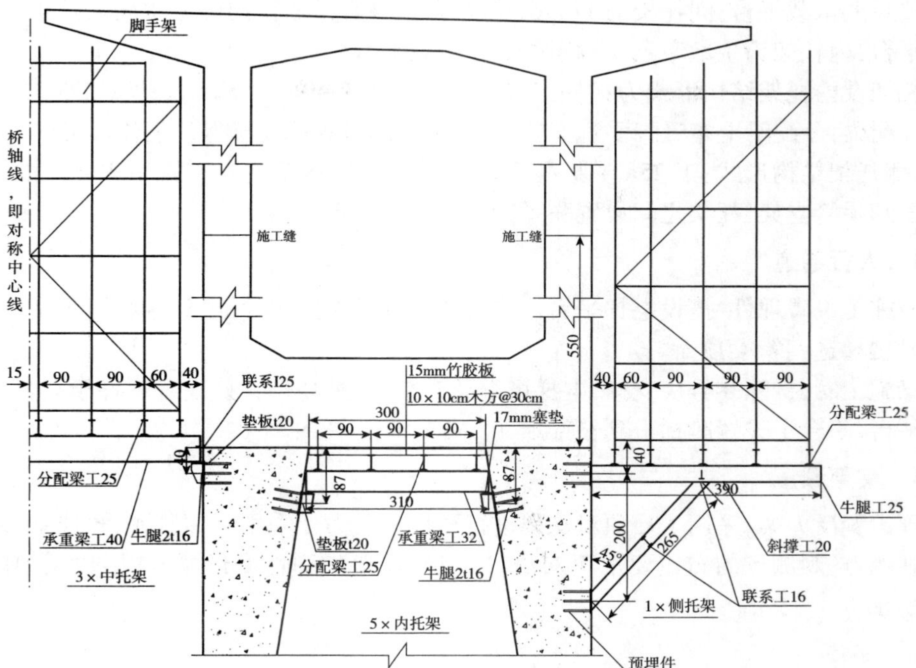

图6-8　12～15号墩托架1/2横断面图(尺寸单位:cm)

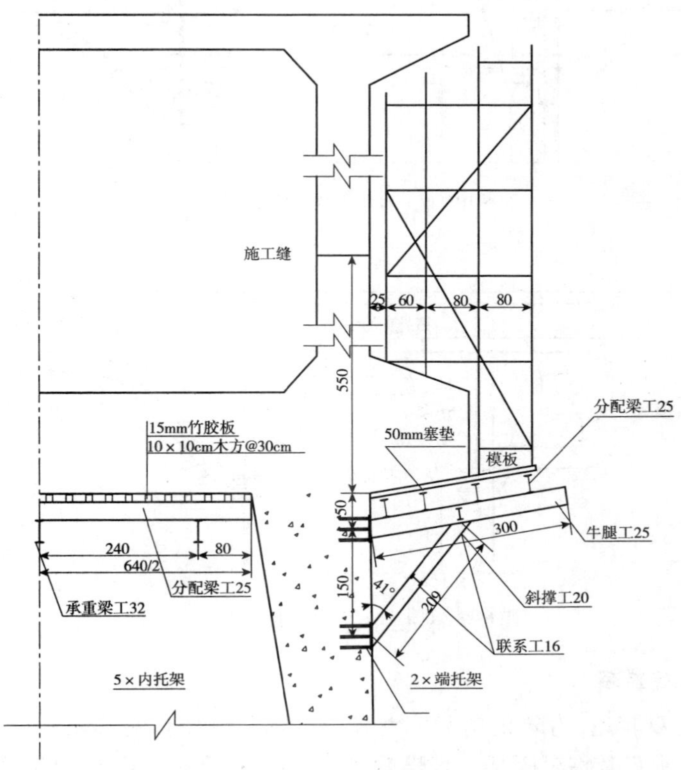

图6-9　12～15号墩托架1/2纵断面图(尺寸单位:cm)

处箱梁翼缘的承载平台；间托架为11、16号墩特有结构，是顺桥向两主墩间的箱梁腹板及底板承载平台；内托架为主墩墩顶位置箱梁底板承载平台。

间托架及内托架结构形式为：牛腿上布置承重梁（工40a、工32a、工25a），承重梁上布置工25a分配梁，分配梁上布置脚手管支架，承重梁之间设置联系梁保证整体稳定性。

端、侧托架结构形式：工25a牛腿型钢，下设斜撑，牛腿型钢上布置工25a分配梁，分配梁上布置脚手管支架，托架之间设置联系梁保证整体稳定性。

#### 6.3.3.3 人行通道

墩身施工设置埋件，搭设电梯平台。电梯平台上设置爬梯到达0号块施工平台。第二次浇筑时爬梯达到箱梁顶面。

箱梁施工时，拆除0号块支架，电梯可继续升高，在最高位置处设置埋件于0号块上，搭设电梯平台，平台上设置爬梯上到箱梁顶面。

#### 6.3.3.4 支架预压

墩顶设置反力架，采用千斤顶对支架进行预压。反力架采用型钢制作，预压加载前布设好沉降观测点，观测点的布设要上下对应，以观测托架的弹性变形量，支架预压如图6-10、图6-11所示。

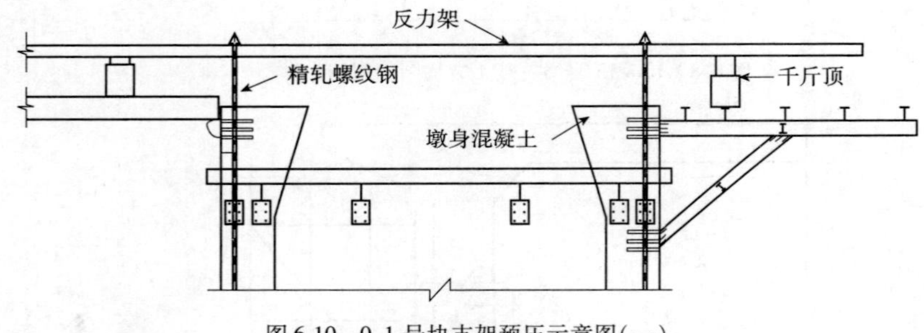


图6-10 0、1号块支架预压示意图（一）

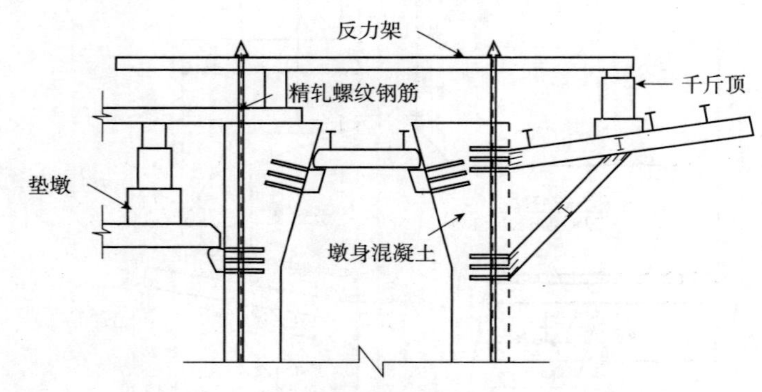


图6-11 0、1号块支架预压示意图（二）

#### 6.3.3.5 墩顶临时固结

11、16号墩为双肢墩，为防止0、1号块施工时双肢间相对位移影响结构质量，在双肢墩间设置劲性骨架，使双肢临时固结。劲性骨架应严格按照施工图（设计院出图）施工。

### 6.3.4 模板施工

箱梁模板由底模、外侧模、内模、端模及堵头板组成。外侧模、端模、1 号块节段内模及 0 号块第一次浇筑内模采用墩身钢模改制,底模、人孔模板及第二次浇筑内模采用木模组拼。在箱梁节段端头设置梳形堵头板,将箱梁纵向钢筋伸出模板,堵头板在预应力管道位置开孔,伸出预应力束波纹管。

#### 6.3.4.1 模板结构

钢模采用墩身外模改制,由 6mm 厚钢板、[8 钢背楞及"][" 槽 14a 钢围檩三部分组成。钢围檩与钢背楞之间以及面板与钢背楞之间焊接固定。改制模板应清理干净,打磨光滑,避免面板边缘不齐造成模板对接不严密。接缝采用螺栓连接,并使用胶带纸密封,防止漏浆。

木模系统采用 1.5cm 厚竹胶面板,10cm × 10cm 木方,围檩采用"][" 槽 14a 制作。

#### 6.3.4.2 模板安装

模板安装先安装底模、外侧模,再安装内模。相互连接的模板,模板面要对齐,连接螺栓不要一次紧到位,整体检查模板线型,发现偏差及时调整后再锁紧连接螺栓,固定好支撑杆件。模板接缝采用胶带纸密封,防止漏浆影响箱梁混凝土质量和外观,模板质量要求如表 6-1所示。

表 6-1 模板质量要求

| 项目 | 质量标准 | 检测工具与方法 |
|---|---|---|
| (一) 制 作 | | |
| 外形尺寸 | -3mm | 钢尺测量 |
| 对角线 | ±3mm | 钢尺测量 |
| 板面平整度 | <2mm | 2m 靠尺,塞尺测量 |
| 直边平直度 | ±2mm | 2m 靠尺,塞尺测量 |
| 螺孔位置 | ±2mm | 钢尺测量 |
| 螺孔直径 | +1mm | 量规测量 |
| 焊缝 | 按图纸要求检查 | |
| (二) 安 装 | | |
| 拼缝缝隙 | <3mm | 塞尺测量 |
| 拼缝处平整度 | <2mm | 靠尺测量 |
| 垂直度 | <3mm 或 1%$h$ | 2m 靠尺测量 |
| 高程 | ±5mm | 钢尺测量 |

注:$h$ 表示模板高度。

模板安装时严格按照放出的边线和高程进行控制。模板安装调试好后必须将外侧模板及时固定,同时两侧外模底口设置对拉杆,确保模板的整体稳定性。

### 6.3.5 钢筋施工

#### 6.3.5.1 工艺流程

0、1 号块钢筋施工工艺流程如图 6-12 所示。

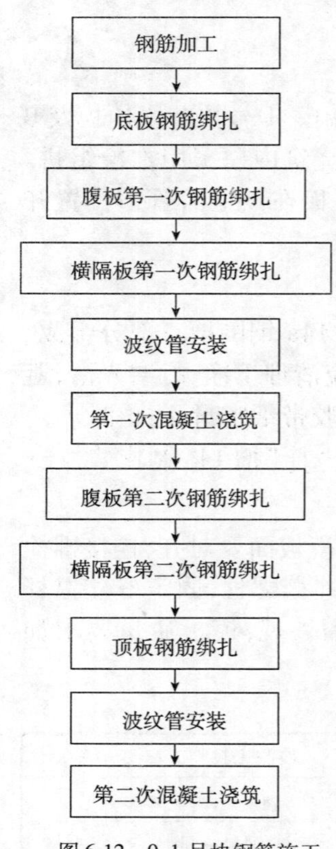


图 6-12 0、1 号块钢筋施工工艺流程图

#### 6.3.5.2 钢筋制作及安装

钢筋下料及制作在钢筋加工区内完成，骨架绑扎在现场进行。钢筋加工前，必须将钢筋表面的油渍、漆皮、浮锈等清除干净。钢筋加工前，核对半成品钢筋的型号、规格、直径、长度和数量。加工好的半成品堆放，按照规格、型号、长度做好标识分开堆放，采取有效的遮盖措施防止钢筋生锈。

钢筋加工好后，由平板车运输至施工墩位，采用吊车起吊，最后由人工进行钢筋安装。在转运过程中注意对钢筋的保护，防止变形及损伤。

钢筋绑扎前进行临时脚手管支架搭设。临时脚手管支架用于临时支撑及定位钢筋，定位精度要求不高，其平面位置不影响主梁 0、1 号块混凝土保护层厚度即可。脚手管支架支撑在底模上的水泥砂浆垫块上，待钢筋骨架形成后拆除临时脚手管支架后关模板。

钢筋绑扎过程中注意对钢筋的型号、规格、直径、长度、数量和位置进行检查，如有错漏，及时纠正增补。钢筋绑扎时，交叉点处采用扎丝呈梅花状绑扎结实。钢筋与模板之间设置与箱梁混凝土强度等级相同的水泥砂浆垫块，垫块与钢筋之间采用扎丝扎紧，相互错开，按照 1m 间距梅花形布置。钢筋接头必须满足规范要求（焊接接头单面焊 $10d$、双面焊 $5d$，绑扎接头搭接长度 $35d$）。

在进行预应力管道固定时，采用“#”形定位筋固定，直线段间距为0.8m，弯曲段为0.4m，根据现场实际情况可适当加密，保证预应力管道安装牢固、位置准确、不发生变形。

钢筋加工及安装的允许偏差分别见表 6-2、表 6-3。

**表 6-2 箱梁钢筋加工允许偏差表**

| 项 目 | 允许偏差(mm) | 项 目 | 允许偏差(mm) |
|---|---|---|---|
| 受力钢筋顺长度方向加工后的全长 | ±10 | 箍筋、螺旋筋各部分尺寸 | ±5 |
| 弯起钢筋各部分尺寸 | ±20 | | |

**表 6-3 箱梁钢筋安装允许偏差表**

| 检 查 项 目 | | 允许偏差(mm) |
|---|---|---|
| 受力钢筋间距 | 两排以上排距 | ±5 |
| | 同排 | ±10 |
| 箍筋、横向水平筋 | | ±10 |
| 钢筋骨架尺寸 | 长 | ±10 |
| | 宽、高 | ±5 |
| 弯起钢筋位置 | | ±20 |
| 保护层厚度 | | ±5 |

#### 6.3.5.3 预埋件施工

在钢筋绑扎过程中做好预埋件的设置，确保后期挂篮施工的顺利进行，在混凝土浇筑前，对已安装好的钢筋及预埋件进行全面的检查。0、1 号块施工预埋件一览表见表 6-4。

表 6-4 0、1 号块施工预埋件一览表

| 序号 | 埋件名称 | 备注 |
|---|---|---|
| 1 | 挂篮预留孔 | 预留孔位、竖向预应力系统 |
| 2 | 电梯附墙预埋件 | 专用电梯附墙预埋件 |
| 3 | 泵管固定预埋件 | 预埋锚锥 |
| 4 | 通风孔、泄水孔 | φ10cmPVC 管（底板、腹板） |
| 5 | 墩身上梁面爬梯埋件 | 预埋锚锥 |
| 6 | 测量桩（轴线、高程） | 预埋钢筋头 |

### 6.3.6 混凝土施工

#### 6.3.6.1 混凝土性能要求

0、1 号块采用 C55 混凝土，主要性能要求如下。

强度：混凝土设计强度等级为 C55，72h 强度必须不小于 44MPa；

坍落度：入泵坍落度为 18 ~ 22cm，2h 损失小于 2cm；

扩展度：入泵扩展度为 45 ~ 55cm，1h 损失小于 10cm；

初凝时间：6 ~ 8h；

终凝时间：12 ~ 16h。

混凝土常压下无泌水现象，具有良好的和易性和流动性、抗裂性，具有良好的泵送性能，适于高墩泵送。

#### 6.3.6.2 混凝土施工

混凝土在拌和站集中拌制，罐车运至现场，泵车泵送入模。

1）总体浇筑顺序

第一次：底板→腹板（隔板）（高度 5.5m）；第二次：腹板（隔板）→顶板（高度 6m），分层浇筑示意图如图 6-13 所示。

2）底板混凝土浇筑

为防止混凝土浇筑过程中流动面积过大出现施工缝。底板浇筑时从墩顶向两侧悬臂端对称进行浇筑，两套泵管对称布置，各负责一半浇筑区域。隔板过人洞底部的混凝土需根据现场情况选择合适位置插捣。

3）腹板及隔板混凝土浇筑

底板混凝土浇筑完成 1 ~ 1.5h 后浇筑腹板及横隔板混凝土（防止倒角处翻浆），腹板和横隔板同时水平分层进行浇筑，其分层厚度为 25 ~ 30cm。混凝土浇筑时对称布料，

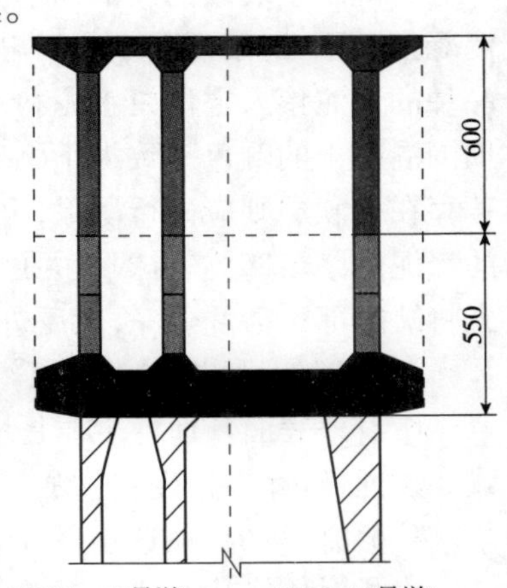

图 6-13 0、1 号块混凝土分两层浇筑示意图（尺寸单位：cm）

对称浇筑。腹板混凝土振捣主要以附着式震动器为主、插入式振动器为辅(插入式振动器采用30mm的直径)。使用插入式振动器时严禁触击钢筋、波纹管、预埋件和竖向预应力钢筋。

4)上段腹板、隔板及顶板混凝土浇筑

腹板、隔板及顶板混凝土浇筑时搭设作业平台,禁止施工人员踩踏钢筋,防止在混凝土未凝固前扰动影响混凝土与钢筋黏结受力性能。混凝土浇筑时对称布料,对称浇筑。

5)抹面及收光

在底板、顶板混凝土浇筑完毕后,均需安排专人进行表面抹面处理,同时分三次进行收光:

第一次收光安排在混凝土浇筑过程中,要将高处部分混凝土铲除,局部不平整处人工填平、振实。

第二次收光安排在混凝土浇筑完成后2~3h进行,由于泌水引起的混凝土收缩,需用木抹子收光、抹平,特别注意顶板高程及边缘处混凝土线型顺直检测。

第三次收光安排在混凝土初凝后1h左右进行,用铁抹子仔细收光、抹压,消除表面气泡、抹纹,以防止混凝土表面收缩裂纹,并保证桥面板平整度。

0号块底板厚度为1.4m,属大体积混凝土施工。在混凝土施工时采取温控措施,保证混凝土施工质量,防止出现裂纹:①严格控制原材料温度;②控制混凝土入模温度;③底板设置冷却水管(按照设计院出图施工);④严格控制振捣质量及混凝土养护。

#### 6.3.6.3 混凝土外观修饰

1)对拉螺杆孔修补

脱模后即可修补螺栓孔,分三次进行修补,先用水泥砂浆填充,待凝固干缩后视情况再用水泥砂浆或水泥浆补填,最后用调好色泽的白水泥浆抹面,水泥砂浆和水泥浆里掺一定量的黏胶水。

2)缺陷修补

混凝土施工过程中,应尽可能地避免蜂窝、麻面、气泡、接缝不齐以及其他缺陷的出现。若有细小缺陷出现,在分析出现原因、制订改进措施的同时,及时地进行修补修饰。

对混凝土表面的局部细小突瘤、接缝不齐等缺陷的修补,采用角磨机打磨,使其与周边混凝土顺平;对于混凝土表面出现的少量气泡的修补,先用与墩身混凝土强度等级相同、同品种的水泥掺入定量白水泥和黏胶水配成专用腻子堵塞小气泡,并进行打磨,使修补部位与周围混凝土的颜色一致为止(必要时可用白水泥净浆修饰);对于蜂窝、麻面等缺陷的修补,若存在松软层则应先行凿除,再用钢丝刷清理干净、用压力水冲洗及润湿后,再用较高强度的水泥砂浆填塞捣实抹平,并用白水泥浆修饰表面。若不存在松软层(属小蜂窝、小麻面),先将缺陷部位清洗干净,然后进行修补。

3)预埋件封闭

墩身外表面预埋件主要是塔吊及电梯附着预埋件等,除专用埋件外,采用预埋锚锥的形式。预埋件拆除后,先将锚锥部位混凝土清洗干净,然后进行封闭、修饰。

4)修补修饰材料选用

为了保证修补部位与周围混凝土表面颜色一致,所有使用的修补修饰材料统一经试验室严格试配,试配合格并在试验段试验成功后方可使用。试配应结合实际施工条件展开,并根据同龄期混凝土试块色泽的具体情况进行。

## 6.3.7 预应力施工

### 6.3.7.1 预应力概述

箱梁采用纵、横、竖三向预应力体系。

纵向预应力：顶板束、腹板预应力钢束分别采用22$\phi^S$15.2、19$\phi^S$15.2钢绞线，锚下控制应力$\sigma_{con}$=1 395MPa，即钢束15～22锚下张拉控制力为429.7t，钢束15～19锚下张拉控制力为371.1t。

横向预应力：顶板采用2$\phi^S$15.2钢绞线、BM15－2扁锚具，以40～50cm间隔布置，单端张拉，张拉端左右交替布置，锚下控制应力为0.72$f_{pk}$，张拉力为186kN。

竖向预应力：采用JL32精轧螺纹钢筋，设计张拉力为568kN。

0号块横隔板预应力：采用785MPa的JL32精轧螺纹钢筋，张拉力为568kN。

所有预应力管道采用预埋波纹管成型，其中内径100mm的塑料波纹管适用于19束，内径120mm的塑料波纹管适用于22束，50×22mm波纹管适用于2束，$\phi$50金属波纹管适用于精轧螺纹钢筋，0、1号块预应力布置如图6-14和图6-15所示。

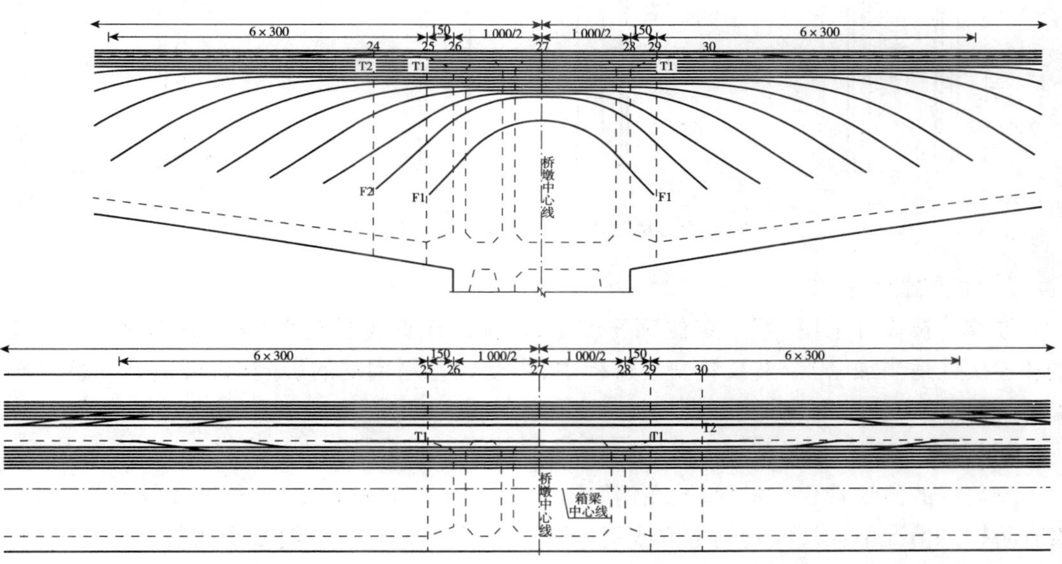


图6-14 0、1号块纵向预应力布置示意图（尺寸单位：cm）

### 6.3.7.2 纵向预应力施工

1）锚垫板的准备及安装

锚垫板进场时，按要求进行检查验收，满足要求后才能使用。锚垫板采用定位板安装，将压浆口朝下、出浆口朝上。

2）波纹管的进场检验、下料及安装

（1）波纹管的检验及下料

波纹管使用前应取样进行径向刚度、抗渗漏等方面的试验，合格后方可使用。波纹管根据需要长度下料，在钢筋骨架绑扎过程中安装。

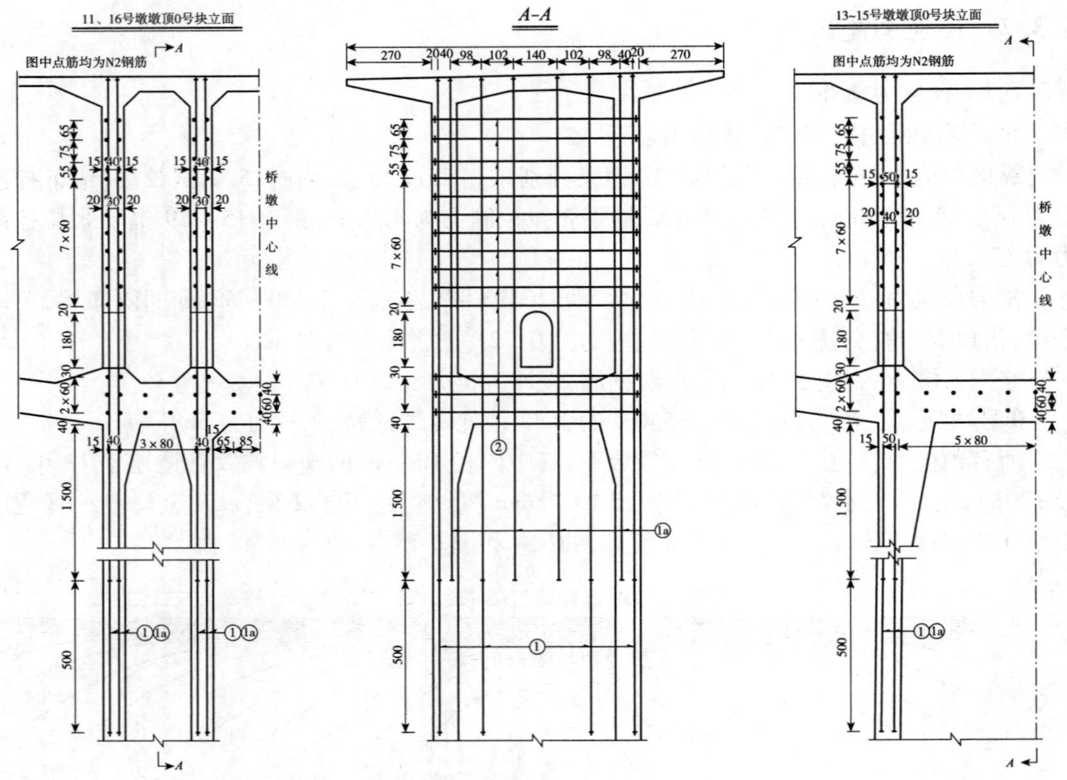


图6-15 0号块竖向预应力布置示意图(尺寸单位:cm)

(2)波纹管的安装

波纹管按设计采用"#"形定位钢筋固定,定位筋在直线段按0.5m间距设置(节段管口处和连接处适当加密)。波纹管安装过程中,当受到普通钢筋的影响时,可适当调整钢筋位置,保证预应力位置准确。

(3)波纹管的防护措施

安装好的波纹管要注意保护,在钢筋绑扎、混凝土浇筑过程中,不得踏压波纹管;不得在没有防护的情况下在波纹管的上方或附近进行电焊、气割作业。混凝土浇筑前,要仔细检查波纹管的位置、数量、接头质量、固定情况及顺直与否,发现问题及时处理。

为确保在系梁混凝土浇筑过程中波纹管管道不堵塞,采取以下控制方法:将波纹管与锚垫板间的间隙填塞密实,并在缝口外用防水胶带缠绕严密;在锚垫板孔道和波纹管内套入塑料内衬管,并在锚垫板套筒内及波纹管接出端的套筒内用棉纱填塞密实,同时,在波纹管接出端的套筒外用防水胶带封口;在锚垫板钢套筒口安装木塞,并将其与套筒的缝隙用防水胶带缠绕封堵;波纹管接头采用专用套管接头,周围用防水胶带缠绕严密。

3)钢绞线的进场检验、下料及穿束

(1)钢绞线进场检验

钢绞线进场后,按规范要求进行验收,对其强度、延伸量、弹性模量及外形尺寸进行检查、测试,合格后才能使用。

(2)钢绞线下料

钢绞线根据设计要求的下料长度进行下料,考虑实际操作需求。下料采用钢卷尺精确测量,砂轮切割机切割。下好的钢绞线单根盘起,分类编号后临时存放。钢绞线临时存放时,必须在其下垫方木,并全面覆盖防雨、防潮。下好的钢绞线必须及时使用,尽量减少临时存放时间。

(3)管道穿束

系梁预应力束钢绞线采取先穿法,即在墩间系梁混凝土浇筑前完成穿束。为方便穿设,钢绞线采取单根穿进。钢绞线穿设时,先在其头部套接"子弹头"型钢套筒(或缠绕多层胶带),然后边转动钢绞线盘放松钢绞线,边由人工或卷扬机将其送入孔道内。完成穿设的钢绞线需在两端贴上标签号。

(4)预应力钢束张拉

锚板、夹片使用前须经检查验收,并分类保存;千斤顶和油压表在张拉前进行标定,以确定张拉力与压力表读数之间的关系曲线,数控张拉设备转运至现场后,由专人使用和管理,并按规定维护、检验。

预应力锚具及千斤顶安装时,先清理锚垫板及钢绞线,然后分别安装锚板、夹片、限位板、千斤顶、工具锚板及工具夹片。千斤顶由1t的手拉葫芦悬挂及调位。

系梁预应力张拉工艺如下:

墩身系梁混凝土强度达到设计强度的90%以上时,方可进行预应力张拉;预应力束张拉程序为:0→初应力(10%$\sigma_{con}$)→$\sigma_{con}$(持荷2min后锚固);预应力钢束采取两端张拉,一次张拉完成;采用张拉力与引伸量双控,引伸量实际伸长值与理论伸长值控制在±6%以内;预应力钢束的张拉顺序为先从系梁中部开始对称张拉横向钢束,再对称张拉纵向钢束。预应力钢束张拉时要尽量避免出现滑丝、断丝现象,应确保在同一截面上的断丝率不大于1%,且限定一根钢绞线断丝不得超过1根。每束钢丝滑移量的总和不得大于该束伸长量的1%。

#### 6.3.7.3 横向预应力施工

横向预应力张拉利用翼板的支架作为工作平台,由墩顶现浇段中心向两侧逐束单根交错式张拉,采取一端锚固一端张拉的方法。在悬臂段端头两侧各预留1根和下一悬臂段一同张拉,以保证梁段之间的接头质量。为减少混凝土的收缩徐变对预应力的不利影响,避免由于混凝土收缩徐变过大而造成永久预应力不满足设计要求,需要采取混凝土强度、龄期双控指标,在混凝土施工后5d且强度达到100%。

#### 6.3.7.4 竖向预应力施工

竖向预应力筋采用$\phi$32高强精轧螺纹钢筋,型号为JL32,标准强度$f_{pk}=785$MPa,锚固体系采用YGM型锚具,张拉体系采用YC60A型千斤顶。在悬臂段端头两侧各预留1根和下一悬臂段一同张拉,以保证梁段之间的接头质量。为了尽量减少竖向预应力损失,采用两次重复张拉的方法,即在第一次张拉完成1d后进行第二次补张拉,弥补由于操作和设备等原因造成的预应力损失。具体操作为:

清理锚垫板,在锚垫板上做伸长量的标记点并量取从粗钢筋头至锚垫板标记点之间的竖向距离$\delta_1$作为计算伸长量的初始值→安装工作螺母→安装千斤顶→安装联结器与张拉杆→安装工具螺母→初张拉至控制张拉力的10%→张拉至控制张拉力$P$→持荷2min→旋紧螺母→卸去千斤顶及其他附件→1d 后再次张拉至控制应力并旋紧工作螺母→量取从钢筋头至锚垫板上标记点的竖向距离 $\delta_2$ 为计算伸长量终值→计算实际伸长量 $\Delta = \delta_2 - \delta_1$，将该值与理论计算值比较，若误差在 ±6% 内，则在 24h 内完成压浆，若误差超出 ±6%，则分析处理。

注意事项如下：

(1)竖向预应力筋使用联结器接长，以反力撑作为张拉平台，嵌上紧顶螺母达到自锚作用。

(2)张拉时调整千斤顶位置，使千斤顶中心与粗钢筋中心在同一直线上。

(3)张拉后要用加力杆旋紧螺母，确保锚固力足够。

(4)每束及每轮张拉完成后作出标记防止漏张拉及压浆。

(5)伸长量量测以粗钢筋头至锚垫板上的固定点的竖向距离为准。

(6)张拉时每段梁的横向应保持对称。

(7)每节段悬臂尾部的一组竖向预应力粗钢筋留待与下一节段同时张拉，以使预应力在混凝土接缝的两端均能发挥作用。

(8)在拧紧螺母时要停止开动油泵。

(9)联结器的两端联结的粗钢筋长度要保持相等并等于联结器长度的一半，避免长度不一导致过短的一侧粗钢筋滑脱失锚。

(10)工具锚一定要用双螺母。

#### 6.3.7.5 预应力压浆及封锚

张拉锚固完成后，将多余的钢绞线用砂轮机切除，钢绞线的剩余长度为 3～4cm。钢绞线切除后，及时用高强度等级的水泥砂浆将锚头端部钢绞线间的缝隙进行封堵。预应力束张拉完成后应尽快进行孔道压浆，压浆采用真空压浆方式进行。

1)浆液的主要技术要求

压浆采用普通硅酸盐水泥配制的水泥浆，其主要的技术要求为：水泥浆的强度应达到墩身混凝土的设计强度(C40)；水胶比宜控制在 0.26～0.28 之间；稠度宜控制在 14～18s 之间；24h 自由泌水率为 0，3h 钢丝泌水率为 0；水平预应力孔道 0.22MPa 压力下的泌水率小于 2%；水泥浆必须通过配合比试验并经验收合格后才能使用。

2)压浆基本操作方法

(1)拌制水泥浆

为了检查机械完好情况，同时充分润湿搅拌机内壁，水泥浆搅拌前，加水空转几分钟，然后将积水倒净。根据配合比及需要的搅浆量，将各原料准确称好；首先将水倒入搅拌机里，同时启动搅浆机，然后投入计算好的外加剂量并搅拌均匀；最后加水泥，加水泥要慢且均匀，避免浆体中有结块。浆体搅拌完成后，按规范要求进行取样试验，合格的浆液通过过滤网倒入储浆桶。

(2)压浆

水泥浆搅拌均匀后，经过一层 1.2mm 过滤网，送入储浆罐，再由储浆罐引到灌浆泵，在灌浆泵高压橡胶管出口打出浆体，直到出来的浆体与灌浆泵的浆体浓度一样时关掉灌浆泵，然后将高压橡胶管接到孔道压浆管，绑扎牢固。关闭灌浆阀，启动真空泵，当真空值达到并维持在 -0.06～0.1MPa 时，打开灌浆阀，启动灌浆泵，开始灌浆，灌浆过程中，真空泵应保持连续工作。压浆应采用从低处向高出压浆，当出浆孔流出浓浆后关闭出浆口，压浆口继续压浆使压力达到0.6MPa左右，持压1min，完成排气泌水，使管道内浆体密实饱满，完成灌浆，关闭灌浆泵及灌浆阀门。

(3)灌浆量控制

计算单根波纹管的理论体积，减去钢绞线的理论体积，即为每根波纹管理论灌浆量计算量。在实际施工时，对实际压浆量做好记录，与理论压浆量进行对比，实际灌浆量应不小于理论灌浆量。

(4)清洗

拆卸外接管路，清洗真空机的空气滤清器及管路阀门，清洗灌浆泵、搅拌机及所有沾有水泥浆的设备和附件。压浆完成后，及时进行封锚混凝土浇筑，封锚混凝土强度应与墩身混凝土强度相同。封锚施工时，先对封锚段进行清理，然后填塞混凝土，为保证封锚质量防止封锚混凝土开裂，应设置钢筋网。

## 6.3.8 主梁混凝土配合比要求

### 6.3.8.1 设计考虑要求

1)规范要求

坍落度：180～220mm。

弹性模量：$3.55\times10^4$MPa。

氯离子含量：≤0.06%。

2)设计文件要求

根据设计图纸，本项目桥梁结构的设计基准期为100年，对混凝土需考虑桥梁耐久性设计。影响混凝土结构耐久性的主要因素有混凝土的碳化、氯离子对混凝土结构的侵蚀、混凝土的碱—集料反应、钢筋的锈蚀等。

(1)混凝土碳化速度取决于$CO_2$气体的扩散速度及$CO_2$与混凝土成分的反应性。在设计中适当加大了构件保护层厚度，并增加表层防裂钢筋网，以防止构件出现表层裂缝，从而减缓$CO_2$气体的扩散速度。

(2)对混凝土中氯离子含量的控制，首先应在原材料中控制氯离子含量，项目所在地生产用水为淡水，氯离子含量满足施工要求；设计中细集料选用渭河砂，很少含有氯离子，可以直接使用。由于混凝土本身固有的多孔性而存在着宏观与微观的缺陷等原因，外界环境的氯离子可以渗入混凝土中并且可以达到一定的浓度，使混凝土失去对钢筋的保护作用。因此在设计中适当增加了混凝土保护层厚度，阻止或防止外界环境的氯离子渗入混凝土内部。

(3)根据碱—集料反应的机理及影响该反应的主要因素，防止碱—集料反应主要采用以下措施：采用低碱水泥、使用非活性集料、使用掺和料降低混凝土的碱性。

(4)钢筋的锈蚀问题在设计中适当地加大了构件保护层厚度，并增加表层防裂钢筋网，以防止构件出现表层裂缝，从而减小钢筋锈蚀的可能性。

3)施工性能、强度耐久性要求

(1)混凝土强度等级为C55，根据工期要求、混凝土张拉强度及弹性模量的需要，混凝土72h强度必须不小于49.5MPa，方能满足6～7d一个块段的施工进度要求。

(2)为保证项目总体进度目标,满足混凝土早期强度要求,尽量控制混凝土凝结时间,初凝时间为6~8h,终凝时间为12~16h。

(3)本项目最高墩达183m,加上0号块段,混凝土泵送高度达194m以上,要求混凝土入泵坍落度为200mm±20mm,扩展度为500mm±50mm。混凝土坍落度2h经时损失小于20mm,且混凝土应具有良好的工作性、黏聚性和无泌水。

#### 6.3.8.2 C55混凝土配合比设计要求

1)设计说明

C55混凝土配合比,用于刚构桥现浇主梁。根据施工泵送高度,设计坍落度为180~220mm。

2)依据的规范标准

(1)《普通混凝土配合比设计规程》(JGJ 55—2011);

(2)《普通混凝土力学性能试验方法标准》(GB/T 50081—2002);

(3)《普通混凝土拌合物性能试验方法标准》(GB/T 50080—2002);

(4)《公路桥涵施工技术规范》(JTG/T F50—2011);

(5)《粉煤灰混凝土应用技术规范》(GBJ 146—90)。

3)设计意向

(1)因为刚构桥主梁结构配筋密集,采用三向预应力结构,分纵向、竖向、横向三种预应力体系,预应力波纹管多,且刚构桥预应力混凝土箱梁是桥梁的主要受力构件,施工时采用泵送技术,要求混凝土在满足施工性能要求的情况下,具有良好的流动性、和易性,同时要有优异的抵抗长期变形的能力,即收缩徐变要低,要有良好的耐久性能和外观质量。

(2)本项目刚构桥主梁混凝土均采用C55混凝土,主梁结构混凝土如果采用纯水泥配合比,容易出现以下问题:

①混凝土采用纯水泥配合比,会因水泥含量高,水化热过大,导致温度应力增大,从而造成结构特殊部位产生温度裂缝。

②混凝土采用泵送技术施工时,通过地面上的混凝土输送泵和布设在墩身上的混凝土输送导管将混凝土输送至浇筑位置,由于墩身高,混凝土输送距离长,且纯水泥配合比的混凝土流动性、和易性相对较差,采用泵送施工时易出现堵管现象,导致施工进度缓慢。

③刚构桥主梁悬臂浇筑时,如果混凝土采用纯水泥配合比,虽然混凝土具有较高的早期强度,满足混凝土早期预应力张拉的要求,但纯水泥配合比的混凝土收缩徐变大,混凝土在浇注后的凝结硬化阶段容易产生塑性收缩而导致开裂,使梁体出现裂缝。

为了增加桥梁结构的耐久性,提高桥梁结构混凝土的施工和外观质量,确保施工过程中减少或避免以上问题,保证施工进度,非常有必要对本项目的C55混凝土掺加掺和料,以改善混凝土的性能。

当前,混凝土中掺入粉煤灰已成为改善混凝土性能的最有效方法。根据施工经验和工程上目前推广的施工工艺,初步计划采用粉煤灰作为掺和料进行配合比设计。

4)粉煤灰在混凝土中的作用

(1)粉煤灰是燃烧煤粉后收集到的灰粒,亦称飞灰,其主要化学成分是二氧化硅、三氧化铝、三氧化二铁、氧化钙等。粉煤灰掺入混凝土后,不仅可以取代部分水泥,降低混凝土中的水泥用量,保护环境,而且能与水泥互补长短,均衡协和,改善混凝土的一系列性能,这是粉煤灰的“微集料效应”、“填充效应”以及“火山灰效应”综合作用的结果。粉煤灰主要是由海绵体和铝硅酸盐玻璃微珠矿物组成,这些玻璃呈圆球状,表面光滑,粒度小,质地致密,比表面积小,能与集料的接触点起轴承效果,促进水泥初期水化的解絮作用,改善拌和物的流变性质、初始结构以及硬化后的多种功能,尤其对泵送混凝土,使混凝土的流动性提高,增大可泵性。同时,粉煤灰颗粒比水泥小,均匀分布在水泥颗粒之中,能释放出更多的浆体来润湿集料颗粒,阻止水泥颗粒黏聚,改善混凝土的黏聚性,减少离析。

(2)掺入粉煤灰可改善新拌混凝土的和易性。新拌混凝土的和易性受浆体的体积、水灰比、集料的级配、形状、孔隙率等影响。掺入粉煤灰可以增大新拌混凝土的浆体体积,大量的浆体填充了集料间的空隙,包裹并润滑了集料颗粒,降低集料颗粒之间的摩阻力,补偿细集料中的细屑不足,从而使混凝土拌和物具有更好的黏聚性、可塑性,抑制新拌混凝土的泌水。

(3)当原材料和环境条件一定时,掺粉煤灰混凝土的强度增长主要取决于粉煤灰的火山效应,即粉煤灰中的活性氧化硅、氧化铝与水泥浆体中的氢氧化钙作用生成二次水化硅酸钙、水化铝酸钙,随着水解层被反应物充满,粉煤灰颗粒和水泥水化产物之间逐步形成牢固联系,从而导致混凝土的不透水性、耐磨性和后期强度的增长。掺入粉煤灰可以有效防止碱—集料反应,提高结构物混凝土的耐久性。

(4)掺入粉煤灰可降低混凝土的水化热。混凝土中水泥的化学反应是放热反应,在混凝土中掺入粉煤灰,由于减少了水泥的用量,可以降低水化热。水化放热的多少和速度取决于水泥的物理、化学性能和掺入粉煤灰的量,温度升高时水泥水化速率会显著加快,一些大型、超大型混凝土结构,其断面尺寸增大,混凝土设计强度等级提高,所用水泥强度等级高,单位量增大,这些因素的叠加,导致混凝土硬化过程温升明显加剧,温度升高,导致许多混凝土结构物在施工期间出现大量裂缝。粉煤灰混凝土可以减少水泥的水化热,减少结构物由于温度而造成的裂缝。

5)配合比所用原材料

(1)水泥:陕西声威建材集团有限公司生产“声威牌”P. O52.5R 水泥(表 6-5)。

**表 6-5　水泥性能**

| 检验项目 | | 单　位 | 检验结果 | 标准值 |
|---|---|---|---|---|
| 比表面积 | | $m^2/kg$ | 341 | ≥300 |
| 标准稠度 | | % | 28.4 | |
| 安定性 | | mm | 1.0 | $C-A\leqslant5$ |
| 凝结时间 | 初凝 | min | 152 | ≥45 |
| | 终凝 | | 226 | ≤600 |
| 抗折强度 | 3d | MPa | 6.9 | ≥5.0 |
| | 28d | | 8.8 | ≥7.0 |
| 抗压强度 | 3d | MPa | 31.9 | ≥27.0 |
| | 28d | | 54.3 | ≥52.5 |

续上表

| 检验项目 | 单　位 | 检验结果 | 标准值 |
|---|---|---|---|
| $SO_3$含量 | % | 2.75 | ≤3.5 |
| 氧化镁含量 | % | 2.74 | ≤5.0 |
| 氯离子含量 | % | 0.027 | ≤0.06 |
| 碱含量 | % | 0.59 | ≤0.60 |
| $C_3A$熟料 | % | 6.5 | ≤8 |

注：$C-A$代表混凝土安定性检测时两个试件煮后指针尖端增加的距离，是混凝土安定性的关键指标。

(2)粉煤灰：陕西正元有限公司生产的Ⅱ级粉煤灰(表6-6)。

**表6-6　粉煤灰性能**

| 检验项目 | 单　位 | 检验结果 | 标准值 |
|---|---|---|---|
| 细度 | % | 12.7 | ≤25.0 |
| 需水量比 | % | 100 | ≤105 |
| 烧失量 | % | 0.92 | ≤8.0 |
| $SO_3$含量 | % | 2.07 | ≤3.0 |
| 含水率 | % | 0.2 | ≤1.0 |
| 游离氧化钙 | % | 0.0 | ≤1.0 |
| 安定性 | mm | 1.0 | ≤5.0 |
| 氯离子含量 | % | 0.017 | 实测值 |

(3)细集料：陕西武功八一砂场，天然砂，Ⅱ区中砂(表6-7)。

**表6-7　细集料性能**

| 检验项目 | 单　位 | 检验结果 | 标准值 |
|---|---|---|---|
| 含泥量 | % | 1.2 | ≤3.0 |
| 泥块含量 | % | 0.4 | ≤1.0 |
| 表观密度 | $kg/m^3$ | 2 624 | >2 500 |
| 松散堆积密度 | $kg/m^3$ | 1 593 | >1 350 |
| 空隙率 | % | 39.3 | <47 |
| 细度模数 |  | 2.74 | 2.3～3.0 |
| 云母含量 | % | 0.0 | ≤2.0 |
| 有机物 |  | 合格 | 合格 |
| 氯离子含量 | % | 0.0 | <0.02 |
| 硫化物及硫酸盐含量 | % | 0.14 | ≤0.5 |
| 碱—集料反应 | % | 0.02 | <0.10 |
| 轻物质含量 | % | 0.0 | ≤1.0 |
| 坚固性 |  | 3.0 | ≤8 |

(4)粗集料:陕西扶风南阳镇丰邑石料场,将5~10mm、10~20mm碎石按3:7混合后符合5~25mm连续粒级配要求(表6-8)。

**表6-8 粗集料性能**

| 检验项目 | 单 位 | 检验结果 | 标准值 |
|---|---|---|---|
| 表观密度 | $kg/m^3$ | 2 774 | >2 500 |
| 松散堆积密度 | $kg/m^3$ | 1 600 | >1 350 |
| 空隙率 | % | 39.4 | <47 |
| 含泥量 | % | 0.4 | <1.0 |
| 泥块含量 | % | 0.1 | <0.5 |
| 压碎值 | % | 16.4 | <20 |
| 针片状颗粒含量 | % | 2.6 | <15 |
| 坚固性 | | 2.0 | <8 |
| 有机物含量(比色法) | | 合格 | 合格 |
| 硫化物及硫酸盐 | % | 0.03 | <1.0 |
| 碱—集料反应 | % | 0.02 | <0.10 |

(5)外加剂:山西黄腾化工有限公司生产的HT-HPC(HPWR-R)聚羧酸高性能缓凝减水剂(表6-9),掺量1.2%。

**表6-9 外加剂性能**

| 检验项目 | | 单 位 | 检验结果 | 标准值 |
|---|---|---|---|---|
| 氯离子含量 | | % | 0.02 | ≤0.6 |
| 硫酸钠含量 | | % | 1.2 | ≤5 |
| 减水率 | | % | 33 | ≥25 |
| 含气量 | | % | 4.1 | ≤6.0 |
| 泌水率比 | | % | 40 | ≤70 |
| 初凝凝结时间差 | | min | +100 | > +90 |
| 抗压强度比 | 7d | % | 147 | ≥140 |
| | 28d | % | 135 | ≥130 |
| 对钢筋锈蚀作用 | | | 无锈蚀 | 无锈蚀 |

(6)拌和水:旬邑县三水河河水(表6-10)。

**表6-10 拌和水性质**

| 检验项目 | | 单位 | 检验结果 | 标准值 |
|---|---|---|---|---|
| pH值 | 预应力混凝土 | | 7.7 | ≥5.0 |
| 不溶物 | 预应力混凝土 | mg/L | 0.3 | ≤2 000 |
| 可溶物 | 预应力混凝土 | mg/L | 31.0 | ≤2 000 |
| $Cl^-$含量 | 预应力混凝土 | mg/L | 0.5 | ≤500 |
| $SO_2^{-4}$ | 预应力混凝土 | mg/L | 5.7 | ≤600 |

#### 6.3.8.3 混凝土配合比设计

1)计算初步配合比

(1)确定配制强度

根据《普通混凝土配合比设计规程》(JGJ 55—2011),混凝土的配制强度采用下式确定:$f_{cu,o}=f_{cu,k}+1.645\sigma$,强度标准差 $\sigma$ 取 6.0MPa,则

$$f_{cu,o}=f_{cu,k}+1.645\sigma=55.0+1.645\times6=64.9(\text{MPa})$$

(2)计算水泥实际强度

采用声威(泾阳)水泥有限公司生产的普通硅酸盐 52.5R 级水泥,28d 实际强度为 54.3MPa。

(3)计算水灰比

已知混凝土配制强度 $f_{cu,o}=64.9$MPa;混凝土中采用碎石,则 $a_a$ 取 0.53,$a_b$ 取 0.20:

$$\begin{aligned}w/c&=a_a\times f_{ce}/(f_{cu,o}+a_a\times a_b\times f_{ce})\\&=0.53\times54.3/(64.9+0.53\times0.20\times54.3)=0.41\end{aligned}$$

为了提高混凝土强度保证率,同时满足施工时混凝土拌和物的性能将 $w/c$ 调整为 0.30。

(4)选定用水量 $w_0$

已知混凝土设计坍落度为 180~220cm,碎石最大粒径为 26.5mm,为满足施工要求,在混凝土中掺入 1.25% 山西黄腾化工有限公司生产的规格为 HT-HPC 聚羧酸高性能缓凝减水剂,减水率为 33.0%,确定单位用水量为 240kg/m³。

则掺外加剂混凝土单位水量:$m_{wo}=240\times(1-0.33)=160\text{kg/m}^3$,根据实际拌和单位用水量取 152kg/m³。

(5)计算胶凝材料用量 $c'$

$$c'=w_0/(w_0/c)=152/0.30=507(\text{kg/m}^3)$$

实际使用胶凝材料取 500kg/m³。

(6)计算粉煤灰用量 $F$

选择粉煤灰用量按胶凝材料的 10% 取,粉煤灰用量为 50kg/m³。

(7)确定砂率 $\beta_s$

据《普通混凝土配合比设计规程》(JGJ 55—2011),选定砂率为 39%。

(8)计算外加剂用量 $WJ$,按胶凝材料的 1.25% 的掺量计算

$$WJ=500\times1.25\%=6.25(\text{kg/m}^3)$$

(9)确定粗集料 $G$、细集料 $S$ 用量:

采用质量法计算(经体积法校核,粗、细集料用量差异很小),假定混凝土重度为2 459kg/m³。

细集料用量:　$S=(m_{cp}-m_{c0}-m_{wa})\beta_s=705\text{kg/m}^3$

粗集料用量:　$G=(m_{cp}-m_{c0}-m_{wa}-m_{s0})=1\,102\text{kg/m}^3$

每方混凝土单位用量:

水泥∶细集料∶粗集料∶粉煤灰∶水∶外加剂 = 450∶705∶1 102∶50∶152∶6.25 = 1∶1.57∶2.45∶0.11∶0.34∶0.01

则该混凝土初步配合比为：

$c:S:G:F:w:WJ=450:705:1\,102:50:152:6.25=1:1.57:2.45:0.11:0.34:0.01$

(10)确定基准配合比

按以上初步配合比在试验室进行试拌，混凝土拌和物工作性能满足设计要求，此配合比为基准配合比。在用水量不变的情况下，水胶比分别增加和减少0.02，砂率增加和减少1%，得到相近的两个配合比进行拌和，见表6-11。

**表6-11 C55混凝土配合比(单位：kg/m³)**

| 水胶比 | 砂率 | 水泥 | 粉煤灰 | 河砂 | 碎石 | 外加剂 | 水 |
|---|---|---|---|---|---|---|---|
| 0.28 | 38% | 489 | 54 | 670 | 1 094 | 6.788 | 152 |
| 0.30 | 39% | 450 | 50 | 705 | 1 102 | 6.25 | 152 |
| 0.32 | 40% | 428 | 47 | 732 | 1 100 | 5.938 | 152 |

(11)配合比的调整与确定

按表6-11的配合比进行试拌，得到各配合比拌和物性能见表6-12。

**表6-12 拌和物性能试验结果**

| 水胶比 | 用水量(kg/m³) | 坍落度(mm) | 表观密度(kg/m³) | 扩展度(cm) | 1h坍落度损失 | 30min坍落度损失 | 含气量(%) |
|---|---|---|---|---|---|---|---|
| 0.28 | 152 | 210 | 2 450 | 55×60 | 200 | 205 | 4.5 |
| 0.30 | 152 | 220 | 2 450 | 55×54 | 210 | 210 | 4.2 |
| 0.32 | 152 | 210 | 2 470 | 45×50 | 190 | 200 | 4.4 |

图6-16为混凝土配比设计中的照片。

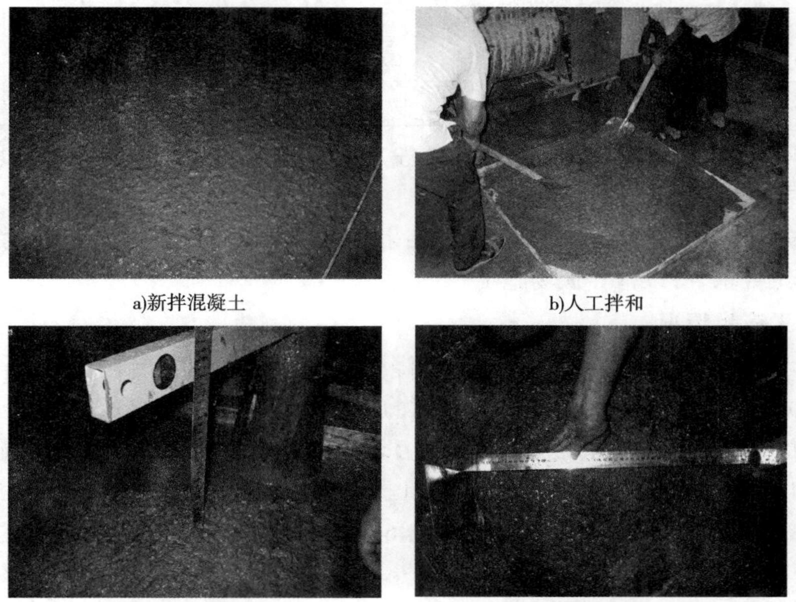

a)新拌混凝土　b)人工拌和

c)测试坍落度220mm　d)测试扩展度540mm

图6-16 混凝土配比设计

(12)按上述配合比拌制25L,检测其不同水灰比配合比(7d,28d)标准养护试件抗压强度,其试验结果见表6-13。

**表6-13 混凝土力学性能试验结果**

| 水胶比 | 抗压强度(MPa) | |
|---|---|---|
| | 7d | 28d |
| 0.28 | 68.4 | 74.2 |
| 0.30 | 66.2 | 70.8 |
| 0.32 | 60.4 | 66.6 |

(13)理论配合比的确定

根据上述试验结果,绘制强度和灰水比线性关系图,确定出略大于配置强度对应的胶水比,因此选定水胶比0.30作为理论配合比,见表6-14。

**表6-14 C55混凝土配合比(单位:kg/m³)**

| 水胶比 | 砂率 | 水泥 | 粉煤灰 | 河砂 | 碎石 | 外加剂 | 水 |
|---|---|---|---|---|---|---|---|
| 0.30 | 39% | 450 | 50 | 705 | 1 102 | 6.25 | 152 |

(14)计算混凝土配合比校正系数

经测定混凝土拌和物的实际表观密度为2 450kg/m³,与计算值2 459kg/m³之差的绝对值小于计算值的2%,所以此配合比单方材料用量可以不予调整直接用作施工的理论配合比。

混凝土理论配合比抗压强度及弹性模量如表6-15所示。

**表6-15 理论配合比抗压强度、弹性模量**

| | 3d | 4d | 5d | 6d | 7d | 28d |
|---|---|---|---|---|---|---|
| 抗压强度(MPa) | 50.5 | 55.5 | 60.4 | 62.4 | 66.2 | 70.8 |
| 弹性模量(MPa) | 38 300 | 40 100 | 41 780 | 43 000 | 45 500 | 47 100 |

表6-15所示的试验结果表明,掺入10%左右的粉煤灰,对混凝土的早期强度影响很小,混凝土的和易性明显得到改善。

经中心试验室验证,配合比试验过程和结果都得到了证实,配制的混凝土拌和物和易性较好,满足施工要求,可以指导现场施工。

#### 6.3.8.4 施工应用情况

咸旬项目刚构桥已全面进入主梁混凝土浇筑施工,其中LJ-11合同段11~16号6个主墩已经完成0、1号块段的混凝土浇筑,最高墩14号已经完成3号块段的混凝土浇筑,13~15号主墩刚构主梁施工混凝土泵送高度较高,均采用高塔高泵送及二次泵送施工,14号墩垂直高度194.5m,墩底水平管距离40m,采用二次接力泵施工,即先采取一台90泵完成第一次泵送,混凝土泵送至0号块后再采用一台60泵完成从0号块至现浇梁段的混凝土入模施工。

就目前现场施工情况来看,该混凝土出机坍落度实测值为220mm,入模坍落度实测值为210mm,混凝土和易性良好,坍落度损失较小,早期强度符合施工工艺要求,泌水率小,满足二次接力泵施工要求,能保证施工生产进度。

#### 6.3.8.5　混凝土施工过程中应注意事项

(1)加强进场原材料质量控制和检测,确保混凝土拌和所使用原材料与配合比设计时料源、质量一致。

(2)严格按配合比设计进行拌制。混凝土的配料宜采用自动计量装置,各种衡器的精度应符合要求,计量应准确。计量器具必须定期标定,迁移后应重新进行标定。

拌制混凝土所用原材料应按质量投料,预制场集中拌制,配料数量应满足水、外加剂、水泥、干燥状态掺和料质量偏差不大于 ±1%;粗、细集料质量偏差不大于 ±2%。

混凝土的最短搅拌时间(自全部材料装入搅拌筒开始搅拌至开始出料)应按照搅拌机产品说明书的要求经试验确定。

加强和重视混凝土拌和质量,避免含砂率不当或集料级配不合理,确保混凝土拌和物拌和均匀,颜色一致,不得有离析和泌水现象,应具有良好的和易性、黏聚性、保水性以便于施工,确保工质量。

(3)混凝土的坍落度和工作性宜根据结构物情况和施工工艺确定,在满足施工工艺要求的前提下,宜采用低坍落度的混凝土施工。冬季生产时拌和用水必须加热,同时可以适当降低水胶比。严禁施工过程中随意加大拌和用水量或在混凝土拌和物中加水增大坍落度。

加强对混凝土坍落度及其损失的检测,宜在搅拌地点和浇筑地点分别取样检测,每一工作班或每一单元结构物不应少于两次,当混凝土拌和物从搅拌机出料起至浇筑入模的时间不超过 15min 时,其坍落度可仅在拌和地点取样检测。

(4)预留足够的同条件养生试件、标养抗压强度试件和抗压弹性模量试件。

(5)混凝土泵送速度应控制恰当,混凝土的供应应使输送混凝土的泵能连续工作,泵送的间歇时间不宜超过 15min。在泵送过程中,受料斗内应具有足够的混凝土,不得低于搅拌轴,以防止吸入空气产生阻塞。

# 7 挂 篮 施 工

## 7.1 一般规定

### 7.1.1 挂篮要求

(1)挂篮一般由桁架、提吊系统、走行系统、模板与张拉平台等组成。施工单位应根据工期进度安排,尽早设计制作挂篮,挂篮图纸和计算资料应报监理工程师办公室审批。如工期要求紧张,挂篮数量可按每个T构一对配备。挂篮宜采用自锚平衡,结构形式应首选桁架式,不宜采用斜拉式。挂篮总重量不应大于最重梁段重量的0.4倍,最大总变形小于20mm,主桁架抗倾覆安全系数宜不小于2.5,自锚固系统安全系数宜不小于2.5。

(2)挂篮后锚固利用竖向预应力筋时应不少于4根,并在连接处设置十字铰。若挂篮后锚固位置与设计竖向筋不一致时,可请示设计单位适当调整竖向筋位置或另预埋精轧螺纹钢筋,预埋深度应不小于1.5m。

(3)挂篮外模应采用整块钢模板,内模采用大块钢模,内模必须与框架连接成整体结构,不得采用拆拼方法施工。底板与腹板拐角处应采用特制钢模,确保不漏浆。内外模板应伸入前一梁段30cm,并在前一段预留孔洞穿拉杆固定模板,确保浇筑过程中挂篮的稳定性,支模前必须对前一段梁端头混凝土进行凿毛处理。

(4)挂篮底模后端和两边侧模后端处应设置梁体质量检查维修通道,以便检查梁体的混凝土质量。

(5)挂篮设计时应考虑竖向精轧螺纹钢筋的优先张拉,至少保证在挂篮移走前张拉一半数量的竖向钢筋。

(6)在0号块、1号段顶面,应平衡、对称地按顺序拼设挂篮,校正空间位置。

(7)挂篮使用前应做静载试验,试验方案应报监理工程师办公室审批。加载重量应为最大梁段重量的1.35倍,加载应采用液压千斤顶法。应检验应力和变形是否满足要求,同时通过静载试验使销、栓孔密贴,消除挂篮的非弹性变形,并测定挂篮自身的弹性变形,绘制荷载—挠度关系曲线图,供施工、监理单位使用,作为梁段立模高程的参考。

(8)挂篮前移应用千斤顶缓慢平稳推进,推移时应在后端设保险绳,到位后应立即安装主桁架后锚固系统。挂篮必须同步行走。行走时应检查后钩板、滑道与梁体锚固件的安全。五级以上大风时,应停止挂篮行走。施工单位应制定详细的挂篮安全操作规程,对挂篮上的人员数量和堆放的机具、材料应有明确规定,始终保持挂篮平衡。

### 7.1.2 挂篮悬浇施工

(1)波纹管定位应准确,采用一字形和U形钢筋准确定位(图7-1),定位钢筋焊接应牢靠,监理工程师应逐根检查。应在浇筑段波纹管内穿直径稍小的硬芯塑料管,防止浇筑混凝土过程中波纹管变形或损坏,待混凝土凝固后拔出芯管。

(2)箱梁混凝土应按底板、腹板、顶板的顺序一次浇筑完成。底板浇筑完,应待混凝土初凝后再浇筑腹板50cm高,待该部分混凝土初凝后连续浇筑腹板、顶板。特别应防止腹板底端向内侧漏浆,导致腹板下角部位混凝土不密实。拐角处应用特制钢模紧贴腹板和底板,避免漏浆。采取整体加工有效控制钢筋间距(图7-2),设立支撑筋保证顶板厚度。

图7-1 波纹管定位

图7-2 整体加工有效控制钢筋间距

(3)腹板混凝土浇筑是整个箱梁浇筑的难点,可在腹板内侧模板适当位置开口进行投料、振实、观察,应严格控制下弯索下部混凝土的密实。

(4)箱梁悬浇施工应采用泵送混凝土,坍落度应为12~18cm,应采用插入式振捣器振实。附着式振捣器应作为备用振捣设备,在相应部位采用插入式无法振实的情况下间断振捣。为了保证混凝土的浇筑质量,施工单位应设专人跟踪监督振捣工作,责任落实到人,挂牌施工,做到不漏振、不过振。

(5)悬浇混凝土应对称平衡进行。底板浇筑应由端部向根部进行,然后对称分层浇筑腹板混凝土;浇筑顶板时,应从前端向后端,同时从两侧向中间浇筑混凝土,防止梁段接缝处出现裂缝。箱梁底板、顶板表面必须用平板振动器振平、人工抹光,严禁出现凹凸不平现象,不得拉毛。

(6)底模应在纵向预应力张拉完成后才能移动。

(7)挂篮脱模应实行签字认可工作制,由监理和施工技术员在现场共同检查混凝土浇筑质量,无质量问题签字认可;若出现蜂窝、麻面、空洞、露筋等质量缺陷,应及时报业主,提出处理办法,审批同意后方可进行处理。

(8)每段梁浇筑前,都应对设备、材料、劳动力有充分的准备,并有预案。混凝土应连续浇筑,中途不得停止;若出现异常中途不得不停止时,应立即采用高压水冲掉已浇筑的混凝土。

(9)箱梁外侧应采用自动喷淋养生,箱内应采用洒水养生,箱顶面应采用覆盖洒水养生,养生时间不得少于7d。每梁段都应由监理工程师和施工技术员用回弹仪共同检测梁体混凝土强度，达到设计强度后，可停止养生，未达到时应加大养生力度或查找原因。

(10)悬浇施工应始终掌握T构两端对称张拉、平衡施工的原则。

(11)悬浇施工不宜进行冬季施工。

## 7.2 悬浇段施工期常见问题及预防措施

### 7.2.1 梁外模板制作粗糙

1)质量问题及现象

梁身沿纵向不平直，梁底不平整有露筋，梁两侧模板拆除以后发现侧面有水平裂缝，掉角，表面气泡粗糙等。

2)原因分析

(1)模板纵向不顺直。

(2)梁底板垃圾没有清除干净。

(3)模板自身质量较差，混凝土浇筑后变形较大。

(4)底模未设置预拱度。

3)预防措施

(1)梁的侧模板与底模板之间应采用帮包底形式。

(2)侧模刚度要进行验算，尽量采用刚度较大的截面形式。

(3)梁的外模宜采用钢模板。

(4)模板使用完毕，应进行养护和维修，确保使用时模板光洁完好。

(5)在支架上现浇的梁，支架必须安装在坚实的地基上，应有足够的支撑面积，以保证不下沉，并设有排水设施。

(6)后张法预应力混凝土梁的底模应设置在台座上，同时考虑到张拉时的两端的集中反力，两端的地基必须做加固处理，满足需要。

### 7.2.2 梁内模上浮

1)质量问题及现象

在浇筑腹板混凝土时，梁内模开始上浮，是梁顶板混凝土变薄；在浇筑顶板混凝土时，梁内模开始上浮，造成梁顶面抬高并有龟裂性裂缝。

2)原因分析

内模定位固定措施不合理、不到位。

3)预防措施

(1)若采用胶囊做内模，浇筑混凝土时，为防止胶囊上浮和偏位，应用定位箍筋与主筋联系加以固定，并应对称平衡地进行浇筑。

(2)当采用空心内模时，应与主筋相连或压重，防止上浮。

(3)空心内模应与顶板对拉进行支撑。

(4)分两层浇筑，先浇筑底板混凝土。

(5)避免两侧胶板过量强振。

## 7.3 三水河特大桥悬浇段施工工艺

### 7.3.1 三水河特大桥挂篮形式的选取

一般来说,采用的挂篮须满足:结构简单,重量轻,安装、拆除方便,安全可靠,灌注混凝土过程中变形小等特点。

三水河特大桥在对比了平弦无平衡重挂篮、菱形挂篮、弓弦式挂篮、斜拉式挂篮等结构形式,由于平行桁架式的材料利用系数不高;弓弦式挂篮虽受力合理,但杆件较多,故此次挂篮主要在斜拉式、菱形和三角形挂篮三者中进行选择。斜拉式挂篮的受力和传力机制最为合理,但是需要在底模纵梁和主梁的尾部设置限位装置,同时在每个施工循环中需增加安装和拆卸斜拉杆、限位装置的工序,加大了施工难度。相比之下,三角形和菱形挂篮推移时相当方便,安全性亦高于斜拉式挂篮。虽然三角形挂篮在受力方面比斜拉式及菱形挂篮稍逊一筹,施工操作面也不如菱形挂篮宽敞,但是菱形挂篮由于受力点较高,挂篮的横向稳定性要求高,加工比较麻烦;而三角形挂篮的受力重心较低,挂篮的稳定性比菱形挂篮高,节省了大量的横向联系钢材。三角形挂篮的加工量比菱形及斜拉式挂篮少,加工工艺要求低,加工方便。综合以上考虑,该桥最终采取三角形挂篮形式。该挂篮与其他形式挂篮相比较,有如下突出特点:

(1)三角形挂篮与菱形挂篮相比,降低了前横梁高度,即挂篮重心位置大大降低,从而提高了挂篮走行时的稳定性。

(2)结构简单,拆装方便,重量较轻。设计中三角形挂篮主桁架和主要结构体系采用钢板和型钢焊制的箱形结构,单件重量较轻,主桁架杆件间采用法兰结构用高强螺栓连接,易于搬运和拆装。

(3)三角形挂篮平衡重系统利用已成形梁段竖向预应力钢筋作为后锚点,取消了平衡重的压重结构。

(4)三角形挂篮走行采用液压走行系统,由导梁、滑船、反压小车、走行油缸组成,该系统具有挂篮就位准确、走行速度快、安全可靠等特点。

(5)三角形挂篮通用性强,稍做改装即可用于其他幅宽和梁高的桥上。

#### 7.3.1.1 挂篮结构布置

箱梁悬浇挂篮采用三角挂篮形式,挂篮由主桁、底篮、悬吊系统、后锚及行走系统、模板系统等部分组成。

挂篮具体结构图示如图 7-3 ~ 图 7-5 所示。

1)主桁

主桁为三角桁片,由立柱、轨道横梁、斜拉带组成,每个挂篮有两片三角形组合梁,两片组合梁支架由桁架连接形成整体,立柱与主梁之间采用铰接。

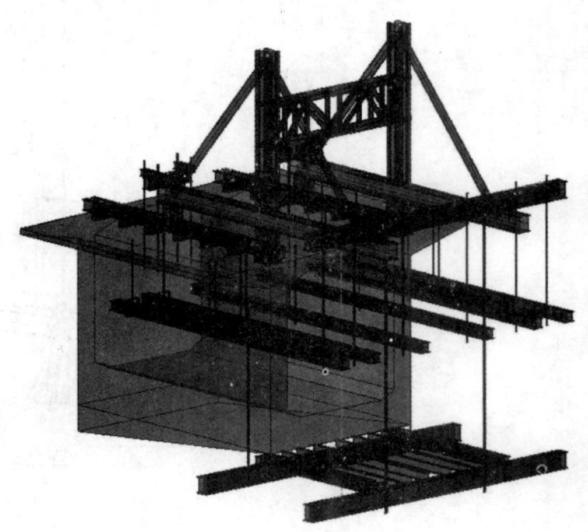

图 7-3 挂篮立体结构图

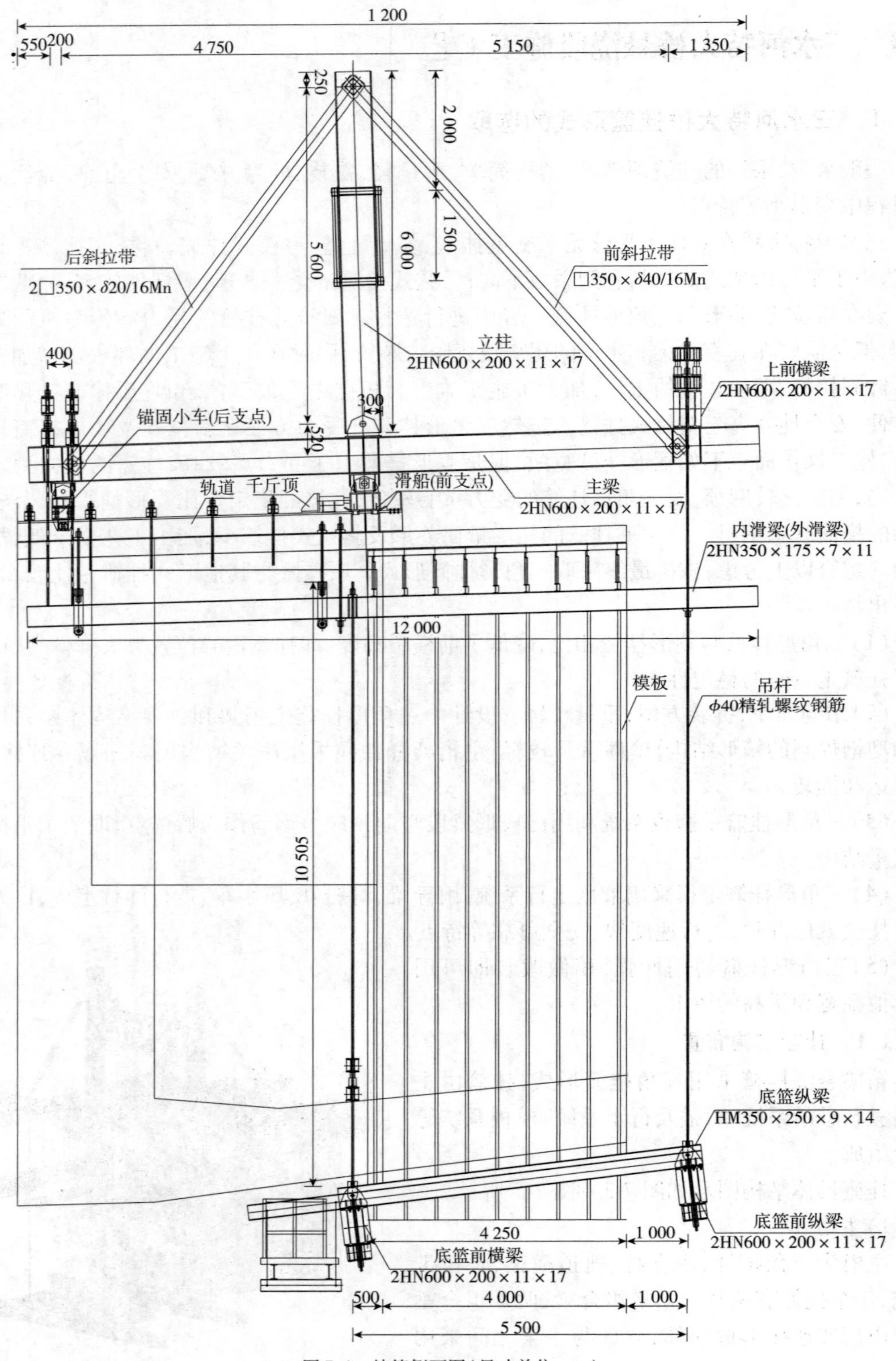


图 7-4　挂篮侧面图(尺寸单位:mm)

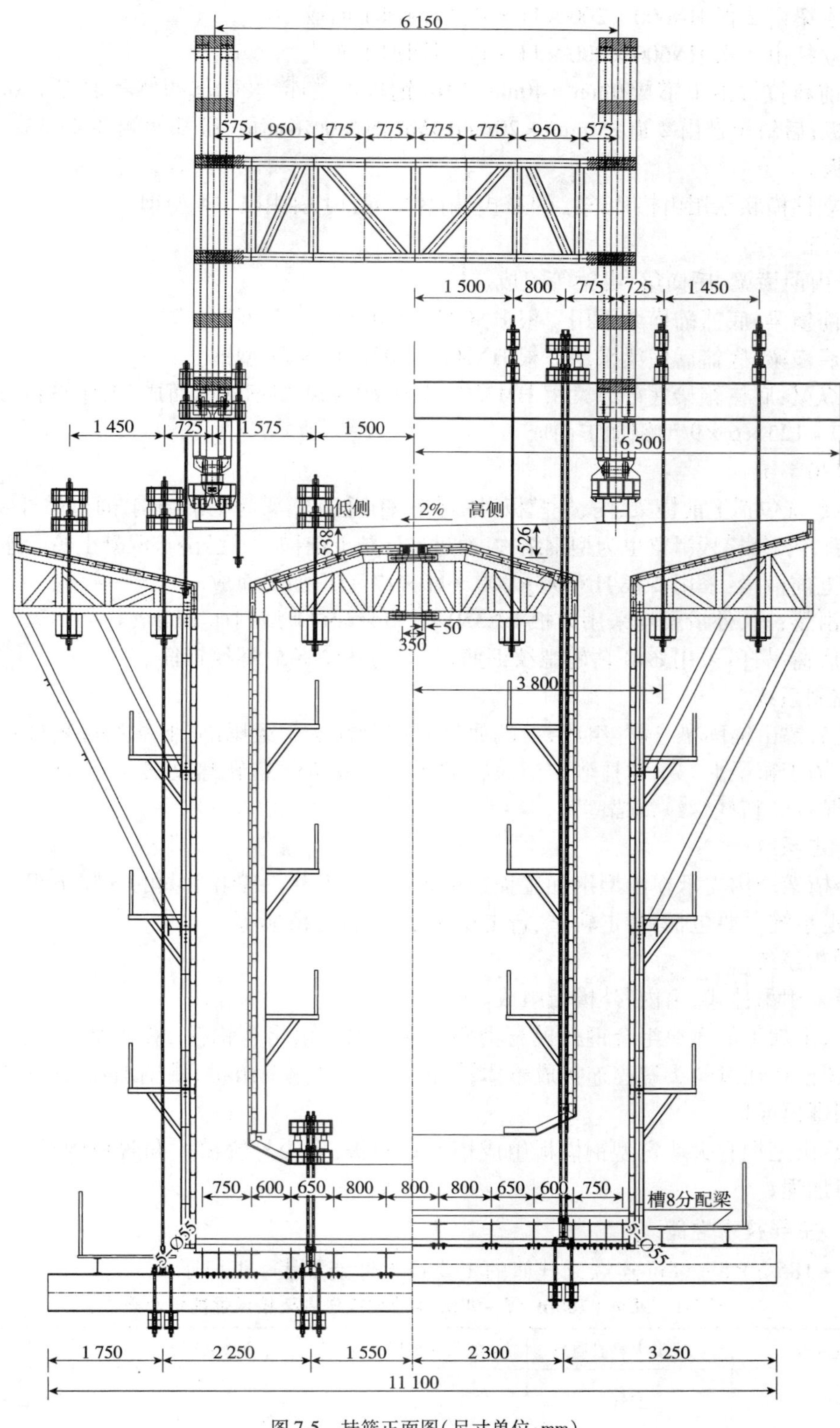


图 7-5　挂篮正面图(尺寸单位:mm)

(1)主梁由 2 根 HN600 × 200 × 11 × 17 型钢加工而成。

(2)立柱由 2 根 HN600 × 200 × 11 × 17 型钢加工而成。

(3)前斜拉带由 1 道 250mm × 40mm16Mn 钢板加工而成,端部两侧各加焊 1.6cm 厚的 16Mn 钢板;后斜拉带由 2 道 250mm × 20mm16Mn 钢板加工而成,端部两侧各加焊 1.0cm厚的 16Mn 钢板。

(4)立柱横联采用由桁片连接的形式;桁片单元件均采用工 14 型钢。

2)底篮

底篮由前横梁、后横梁、纵梁等组成。

(1)前横梁:底篮前横梁采用 2 根 HN600 × 200 × 11 × 17 型钢。

(2)后横梁:底篮后横梁采用 2 根 HN600 × 200 × 11 × 17 型钢。

(3)纵梁:底篮箱梁底部纵梁由 HM350 × 250 × 9 × 14 型钢加工而成;工作平台底部纵梁由 HN250 × 125 × 6 × 9 型钢加工而成。

3)悬吊系统

悬吊系统包括上前横梁、内、外模板滑梁和吊杆,上前横梁为型钢结构,通过吊杆及铰座与底栏连接。内、外模板滑梁也为型钢结构,通过吊杆与上前横梁及已浇筑混凝土箱梁连接。

(1)上前横梁:采用 2 根 HN600 × 200 × 11 × 17 型钢加工而成。

(2)滑梁:内、外滑梁均采用 2 根 HN350 × 175 × 7 × 11 型钢加工而成。

(3)底篮吊杆:采用 $\phi$40 精轧螺纹钢筋,其余为 $\phi$32 精轧螺纹钢筋。

4)锚固系统

挂篮后锚由锚固梁、锚杆组成,上端通过锚固梁锚于主梁尾部,下端通过精轧螺纹钢筋和连接器锚于箱梁上。单片挂篮主桁的后锚共设 4 根 $\phi$32 精轧螺纹钢,一套挂篮后锚总共需要 16 根 $\phi$32 精轧螺纹钢锚固。

5)行走系统

整个桁架结构支承在由型钢加工而成的前、后支腿上。每组主梁的支腿下设一套行走系统,行走系统主要包括:行走轨道、行走反压小车、行走滑船等。

6)模板系统

模板采用吊挂式,由内、外模板组成。

内模:由加工的大块组合钢板模与桁架组成。顶板由组合钢模、槽钢和木条、木楔形成桁架,内顶模板通过钩头螺栓连接成整体;侧板也由组合钢模组拼,槽钢加劲,内侧模与顶模之间采用螺栓连接。

外模:由型钢和大块定型钢模板组成桁架式模板,翼缘悬臂模板和腹板焊接为一体,并采用斜撑加强。

#### 7.3.1.2 主要技术性能

98m + 185m × 5 + 98m 连续梁挂篮的主要技术性能如表 7-1 所示。

**表 7-1 98m + 185m × 5 + 98m 连续梁挂篮主要技术性能汇总表**

| 挂篮自重 | 适应最大梁段质量 | 适应最大梁段长度 | 适应最大梁宽 | 走行方式 |
|---|---|---|---|---|
| 80t | 225t | 4.5m | 顶板宽 12.0m | 无平衡重走行 |
| | | | 腹板宽 0.8m | |

#### 7.3.1.3 工作原理

结构简单，受力明确。设置走行装置，移动方便，外模、内模及底模随同桁架一同一次到位。取消平衡重，利用竖向预应力的锚具锚固轨道，反扣轮沿轨道行走。

底模、外侧模随主桁架向前移动就位后，绑扎底板、腹板钢筋→安装预应力管道→内模架前移就位，安装内模→绑扎顶板钢筋并安装预应力管道→进行梁段悬臂浇筑施工。当新浇梁段张拉锚固及孔道压浆后，挂篮再往前移动就位进行下一节段施工，如此循环推移。

### 7.3.2 挂篮安装及使用

#### 7.3.2.1 挂篮的安装

1）挂篮安装工艺流程

挂篮安装工艺流程如图7-6所示。

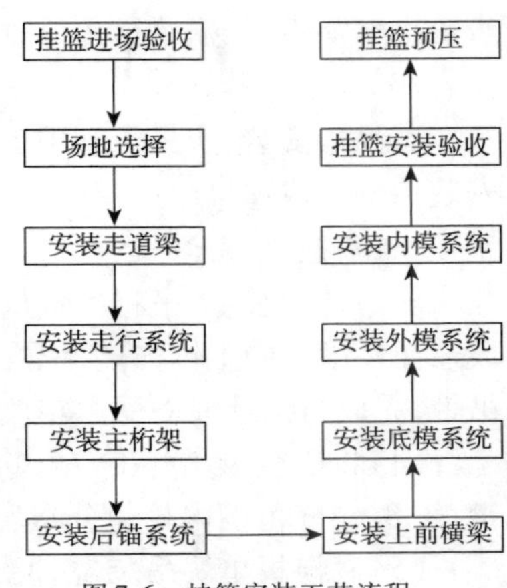


图7-6 挂篮安装工艺流程

2）安装走道梁

首先确定走道中心线，左右走道线的高差，利用工字钢调平左右走道的高差，低侧用两根工字钢平焊在一起，工字钢内需加肋板焊接，高侧用两根槽钢焊在一起，内加筋板焊接；对于走行系统的前支点处，此为走道梁受力最大位置，走道梁下面的工字钢支撑需加强。相邻走道梁的接头应平顺，安装反压分配梁，利用精轧螺纹钢连接器将走道梁锚固在腹板的竖向精轧螺纹钢筋上。

3）安装走行系统的前滑板和后钩板

根据挂篮组装图，在走道梁上放出前后板的位置并安装固定，安装反压小车时注意方向性，使走行反力作用点位置面向前进方向。

4）安装主桁架

挂篮左右各有一道主桁架，现安装主桁架的纵梁，纵梁与滑船和反压小车采用销轴连接，在纵梁上安装反压分配梁连接在箱梁腹板的精轧螺纹钢筋上面，在横桥向方向需设置缆风绳；再安装另外一侧的纵梁。安装完成后于后锚位置安装一根横向通长的分配梁，每侧的后锚加设2根纵向分配梁，安装4根精轧螺纹钢筋锚固在0号块的顶板上，对每根后锚用千斤顶打紧，确保后锚的4根精轧螺纹钢筋受力均匀。再安装左右桁架间横向连接，横向连接安装后才能拆除纵梁的缆风绳。安装完成后再安装主桁架的前后斜吊带，斜吊带采用销轴连接。安装后应检查各销轴的防脱销装置是否安装。

5）安装上前横梁

上前横梁起吊后由工人辅助就位，前横梁与纵梁采用焊接连接，同时在纵梁上采取阻挡措施，防止上前横梁在挂篮行走的时候下滑坠落。

6）安装底模平台

（1）吊装前下横梁

在墩旁场地上把前下横梁和吊带框提前组装好，在吊带附近安装钢丝绳，钢丝绳直径不小于22.5mm，且应双头使用，在前上横梁的前边吊带孔附近，栓挂1只10t导链，安装起吊钢丝绳，将前下横梁起吊至与前上横梁齐平。将10t导链挂在下前横梁钢丝绳上，塔吊缓慢松钩,直至钢丝绳带劲后,塔吊自然脱钩。收紧导链,以调整前下横梁的高度。

(2)吊装后下横梁

在墩旁场地上将后下横梁和4个吊带框提前组拼好,在后边吊带框的外侧安装钢丝绳。钢丝绳直径不小于22.5mm,且应双头使用,利用箱梁翼缘板上的外滑梁后吊带预留孔,安装栓挂10t导链。方法:在梁面上摆放分配梁,通过孔洞下放一根钢丝绳,10t导链吊挂在钢丝绳上。安装起吊钢丝绳,将后下横梁起吊至0号块底板前端附近,将打梢钢丝绳吊挂在10t导链上。根据挂篮图纸,后下横梁的设计位置位于0号块梁端内侧50cm处,塔吊缓慢松钩,直至钢丝绳带紧、横梁摆正后,塔吊自然脱钩。

(3)安装底模吊带

后吊挂安装:边吊带利用塔吊辅助安装,中吊带由人工安装。吊带底孔插入吊带框内,安装销轴完成连接。吊带的上锚固端安装前,首先对梁面进行抄平,依次安装垫梁、30t螺旋千斤顶、扁担梁。

前吊挂安装:塔吊将吊带从前上横梁的顶面穿入,吊带底孔插入吊带框内,安装销轴完成连接。吊带的上锚固端,依次安装垫梁、30t螺旋千斤顶、扁担梁。千斤顶同步顶升,收紧吊带,完成与钢丝绳的受力转换。

(4)将底板纵梁起吊,架设在前后下横梁之间,单端挂篮底板纵梁采用360mm的工字钢,于8.65m范围内均匀分布。纵梁前后与前后下横梁焊接,形成整体。

(5)底模板单块吊装,模板之间用螺栓连接。模板点焊在底模纵梁上。底模平台安装完成后,30t千斤顶顶升前后吊带,按照设计坡度和高程,将底模平台调整到位。

7)安装外滑梁及外模

本标段挂篮外模直接采用0、1号块外模,塔吊吊装外滑梁从外模的桁架设计位置穿过,外滑梁前吊位置先采用导链临时挂接在上前横梁上。后吊位置用导链临时挂接在另一段外模桁架上,0、1号块外模长度13m,最长块段为4.5m,挂篮外模采用4.8m,模板从端头至中间5m位置割开,拆除外模支撑托架,外模下放使外模支撑点在外滑梁上面,利用导链将外模通过外滑梁拉出,安装外滑梁吊带,后吊带通过0、1号块预留孔锚固在翼缘板上,前吊带锚固在上前横梁。

8)安装内滑梁及内模

塔吊吊装内滑梁,通过1号块顶板上预留孔用精扎螺纹钢锚固内滑梁后吊点,前吊点锚固在上前横梁。挂篮单端采用2根内滑梁,内滑梁安装完成后,安装内模,内模采用大块钢模,内模用槽钢加背杠,腹板加固采用拉杆对拉。

#### 7.3.2.2 挂篮的使用规定

悬灌严格执行两端平衡施工、对称灌注、对称移动的原则,两端的不平衡偏差不大于设计给定的偏差。

施工时为有效的控制线形,减少挂篮在灌注混凝土过程中的变形调整,挂篮前端预留沉落量,并根据挂篮现场施工前1~2个梁段灌注过程中的变形观测结果来修正挂篮沉落量。具体办法如下:

首次使用挂篮前按照试验数据对挂篮前端预留沉落值;灌注混凝土前于挂篮前横梁上设定观测点;根据混凝土的灌注过程分级对观测点的高程进行观测,当观测结果与预留沉落值相差超过施工规范要求的5mm时,对挂篮前吊带进行调整;对观测结果进行分析,确定挂篮的底模板和主桁架的变形,为下一梁段的施工反馈数据。

在挂篮的使用过程中坚持对挂篮的悬吊系统进行检查,对观测点的高程进行监测,杜绝安全事故。

### 7.3.3 挂篮荷载试验

荷载试验的目的主要为消除挂篮的非弹性变形,检验挂篮的强度、刚度,掌握弹性变形,为线形控制提供依据。

常规对挂篮的荷载试验主要有以下几种:

(1)预应力反力架预压:操作容易,容易模拟真正受力状态;

(2)底模下挂水箱预压:不太容易操作,难于模拟真实受力状态;

(3)堆载预压:常规预压方案,但难于模拟真实受力状态,容易压坏底模;

(4)仅预压主桁,吊带及底篮变形通过计算确定。操作更容易,可在地面上操作,或在梁顶面上操作。

根据本工程的特点,拟采用第一种预压方式。

挂篮预压采用预应力张拉用的液压千斤顶加载,千斤顶加载在底板范围内进行。反力梁设置在1号块端面上,即在1号块端面腹板内预埋工56型工字钢三角架作为预压反力点,为了防止该处的混凝土在加载试验过程中开裂,将在预埋工字钢及反力梁顶部预埋钢板的腹板全断面范围内架设三层$\phi$16@10cm×10cm防裂钢筋网。挂篮预压方案参如图7-7和图7-8所示。

根据方案模型加载,通过荷载计算的数值确定,加载至120%。千斤顶选用100t千斤顶,四个千斤顶加载力分别为:896.5kN,341.85kN,341.85kN,896.5kN。

### 7.3.4 箱梁的悬臂浇筑施工

箱梁悬臂浇筑施工工艺流程如图7-9所示。

#### 7.3.4.1 混凝土的浇筑施工

1)混凝土设计要求

箱梁节段C55混凝土量均在54.26~86.53m$^3$之间,混凝土净保护层为3.0cm,混凝土的坍落度控制在18~22cm。按实际生产能力20~30m$^3$/h计算,要求混凝土的初凝时间不低于9h,要求3d强度达到设计强度的90%以上,弹性模量达到100%,以便尽早张拉预应力束,缩短施工周期。

2)材料要求

水泥选用普通硅酸盐52.5水泥,粗集料选用粒径在5~20mm范围的碎石,严格控制石料粉尘含量,必要时对石料进行冲洗,细集料选用武功八一砂,混凝土中外加剂的掺入根据试验确定。

3)挂篮的对称浇筑

挂篮悬臂施工时,要求对称浇筑两侧混凝土节段,特别是处于大悬臂时,不平衡弯矩对墩身变位最敏感,由于施工中往往难于同步进行,不可避免地出现偏载现象,但需按设计方提供悬浇施工时最不利节段的最大偏载值进行控制。施工中两侧的不平衡荷载必须控制在梁段重量的30%以内。

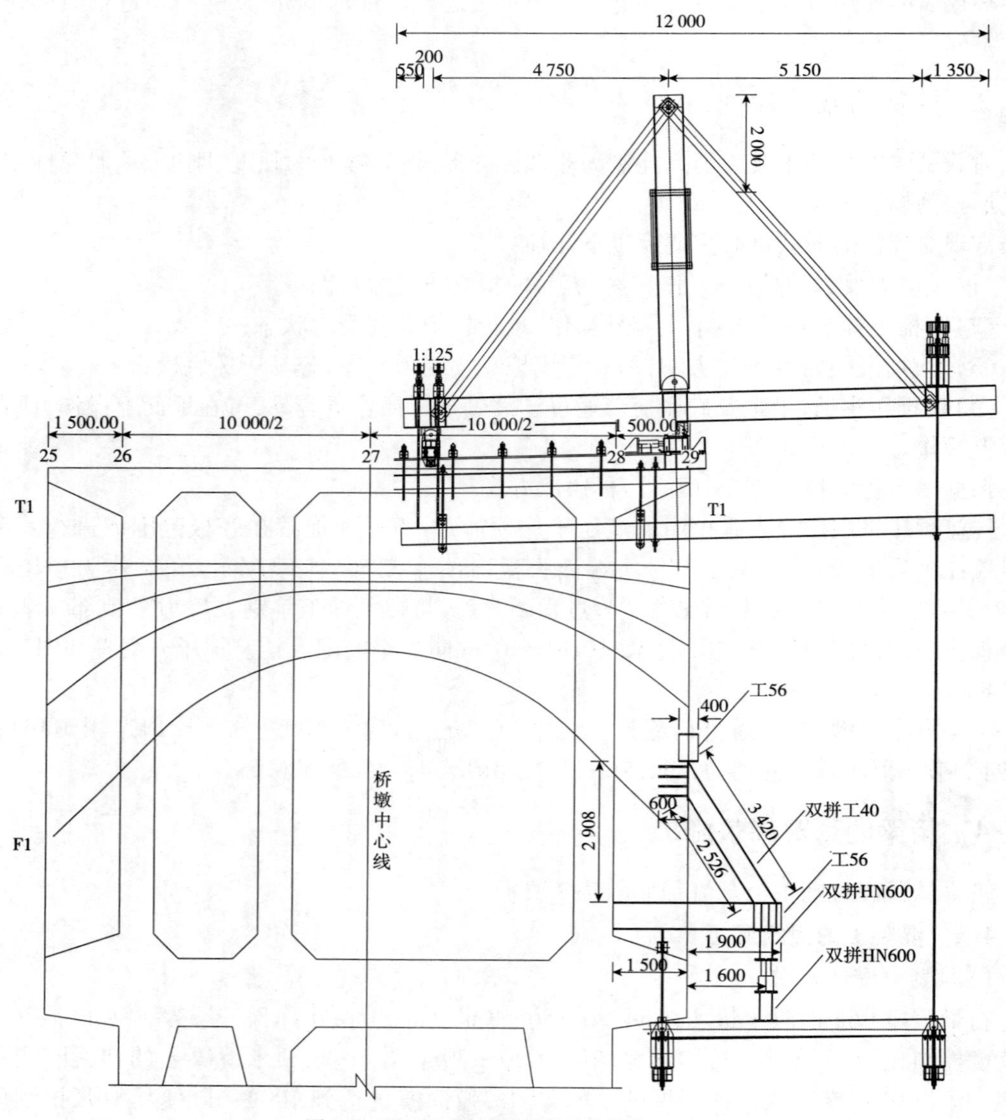


图7-7　预压反力架侧面图(尺寸单位:mm)

4)混凝土供料及浇筑顺序

混凝土采用拌和站集中拌和,采用拖泵对称浇筑,箱梁泵送考虑在0号块上进行接力,地面上为90泵垂直泵送,0号块上采用60泵进行接力水平泵送,同时在0号块上采用一三通接头供两端轮流供料。箱梁节段混凝土原则上按下层到上层,先底板后腹板,再由腹板至顶板,由远端到近端分层浇筑,最后与已浇箱梁节段接缝处终止的顺序浇筑。箱梁底板混凝土布料由箱梁前端伸入箱体内多点固定布料,应注意在由下料孔下料过程中,尽量避免混凝土残留在下料孔四周,须随时清理或做归料斗(槽)下放底板混凝土料。

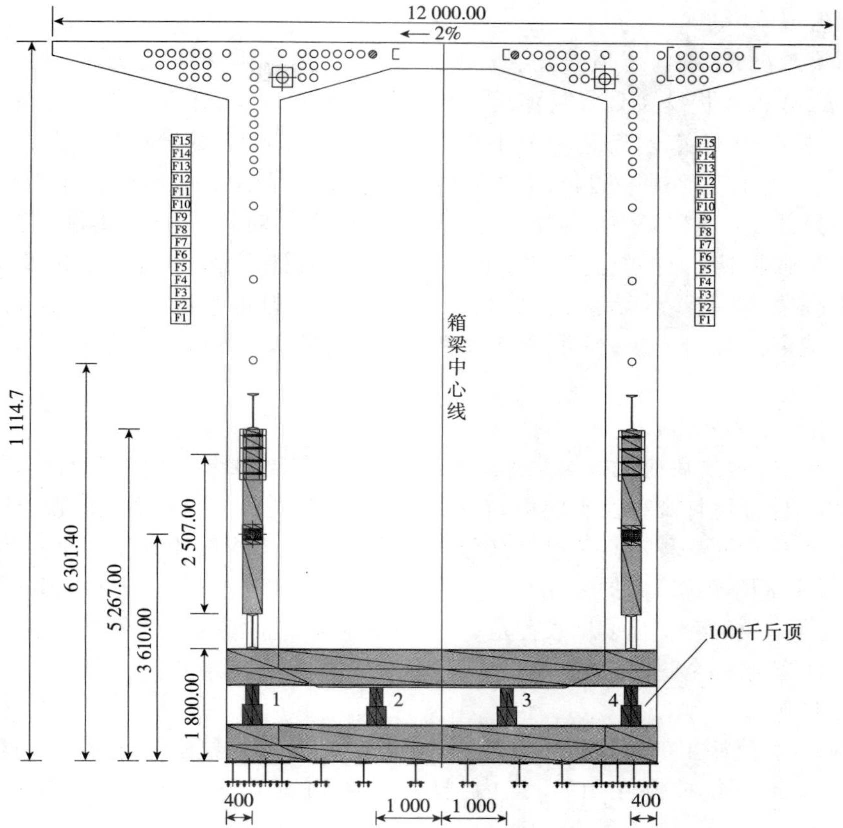


图7-8 预压反力架正面图(尺寸单位:mm)

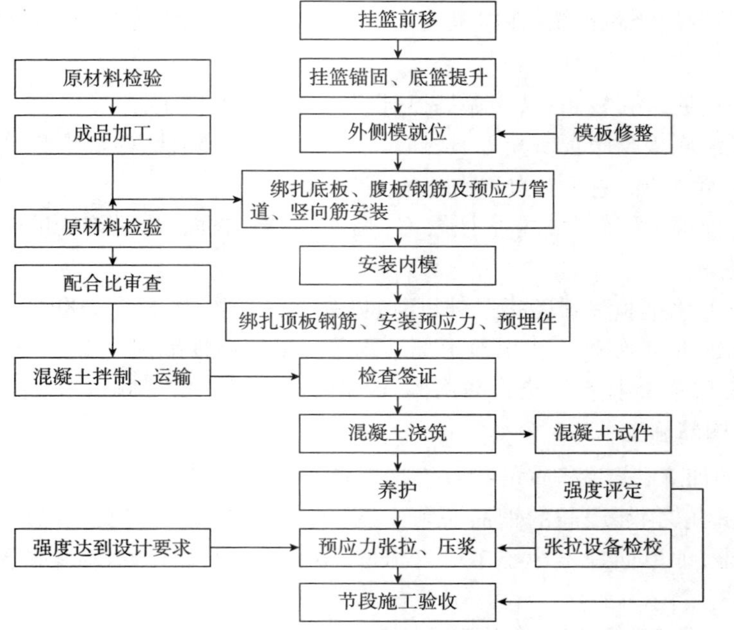


图7-9 悬臂挂篮施工工艺流程图

5)箱梁振捣

挂篮箱梁悬浇,特别注意顶板波纹管密集部位,因集料粗,构件净距小,易欠振和不密实,影响质量,底板腹板交接处最易流坍产生模内不严密现象,在振捣腹板时,让混凝土从斜压模漏出,使腹板密实,且待初凝前小心清理翻出的混凝土,尽量减少扰动,以防止腹板混凝土流坍,模内不实。由于腹板高度较高,在浇筑过程中在腹板内膜上开观察窗,确保混凝土浇筑质量,观察窗每2m留一个,浇筑过程中随时检查振捣质量。锚头处锚下垫板附近需加强振捣,但振捣过程中,不得碰撞预应力管道,防止管道变位及至被振破、振脱漏入水泥浆,将波纹管堵塞,给后续张拉锚固预应力带来困难,最后在新旧混凝土梁段接缝处结束混凝土浇筑,趁混凝土未初凝,振捣密实,可以防止浇筑动荷载影响造成衔接裂缝。

6)箱梁混凝土养护

混凝土浇筑完成之后应做好箱梁外露混凝土的收面及混凝土的养护工作。箱梁内底板进行二次收面,保证设计高程及平整度;箱梁顶板原则上进行二次收面,在混凝土初凝前进行表面拉毛,保证顶面高程不高于设计高程。收面完成后,在混凝土初凝时即在混凝土表面覆盖土工布进行洒水养护,养护采用自动喷淋系统加人工配合进行。养护时间一般夏季为7d,秋冬季视气温及混凝土强度增长而定,养护期间必须保证混凝土面保持湿润。冬季施工采用蒸汽养护,箱梁外全封闭包裹。

7)注意事项

(1)为达到悬浇施工的对称性要求,设置三通泵管,使泵送能通过闸阀实现两端均匀布料,将不对称浇筑方量控制在 $10m^3$ 以内,且保证两侧施工不平衡荷载不超过梁段重量的30%。

(2)严格按底板→腹板→顶板的顺序进行混凝土浇筑;混凝土浇筑从悬臂端向墩侧顺序浇筑,按30cm厚分层浇筑振捣,在腹板内侧模板开观察窗,确保混凝土浇筑质量,观察窗每2m留一个。

(3)严禁采用通过腹板布料,用振捣棒赶料浇筑底板混凝土。

(4)在浇筑至底板与腹板倒角处,适当将混凝土坍落度降低,并减缓浇筑速度,避免混凝土在浇筑时从倒角翻出,造成人力和物力的浪费。

(5)由于桥面铺装层较薄,混凝土浇筑完后注意拉线收面,确保箱梁顶面高程,最后在混凝土初凝后拉毛。

(6)混凝土配比试验除强度指标外,还应做弹性模量指标,确定100%弹模的龄期时间,以作为节段张拉时间的依据。主墩及上部结构箱梁采用高性能混凝土。

(7)雨季施工时,依托挂篮搭设防雨棚,保证浇筑不受天气影响。

#### 7.3.4.2 普通钢筋施工

普通钢筋的加工,安装和质量验收等均应严格按规范的有关规定进行,悬浇段的普通钢筋均为现场绑扎,相邻段间的钢筋必须按设计要求进行焊接接长,焊接长度必须满足施工技术规范要求,即单面焊不小于 $10d$,双面焊不小于 $5d$,焊接时必须注意焊接高度及焊接质量。

埋置预埋件时应严格保证预应力波纹管道位置准确和不受破坏,当普通钢筋和预应力管道在空间发生干扰时,可适当移动普通钢筋的位置,以保证钢束位置准确。钢束锚固处的普通钢筋如影响预应力施工时,可适当弯折,但待预应力施工完毕之后再及时恢复原位。

在钢筋施工过程中如发生钢筋空间位置冲突,可适当调整其布置,但应确保钢筋的根数和净保护层厚度。当锚下螺旋筋与分布筋相干扰时,可适当移动分布钢筋或调整分布钢筋间距。

#### 7.3.4.3 挂篮的测量就位与调整

在挂篮行走之前,首先放出已浇节段的中轴线及行走轨道的中轴线,防止偏位,在挂篮行走到位之后利用已浇箱梁纵轴线点与挂篮平台的纵轴线点测量重合定位,使各个悬浇节段纵轴线顺直,减少累积误差,使底模平台准确到位,测量时间选择在相同的早晚时段进行,避开日照,对箱梁因气温变化不均产生变形而造成的假象进行有效控制。

每一节段的测量工作均需进行四次:第一次是行走前安装滑轨时,必须对滑轨进行测量,使之准确定位;第二次是挂篮行走到位之后对挂篮底高程进行测量,预留预拱度;第三次是混凝土浇筑之后对各部位高程进行复测;第四次是在张拉前后对混凝土的顶底高程进行复核与节段设计高程相对应,建立完整的档案资料。

### 7.3.5 挂篮行走

挂篮滑移是悬浇施工重点控制环节,涉及主梁结构安全及施工安全,挂篮前移控制重点:

(1)已浇块段钢束张拉及压浆完毕;

(2)行走轨道下的反压梁、螺栓及竖向预应力筋无漏锚或锚固不紧情况;

(3)挂篮后锚行走小车及外侧模滑轮小车工作状态正常;

(4)主要结构构件及连接点完好,牵引设备、钢丝绳完好;

(5)专职安全员、技术员、作业队伍班组长,在滑移前对挂篮进行检查,填写检查记录,经过现场技术负责人及生产副经理认可,方能进行挂篮前移。

当箱梁节段混凝土达到设计强度的90%以后,完成预应力张拉锚固,灌浆封锚工序,准备前移挂篮,挂篮移动的步骤和方法如下:

(1)调节挂篮悬吊系统千斤顶,使主梁底平台及外模板下降10~20cm;

(2)下降内、外模悬吊工作平台,并与模板骨架临时连接固定;

(3)在前支点安好千斤顶,两侧同步顶起主桁架前支点,使滑船脱离轨道,起顶时必须采取措施保证结构稳定,解除锚固钢筋,轨道前移;

(4)锚固轨道锚固梁上的钢筋,前支点处千斤顶下降,使主桁架滑船落于轨道面上;

(5)安装后锚小车,解除后锚杆,挂好牵引手动葫芦,解除后下横梁上与已浇节段相连接的拉杆,均匀拉动手拉葫芦,牵引挂篮前段就位;

(6)安装后锚杆与竖向预应力筋连接,前支点调整倾斜度横向位置,固定好前支点;

(7)两侧外模随挂篮牵引就位,安装并调整高程。调好底平台前、后吊杆。

在行走中注意必须匀速,平稳,同步进行;挂篮在移动过程中,挂篮移动步差不大于半个本施工节段两端长度。

# 8 预应力施工

## 8.1 一般规定

应按照先竖向、再纵向、后横向的次序对悬浇箱梁进行预应力张拉。同类应力每次施工时应测定混凝土强度或弹性模量,在相同的条件下施加预应力。由于挂篮施工的需要,竖向预应力筋应优先张拉不少于50%的数量,竖向预应力筋一般采用二次张拉工艺,若在一次张拉后进行了竖向预应力张拉力的无损检测,达到设计值0.7倍以上的可不必二次张拉。

### 8.1.1 纵向预应力施工及压浆

(1)预应力张拉应在混凝土强度达到设计强度90%后方可进行。在悬浇施工过程中,施工单位和监控单位应定期做混凝土的弹性模量测试,以保证弹性模量与强度的同步性;若弹性模量降低幅度较大,应查找原因,或延长张拉龄期。

(2)锚垫板应与预应力索轴线保持垂直,锚垫板下混凝土应密实。

(3)纵向索应按实测长度下料,整束编号穿入,调整索位至每根两端所处位置相同,杜绝绞索。

(4)应采用张拉力控制、伸长值校核的方法施加纵向预应力。实际伸长值与理论值误差应小于6%。为保证每根预应力筋受力一致,可按单根进行初张拉。由于各个部位索孔弯曲程度不一,对应力、变形吻合性影响较大,可根据不同位置经测试调整初张应力,以达到应力、应变控制处于最佳状态。

(5)张拉千斤顶、油泵应定期配套校验,配套使用。当千斤顶使用超过6个月或200次时,或在使用过程中出现不正常现象,或经过检修,应重新校验。

(6)预应力钢材、锚具进场前应按规范要求进行试验,符合《预应力筋用锚具、夹具和连接器》(GB/T 14370—2007)要求。同等条件下应优先选择安全系数大的正规大厂的产品。

(7)预应力施工是连续刚构桥质量控制的重点,国内很多运营刚构桥出现裂缝、跨中下挠等严重病害都与预应力不足或松弛损失过大有关系。预应力张拉全过程中,监理工程师必须跟踪监督。

(8)下弯索张拉后,在腹板表面沿预应力索轴线方向出现裂缝(图8-1),是近几年常出现的质量病害,施工单位和监理应注意观察;若出现裂缝应及时告诉设计代表,采用增加钢筋网片或其他措施进行处理。

(9)纵向预应力索孔应采用真空压浆工艺压浆,预应力张拉完成后24h内必须压浆。水泥浆应使用P.O52.5以上的水泥配制,强度应不低于45MPa,水灰比不宜大于0.45,不得使用含氯盐的外加剂。压浆气温不应低于5℃。每孔道应一次压浆完成,不得中断;如遇意外情况特别是串孔等现象中断时,应立即用高压水冲洗干净。采取措施处理后,应重新压浆。

(10)压浆应从预应力索孔一端压入,待另一端冒出浓浆后(监理工程师与施工人员现场判断),方可关闭排浆阀;观察压力上升到0.7~0.8MPa,并稳压2min,各部位均无漏浆、冒浆时,关闭压浆阀。

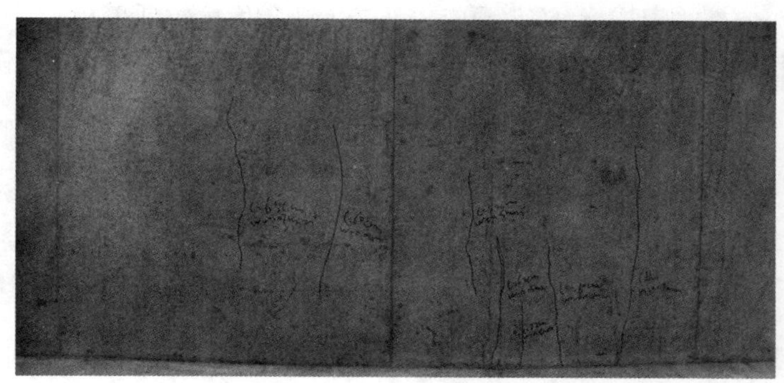

图 8-1 腹板裂缝

### 8.1.2 竖向预应力施工及压浆

(1)上下垫板应与竖向预应力筋轴线垂直,可采取预留张拉槽口的方法确定上垫板的位置。竖向预应力筋上端伸出锚头长度应大于3cm,且距桥面混凝土铺装顶面距离应不小于6cm。

(2)在浇筑混凝土时应注意竖向预应力筋上下垫板处混凝土是否达到密实,并应用塑料纸包裹精轧螺纹钢筋上端头,避免混凝土浆污染,造成张拉困难。

(3)竖向预应力筋必须采用二次张拉工艺,以张拉力控制。第一次按设计吨位张拉完成后,不超过3d时间,应再进行一次张拉。严禁超张拉。第二次张拉完成24h内必须压浆。

(4)监理工程师应对第一、二次张拉和压浆三道工序逐根检查,确保不漏拉、漏压。

## 8.2 预应力施工期常见问题及预防措施

### 8.2.1 预应力张拉注意问题

1)质量问题及现象

预应力筋张拉时出现异常情况,如锚垫板变形,梁的起拱不正常,千斤顶、油泵等声音异常,锚夹具滑出,千斤顶支架倾倒等。

2)原因分析

(1)锚垫板承压面与孔道中心线不垂直,锚具孔与锚垫板未对正,由于张拉力过大造成锚垫板变形。

(2)千斤顶回油过猛,产生较大的冲击振动,造成滑丝。

(3)千斤顶或油泵出现故障,声音出现异常。

(4)预应力筋被拉断,出现异常声音和梁体起拱不正常。

(5)千斤顶支架不牢固。

3)预防措施

(1)锚垫板承压面与孔道中线不垂直时,应当在锚圈下垫薄钢板调整垂直度。将锚圈对正垫板并点焊,防止张拉时移动。

(2)千斤顶给油、回油工序要缓慢平稳进行,避免回油过猛。

(3)张拉操作要按规定进行,防止预应力筋受力超限发生拉断事故。

(4)油泵运转出现异常情况时,要立即停车检查。在有压情况下,不得随意拧动油泵或千斤顶各部位的旋钮。

(5)在测量伸长及拧螺母时,要停止开动千斤顶。

(6)千斤顶支架必须与梁端垫板接触良好,位置正直对称,以防止支架不稳或受力不均倾倒伤人。

(7)张拉或退楔时,千斤顶后面禁止站人,以防预应力筋拉断或锚具、楔块弹出伤人。

### 8.2.2 预应力锚具、夹具

1)质量问题及现象

锚具、夹具不合格,在预应力张拉时会发生滑丝、断丝,锚固质量无法保证,预应力钢束的张拉力也就无法保障。

2)原因分析

锚具、夹具不合格的原因一是生产厂家原因,二是进场后没有检验。

3)预防措施

(1)锚具和夹具的类型须符合设计规定和预应力钢束张拉的需要。

(2)用预应力钢束与锚夹具组合件进行张拉试验时的锚固能力,不得低于预应力钢束标准抗拉强度的90%。

(3)锚具、夹具须经过有资质的权威专业技术部门鉴定和产品鉴定,出厂前应由供方按规定进行检验,并提供质量证明书。

(4)锚具、夹具进场时应分批进行外观检查,不得有裂纹、伤痕、锈蚀,尺寸不得超过允许偏差。

(5)对锚夹具的强度、硬度、锚固能力等,应根据供货数量和使用情况确定是否复验。

### 8.2.3 锚具碎裂

1)质量问题及现象

预应力张拉时或张拉后,锚板或锚垫板或夹片锚的夹片碎裂。

2)原因分析

(1)锚具(锚板、锚垫板、夹片)热处理不当,硬度偏大,导致钢材延性下降太多,在高应力下发生脆性断裂。

(2)锚具钢本身存在裂纹、砂眼、夹杂等隐患或因热处理淬火、锻压等原因产生裂缝源,在受到高应力的集中作用时裂缝发展碎裂。

3)预防措施

(1)加强对锚夹具的出厂前和工地检验,锚夹具的技术要求应符合我国国家标准《预应力筋用锚夹具和连接器》(GB/T 14370—2007)类锚具的要求。有缺欠、隐患或热处理后质量不稳定的产品一律不得使用。

(2)立即更换有裂缝和已碎裂的锚具。同时对同批量的锚夹具进行逐个检查,确认合格后才能继续使用。

### 8.2.4 锚垫板面不垂直或中心偏离

1)质量问题及现象

张拉过程中锚杯突然抖动或移动,张拉力下降。有时会发生锚杯与锚垫板不紧贴的现象。

2)原因分析

锚垫板安装时没有仔细对中,垫板面与预应力索线不垂直。造成钢绞线或钢丝束内力不一,当张拉力增加到一定程度时,力线调整,会使锚杯突然发生滑移或抖动,拉力下降。

3)预防措施

(1)锚垫板安装应仔细对中,垫板面应与应力索的力线垂直。

(2)锚垫板要可靠固定,确保在混凝土浇筑过程中不会移动。

(3)另外加工一块楔形钢垫板,楔形垫板的坡度应能使其板面与预应力索的力线垂直。

### 8.2.5 锚头下锚板处混凝土变形开裂

1)质量问题及现象

预应力张拉后,锚板下混凝土变形开裂。

2)原因分析

(1)通常锚板附近钢筋布置很密,浇筑混凝土时,振捣不密实,混凝土疏松或仅有砂浆,导致该处混凝土强度低。

(2)锚垫板下的钢筋布置不够、受压区面积不够、锚板或锚垫板设计厚度不够,受力后变形过大。

3)预防措施

(1)锚板、锚垫板必须有足够的厚度以保证其刚度。锚垫板下应布置足够的钢筋,以使钢筋混凝土足以承受因张拉预应力索而产生的压应力和主拉应力。

(2)浇筑混凝土时应特别注意锚头区的混凝土质量,因在该处往往钢筋密集,混凝土的粗骨料不易进入而只有砂浆,会严重影响混凝土强度。

4)处理措施

将锚具取下,凿除锚下损坏部分,然后加筋用高强度混凝土修补,将锚下垫板加大加厚,使承压面扩大。

### 8.2.6 滑丝与断丝

1)质量问题及现象

(1)锚夹具在预应力张拉后,夹片夹不住钢绞线或钢丝,钢绞线或钢丝滑动,达不到设计张拉值。

(2)张拉钢绞线或钢丝时,夹片将其夹断,齿痕较深,夹片处断丝。

(3)预应力筋在张拉与锚固时,由于各种原因,发生预应力筋的断丝和滑丝,使预应力钢束受力不匀,造成构件不能达到所要求的预应力度。

2)原因分析

(1)锚夹片硬度指标不合格,硬度过低,夹不住钢绞线或钢丝;硬度过高则夹伤钢绞线或钢丝,有时因锚夹片齿形和夹角不合理也可以引起滑丝与断丝。

(2)钢绞线或钢丝的质量不稳定,硬度指标起伏较大,或外径公差超限,与夹片规格不匹配,锚具与夹片不密贴,张拉时易发生断丝或滑丝。

(3)预应力束没有或未按规定要求梳理编束,使得钢束长短不一或发生交叉,张拉时易发生断丝或滑丝。

(4)锚圈放置位置不准,支承垫块倾斜,千斤顶安装不正,会造成预应力钢束断线。

(5)施工焊接时,把接地线接在预应力筋上,造成钢丝间短路,损伤钢丝,张拉时发生断丝。

(6)把钢束穿入预留孔道内时间长,造成钢丝锈蚀,混凝土砂浆留在钢束上,又未清理干净,张拉时产生滑丝。

(7)油压表失灵,造成张拉力过大,易产生断丝。

3)预防措施

(1)锚夹片硬度除了检查出厂合格证外,在现场应进行复检,有条件的最好进行逐片复检。

(2)钢绞线或钢丝的直径偏差、椭圆度、硬度指标应纳入检查内容。如偏差超限,质量不稳定,应考虑更换钢绞线或钢丝的产品。

(3)穿束前,预应力钢束必须按规程进行梳理编束,并正确绑扎。

(4)张拉预应力筋时,锚具、千斤顶安装要准确。

(5)当预应力张拉达到一定吨位后,如发现油压回落,再加油时又回落,这时有可能发生断丝,如果发生断丝,应更换预应力钢束,重新进行预应力张拉。

(6)焊接时严禁利用预应力筋作为接地线,不允许发生电焊烧伤波纹管与预应力筋。

(7)张拉前必须对张拉端钢束进行清理,如发生锈蚀应重新调换。

(8)张拉前要经权威部门准确检验标定千斤顶和油压表。

4)处理措施

滑丝、断丝若不超过规范允许的数量,可以提高其他束的张拉力进行补偿;若整束或大量滑丝和断丝,应将锚头取下,经检查并更换钢束,重新张拉,或利用备用孔增加预应力束。

### 8.2.7 预应力预留孔道位置偏差

1)质量问题及现象

在预应力混凝土梁板施工中,如果预应力预留孔道位置不准确而发生偏差,在进行预应力张拉时,实际张拉力及伸长值就会与设计发生偏差,造成张拉力不准,由于预应力筋位置变化,还会影响梁板强度甚至使用安全。最终成型的预应力孔道线形与设计线形相差较大。

2)原因分析

(1)预留孔道时,未看清图纸或坐标计算错误,孔道位置设置错误。

(2)浇筑混凝土时,预应力管道没有按规定可靠固定;由于波纹管或其他制孔道受到扰动,管道被踩压、移动、上浮等,造成管道变形,孔道位置发生变形。

3)预防措施

(1)在预留孔道时,应认真阅读图纸,正确计算出孔道在每一断面上的坐标,按设计线形准确放样,并用U形钢筋按规定固定管道的空间位置,再用细铁丝绑扎牢固;曲线及接头处U形钢筋应该加密。

(2)将制孔管包括波纹管、钢管、胶管等,准确牢固的定位,定位箍筋的位置、间距要合理。应有防止管道上浮的措施。

(3)浇筑混凝土时要注意保护管道,防止振捣棒碰撞制孔管,不得踩压,不得将振捣棒靠在管道上振捣,避免孔道上下左右浮动。

## 8.2.8 预应力孔道漏浆与堵塞

1)质量问题及现象

在混凝土浇筑过程中,有时会发生预应力孔道漏浆,严重时导致孔道堵塞,穿束穿不过去;采用混凝土浇筑前穿束的,待混凝土浇筑后预应力束拉不动。

2)原因分析

(1)波纹管安装好后,在浇筑混凝土时,被振捣棒碰撞至破裂。

(2)波纹管接头处套接不牢固或有孔洞。

(3)焊接钢筋时,电焊火花烧坏波纹管的管壁。或在施工中被踩、挤、压瘪。

3)预防措施

(1)施工时,应防止混凝土振捣棒直接触击波纹管。

(2)进行钢筋焊接时,应防止电焊火花烧破波纹管的管壁。

(3)管道中间接头、管道与锚垫板喇叭口的接头,必须做到密封、牢固、不易脱开和漏浆。

(4)浇筑混凝土时应保护预应力管道,不得碰伤、挤压、踩踏。发现破损应立即修补。

(5)在混凝土浇筑完成后,在混凝土终凝前,用高压水冲洗管道,并用通孔器检查管道是否畅通,并及时疏通。

(6)先在波纹管内穿入稍细的硬塑料管,浇筑完成后再拔出,可预防波纹管堵塞。

4)处理措施

(1)确认堵孔严重无法疏通的,应设法查准堵孔的位置,凿开该处混凝土疏通孔道。

(2)如不能采用凿开混凝土的办法恢复堵孔的预应力而不得不将其废弃,则可起用备用预应力管道或与设计商量采用其他补救措施。

## 8.2.9 张拉后预应力筋延伸率偏差过大

1)质量问题及现象

张拉力达到设计要求,但预应力钢筋延伸量与理论计算值相差较大。

2)原因分析

(1)预应力筋的实际弹性模量与设计采用值相差较大。

(2)孔道实际线形与设计线形相差较大,以致实际的预应力摩阻损失与设计计算值有较大的差异或实际孔道摩阻参数与设计取值有较大的出入也会产生延伸率偏差过大。

(3)初应力值不合适或超张拉过多。

(4)张拉钢束过程中锚具滑丝或钢束内有断丝。

(5)张拉设备未做标定或表具读数离散性过大。

3)预防措施

(1)每批预应力筋应复验,并按实际弹性模量修正计算延伸值。

(2)校正预应力孔道的线形。

(3)按照预应锚具力筋的长度和管道摩阻力确定合适的初应力值和超张拉值。

(4)检查和预应力筋有无滑丝和断丝。

(5)校核测力系统和表具。

(6)如预应力束的断丝率已超过规范规定则应更换该束。

## 8.2.10 预应力损失过大

1)质量问题及现象

预应力施加完毕后预应力筋松弛,应力值达不到设计值。

2)原因分析

(1)锚具滑丝或钢绞线内有断丝。

(2)钢束的松弛率超限。

(3)量测表具数值有误,实际张拉值偏小。

(4)锚具下混凝土局部破坏变形过大。

(5)钢束与孔道间的摩阻力过大。

3)预防措施

(1)检查预应力筋的实际松弛率,张拉钢索时应采用张拉力和引伸量双控制。事先校正测力系统,包括表具。

(2)锚具滑丝失效,应予更换。

(3)钢束断丝率超限,应将锚具、预应力筋更换。

(4)锚具下混凝土局部破坏,应将预应力释放后,用环氧混凝土或高强度混凝土补强后重新张拉。

(5)改进钢束孔道施工工艺,使孔道线形符合设计要求,必要时可采用减摩剂。

## 8.2.11 张拉预应力后结构扭曲变形

1)质量问题及现象

构件在张拉后发生扭曲变形。尤其是高、薄腹板或宽翼板的 T 梁容易产生侧向弯曲或翘曲。

2)原因分析

张拉顺序未按设计要求进行操作,构件受力严重不对称。

3)预防措施

张拉时按设计要求顺序进行,左右对称施加预应力张拉速度应一致。由于预应力束张拉不对称引起的扭曲变形可释放某些预应力束后重新张拉纠偏;如偏差超限,且有裂缝产生,影响结构安全,构件不能使用。

### 8.2.12 预应力孔道压浆不饱满

1)质量问题及现象

(1)预应力孔道压浆不饱满,不能使预应力筋与梁体混凝土牢固黏结为整体,还会引起预应力筋锈蚀,从而影响预应力梁的寿命。

(2)水泥浆从入口压入孔道后,前方通气孔或观察孔不见有浆水流过;或有的是溢出的浆水稀薄。钻孔检查发现孔道中有空隙,甚至没有水泥浆。

2)原因分析

(1)压浆时锚具处预应力筋间隙漏浆。

(2)压浆时,孔道未清净,有残留物或积水。

(3)水泥浆泌水率太大。

(4)水泥浆的膨胀率和稠度指标控制不好。

(5)压浆时压力不够或封堵不严。

3)预防措施

(1)锚具外面的预应力筋间隙应用环氧树脂胶浆或棉花、水泥浆填塞,以免冒浆而损失压浆压力。封锚时应留排气孔。

(2)孔道在压浆前应用压力水冲洗,以排除孔内粉渣杂物,保证孔道畅通。冲洗后用空压机吹去孔内积水,但要保持孔道湿润,使水泥浆与孔壁结合良好。在冲洗过程中,若发现有冒水、漏水现象,则应及时堵塞漏洞。当发现有串孔现象而不易处理时,应判明串孔数量,安排几个串孔同时压浆。或某一孔道压浆后,立刻对相邻孔道用高压水彻底冲洗。

(3)正确控制水泥浆的各项指标。泌水率最高不超过3%,水泥浆中可掺入适当铝粉等膨胀剂,铝粉的掺入量约为水泥用量的0.01%。水泥浆掺入膨胀剂后的自由膨胀应小于10%。

(4)压浆应缓慢、均匀进行。一般每一孔道宜于两端先后各压浆一次。对泌水率较小的水泥浆,通过试验证明可达到孔道饱满时,可采取一次压浆的方法。

(5)保证压浆压力。压浆应使用活塞式压浆泵,压浆的压力以保证压入孔内的水泥浆密实为准,开始压力要小,逐步增加,最大压力一般为0.5~0.7MPa。当输浆管道较长或采用一次压浆时,应适当加大压力。梁体竖向预应力至最大压力控制在0.3~0.4MPa。每个孔道压浆至最大压力后,应有一定的稳压时间,压浆应达到孔道另一端饱满和出浆,并应达到排气孔排出与规定稠度相同的水泥浆为止,然后才能关闭出浆阀门。

(6)对管道较长或第一次压浆不够理想的,可进行二次压浆。

### 8.2.13 预应力孔道压不进浆

1)质量问题及现象

灰浆灌不进孔道,压浆机压力却不断升高,水泥灰浆喷溢,但出浆口未见灰浆溢出。

2)原因分析

(1)管道或排气孔受堵或管道内径过小,穿束后管内不通畅,浆液通过困难。

(2)孔道内有杂物。

3)预防措施

(1)用高压水冲洗多次,尽可能清除杂物。

(2)疏通排气管,用两端压浆的办法,将浆液注满管道。

### 8.2.14 预应力筋脆断

1)质量问题及现象

在张拉还未到设计规定的张拉力荷载时就发生了脆性断裂。

2)原因分析

在现场加工或组装预应力筋时,采用了加热、焊接或电弧切割。

3)预防措施

(1)在预应力筋旁进行烧割或焊接操作时,应非常小心,使预应力筋不受到高温、焊接火花或接地电流的影响。

(2)严禁采用加热、焊接或电弧切割加工预应力筋。

## 8.3 三水河特大桥预应力施工工艺

### 8.3.1 预应力管道的埋设

悬浇节段预应力管道纵横交错,施工难度大,必须精心施工。管道的安装质量将直接影响后期预应力穿束、张拉及压浆质量。在以往施工中,经常发生因管道漏浆、变形、移位导致穿束困难,甚至无法穿束而必须开仓等情况发生,严重影响箱梁质量和施工进度。预应力管道安装是施工的重点控制和检查的环节。

1)纵向预应力管道的埋设

纵向预应力束为高强度低松弛 270 级 $22\phi^{S}15.2$、$19\phi^{S}15.2$、$15\phi^{S}15.2$ 钢绞线,埋设内径 120mm、100mm、90mm 的波纹管成孔;波纹管埋设必须准确,误差不大于 5mm,为保证波纹管正位,沿箱梁纵向每 1.0m 间距设一道定位钢筋,定位钢筋用 $\phi10$ 圆钢,按设计图纸制作成“#”形,波纹管从方格中间通过。施工时定位钢筋尽可能与箱梁其他钢筋点焊(绑扎)以形成整体,以防止管道的上浮或下沉等变形,当相互干扰时,可适当调整定位钢筋的位置。

2)横向和竖向预应力管道的埋设

横向预应力钢束为高强度低松弛 270 级 $2\phi^{S}15.2$ 钢绞线,埋设内径 50mm × 22mm 的扁波纹管成孔,横向预应力管道通过设置架立筋和“#”形钢筋网片固定。

竖向预应力 $\phi32$ 精轧螺纹钢筋,采用内径为 50mm 的波纹管道。

3)在埋设管道过程中的注意事项

(1)在制作及管道运输过程中,应注意轻放,避免变形和开裂,管道存放顺直,无严重的锈蚀现象。

(2)施工过程中施工人员、机械、振动棒等均不应硬撞管道,防止裂缝。

(3)管道接长采用大一号短管过渡对接,接头长度不小于 $5d$,并用胶带缠紧,防止毛边和漏浆,造成穿钢绞线困难。

(4)管道内预穿入比管道略小的 PVC 管,防止管道不慎漏浆,混凝土浇筑完后取出。

### 8.3.2 压浆孔、排气孔的设置

纵向预应力压浆从压浆孔进浆,预应力管道的最高点应留置排气孔,排气孔为硬塑管、排气孔按设计位置及数量设置。

横向预应力管道从梁箱外侧较低处锚垫板压浆孔进浆,另一端设置排气孔,竖向预应力管道靠近底部相邻两根管道设置连通管,靠近顶部锚板处设置压浆孔及排气孔。

### 8.3.3 预应力钢筋下料、安放

预应力钢筋通过塔吊调至0号块顶面,通过运输小车用卷扬机拉至待张拉节段前一节段,预应力筋布置在箱梁中心线附近,悬臂梁段放置位置对称于桥墩中心线,堆载数量不宜过大,以满足一个节段预应力筋需要量为宜(不超过10t)。预应力在下料时必须制作固定架,对钢绞线进行固定。

(1)纵向预应力筋的下料长度为设计理论值加两端的工作长度,每端约70~80cm,采用整束穿束。

(2)横向预应力筋下料长度为设计理论长度加张拉端工作长度,下好料后将其一端P锚挤压成型,在钢筋绑扎的同时安装扁平波纹管就位,然后再穿钢绞线。

(3)精轧螺纹钢的下料长度为设计理论长度加锚固长度(锚固螺母以上5.5cm左右),在下料时每根均应检查并套上螺母,在绑扎腹板钢筋同时安装定位。

(4)在安放竖向预应力钢筋的同时,应考虑到挂篮施工的需要。

(5)预应力筋均采用砂轮切割机下料,绝不允许通电或接触电火花。

(6)对较长束,应考虑到后期的穿束问题,事先在波纹管内预穿 $\phi8$ 钢筋,逐段连接,以备后期利用卷扬机配合穿束。

### 8.3.4 张拉设备选用

纵向预应力张拉选用12台YCW-550千斤顶;横向预应力张拉选用12台YCW-26千斤顶;竖向预应力张拉选用12台YG-70千斤顶;所有千斤顶使用前应配套校准,得出摩阻系数及千斤顶和油表的关系曲线,千斤顶及配套油表应配专人保管,并及时作好使用及维修校准记录。

### 8.3.5 预应力的张拉

预应力的张拉采用智能张拉设备,压浆采用真空辅助压降工艺。

(1)张拉时先调整到初应力状态,取张拉控制应力的10%,然后分阶段进行张拉,并记录实际伸长量值,当达到设计张拉吨位后,将实际伸长值与理论伸长值作比较,符合要求后进行锚固。

(2)混凝土强度达到90%进行预应力施工,不考虑超张拉,按100%进行张拉,三向预应力张拉顺序为:竖向预应力→纵向预应力→横向预应力。

①竖向预应力

竖向预应力张拉流程如图8-2所示。

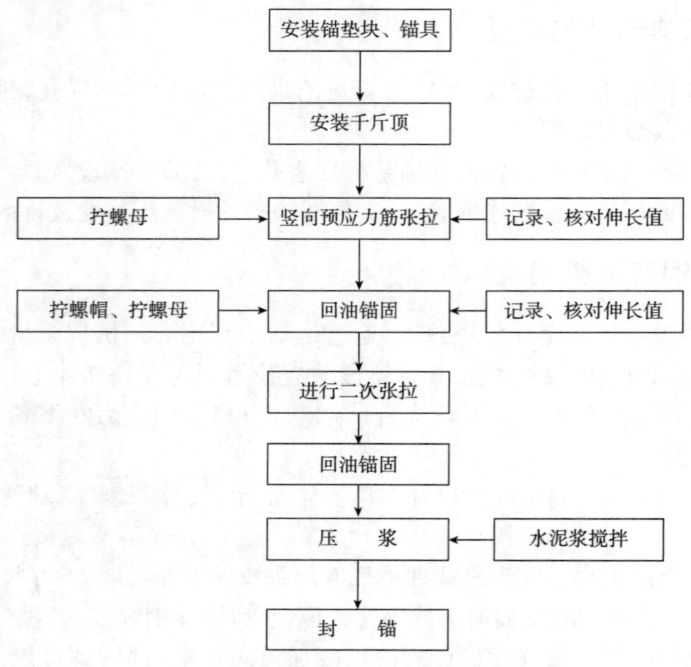


图8-2　竖向预应力张拉流程

竖向精轧螺纹钢的主要施工工艺为:下料制作→定位→混凝土浇筑→张拉→压浆、封锚。

A. 下料制作:竖向预应力布设在箱梁横隔板和腹板内,精轧螺纹钢筋长度随着箱梁腹板高度的变化从0号块向两端逐渐变短,其下料长度严格按设计要求在厂家定制,进场后逐根进行检查,下料时采用砂轮切割,并随时注意不得碰火。

B. 定位:精轧螺纹钢筋及其配套元件包括精轧螺纹钢筋、下螺母、下锚板、波纹管、上锚板、上螺母、螺旋筋和压浆管。上下锚板均焊接短钢管插入波纹管内,接头处用胶带包扎牢靠,以防漏浆。压浆管采用优质硬塑料管,分别在上下两端插入波纹管内,接头处用胶带包扎牢靠,以防漏浆,为方便压浆将下端压浆管连同上端出浆管一起伸出箱梁顶面以外50cm,并做好记号。精轧螺纹钢筋及其配套元件在加工场内安装为一体,腹板钢筋绑扎好后整体吊装就位和固定,设架立筋固定牢固,以保证精轧螺纹钢筋位置准确和波纹管不变形。在顶板钢筋绑扎完毕后,旋下上螺母,安装槽口模板,再拧紧螺母。在混凝土浇筑完毕后,拆除槽口模板,及时旋紧螺母。为防止杂物进入波纹管内,在螺母与锚垫板之间垫海绵进行密封处理。

C. 混凝土浇筑:箱梁采用 C50 泵送混凝土浇筑,浇筑过程中振捣时振动棒不得碰撞波纹管,并设专人进行检查,发现异常及时修整。

D. 张拉:竖向预应力粗钢筋采用上端张拉、下端锚固的方式,根据精轧螺纹钢的力学性能试验报告,计算其引伸量并与设计值进行校对。张拉时以张拉吨位为主要控制,从中间向两端对称进行,尾端的一组留至与下一节段同时张拉。张拉时分级进行,分级步骤为:0→初始应力 $10\%\sigma_{con}$→$100\%\sigma_{con}\xrightarrow{\text{持续 2min}}$锚固。

首先清理锚垫板,在锚垫板上作测量伸长量的标记点,并量取从钢筋头与垫板上标记点之间的竖向距离作为计算伸长量的初始值,张拉至每个阶段分别量取从钢筋头至锚垫板上标记点的竖向距离并做好记录,最后计算出实际伸长量 ΔL,并将该值与理论计算值进行比较。竖向预应力筋张拉采用张拉力和伸长量双控,若差值在 -6% ~ +6% 内,则在二次张拉后 24h 内完成压浆;若误差超过 -6% ~ +6%,则分析原因并处理后再继续张拉至满足要求。张拉完毕后,采用扳手旋紧螺母,然后卸载锚固。本工程均采用二次张拉工艺,第一次张拉一周后进行。

E. 压浆、封锚:采用螺旋式压浆泵进行压浆,压浆的主要设备有拌浆机 1 台,储浆罐 1 个,压浆机 1 台,压浆管及控制阀等。根据设计水泥浆 C40 的强度要求,采用华新 P. O42. 5 级袋装水泥、南通金陵农化有限公司产金陵 5 号膨胀剂,掺量 10%,配合比设计时按16 - 18S 的稠度进行控制,水灰比 0. 40 ~0. 45、泌水率 1%、膨胀率 <10%。

压浆时由底端压浆孔进浆,由顶端出浆孔出浆,最大压力控制在 0. 3 ~0. 4MPa,持续到孔道另一端的排气孔排出与压入相同稠度的水泥浆为止。为保证管道中充满灰浆,关闭出浆口后,持压 2min。压浆完成待水泥浆达一定强度后用手提式砂轮切割机切除高出螺母 3. 5cm 以上部分粗钢筋,然后清理槽口,浇筑 C50 混凝土进行封锚。

②纵向预应力

纵向预应力张拉流程如图 8-3 所示。

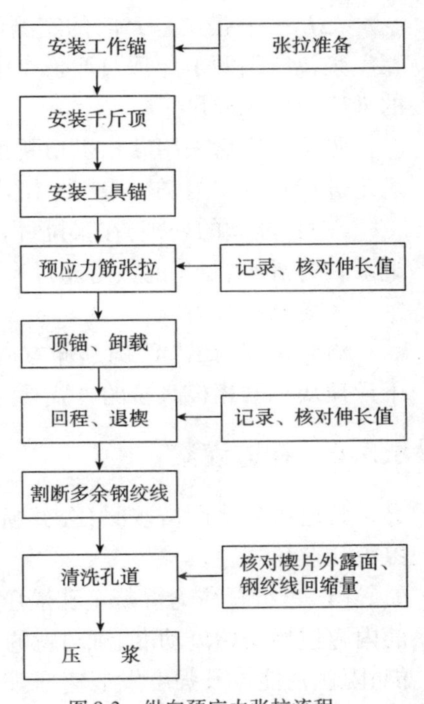

图 8-3 纵向预应力张拉流程

A. 预应力张拉设备:预应力张拉设备包括压力表、张拉千斤顶、高压油管、油泵、拌浆机、压浆机、真空吸浆泵及工具锚夹具等。

压力表及千斤顶的标定选择有资质的检验机构进行标定。压力表、张拉千斤顶等计量设备,按规定定期检查并建立卡片备查。压力表选用防震型,表面最大读数为最大张拉力的 1. 5 倍,精度 1. 0 级或 0. 4 级,张拉千斤顶摩擦阻力不大于张拉吨位的 5%。并建立油压力与千斤顶张拉 P - N 标定曲线。

下列情况下进行千斤顶标定:出厂后初次使用前;张拉完一个悬臂梁段且不超过 100 束预应力筋;检验后经过 6 个月;千斤顶经过拆开检修后;震动、损伤,呈油压锐减及其他异常情况,或根据现场实际情况进行确定。

B. 预应力筋制作:钢绞线下料长度按梁段长度加千

斤顶的工作长度加钢绞线穿束时的连接长度加富余长度 10cm 计算。钢绞线采用砂轮切割机切割，不允许出现散头现象。钢绞线下料够一束的数量后经梳筋板梳理后用细铁丝进行编束绑扎，每间隔 2 ~ 3m 绑一道，以便运输和穿束。钢绞线下料的数量以满足梁段施工为准，不宜超前下料太多，以防生锈。

C. 穿束：本桥采用人工穿短束及人工配合卷扬机穿长束的方法穿束。穿束全部采用整束穿束，穿束前将前端安放引导头，将钢束表面污物清洗干净。引导头焊接时钢绞线不许扰动。

D. 张拉锚固：所有预应力施加都应在混凝土强度达到设计强度等级值的 90% 且混凝土龄期不少于 3d 后进行。预应力钢绞线采用一次张拉的工艺，张拉前于两端分别用单顶由上至下进行预紧，然后安装群锚千斤顶，其步骤为：安装工作锚→安装限位板→安装千斤顶→安装工具锚→初张拉（10% $\sigma_k$）→量测初伸长值→20% $\sigma_k$→100% $\sigma_k$→（持荷 2min）→$\sigma_k$→量测终伸长值→锚固→张拉缸回油、工具锚松脱→关闭油泵、张拉缸、顶压缸复位→依次卸下工具锚、千斤顶。

E. 张拉伸长值：张拉采用应力、伸长值双控制，当实际伸长值与理论伸长值不相符，并超过 ±6% 时，应停止张拉，查明原因，采取措施予以克服。

在整体张拉前，先将钢绞线都调整到初应力 $P_0 = 0.1P$，量测伸长量 $\Delta L_1$；再张拉到吨位 $P_1 = 0.2P$，量测伸长量 $\Delta L_2$，最后张拉到总吨位 $P$，量测伸长量 $\Delta L_3$，即

$$\Delta L = \Delta L_3 - \Delta L_2 + 2(\Delta L_2 - \Delta L_1)$$

式中：$\Delta L_1$——张拉至 $P_0$ 时的实测伸长值；

$\Delta L_2$——张拉至 $P_1$ 时的实测伸长值；

$\Delta L_3$——张拉至 $P$ 时的实测伸长值。

张拉所用的千斤顶及油泵要按要求定期送到有关单位进行全面校定。以保证张拉数据的准确及张拉质量。

张拉完成后采用砂轮机切断钢绞线。锚环外露钢绞线长度不得小于 3 ~ 5cm。然后按规定进行封锚。封锚可采用专用锚固剂或素水泥混凝土。

F. 滑、断丝的处理：在张拉过程中，如发现滑丝，断丝，应立即停止操作，查明原因，做好记录。若滑丝、断丝的数量超过有关规定时，经有关人员检查同意后重新换束。

③横向预应力

横向预应力沿“T”构延伸方向及上下游对称，一端单根张拉方式，张拉采用 YCW - 24 千斤顶从一端逐根张拉的方式，张拉控制应力为 195kN。

### 8.3.6 孔道灌浆

管道压浆除严格按照《公路桥涵施工技术规范》（JTG/T F50—2011）执行外，还应注意以下几点：

（1）进行预应力混凝土孔道压浆施工前，应对灌浆材料的性能进行专门试验。试验测试的内容包括初始流动度、流动度的延时变化与温度敏感性、压力引起的最大泌水量、膨胀性能、阻锈性能以及强度发展速率等。采用真空辅助灌浆工艺还需测试 95kPa 压力下的泌水试验。有冻融要求的还需测试净浆含气量及其硬化后的抗冻融性能。

(2)终张拉后的24h以内完成,否则应采取专门的并经过实际验证的可靠措施,确保孔道中的预应力筋体系在完成灌注工序前不出现锈迹。

(3)采用锥形漏斗进行流动度试验,稠度控制在16~18s。24h内最大自由膨胀率不小于$10 \times 10^{-4}$,28d限制膨胀率$-1\% \sim 5\%$。在冻融环境条件下净浆含气量不小于7%。

①真空压浆的基本原理

真空压浆是在传统压浆工艺的基础上,将孔道系统密封,一端用真空泵抽吸预应力孔道中的空气,使孔道达到负压0.1MPa左右的真空度,然后在孔道的另一端用压浆机以不小于0.7MPa的正压力压入优质水泥浆;当水泥浆从真空端流出且稠度与压浆端的基本相同时,再进行特定的排浆、保压,以保证孔道内水泥浆体饱满,提高预应力孔道压浆的饱满度和密实度(如图8-4所示)。

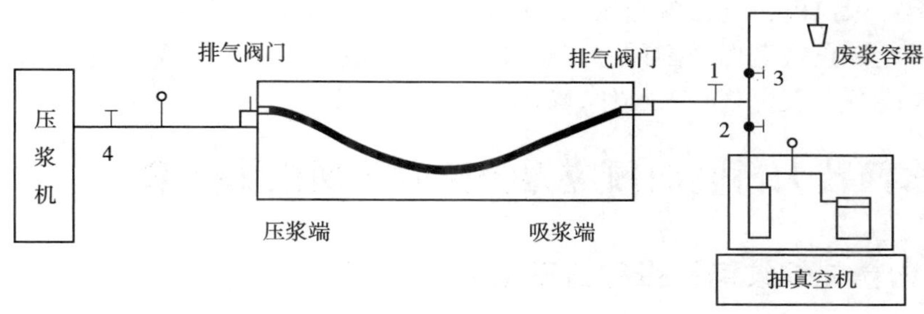


图8-4 真空压浆基本原理

1、2、3、4-阀门

②压浆

将拌浆斗用水湿润,倒净剩水。先加入定量的水再倒入混合料,然后开动拌浆机搅拌,待混合料搅拌均匀后(3~5min),通过滤网,将水泥浆缓缓倒进储浆罐。储浆罐的储浆能力必须大于一条管道所需水泥浆的体积,保证压浆连续进行。储浆罐还应具备搅拌功能,在未灌水泥浆前不停地搅拌。关闭进浆阀、排浆阀,打开排气阀、抽真空阀,拧开进循环水口,开动抽真空泵,待压力表的读数稳定后,打开进浆阀,启动压浆机压浆。待抽真空端的透明胶管内有水泥浆流出时,关闭抽真空阀及抽真空机,打开排浆阀,继续压浆至浆体连续喷出且稠度与压浆端相当时,关闭排浆阀并继续压浆加压至0.7MPa左右,持压2min,关闭进浆阀。持压过程中,从低至高逐一打开埋设于波纹管各个峰顶的排气管,排出残余的空气及泌水,保证管道内浆体饱满。

在长孔道和弯曲孔道中压浆时应及时打通排气孔,做为排气、排水和中继压浆之用。在压浆比较顺利的情况下,适当加大水泥浆浓度;长孔道压浆可适当增加压力。

(4)注意事项:

每个压浆孔道两端的锚塞进、出浆口均安装一节带阀门短管,以备压注完毕时封闭,保持孔道中的水泥浆在有压状态下凝结。

每一孔道宜于两端先后各压浆一次,两次间隔时间以达到先压注的水泥浆充分泌水又未初凝为度,一般为30~45min。

压浆的压力以保证压入孔内的水泥浆密实为准,开始压力要小,逐渐增加,达到最大压力后,稳压,待孔道另一端饱满和出浆,并达到排气孔排出与规定稠度相同的水泥浆为止,压浆结束后将锚具及梁端混凝土上的浮浆冲洗干净完成压浆。

压浆后从检查孔抽查压浆密实情况，如有不实，及时处理纠正。压浆完毕后，要认真填写施工记录。

封锚：孔道压浆后立即将梁端水泥浆冲洗干净，同时清除支撑垫板、锚具及端面混凝土上的污垢，并将端面混凝土凿毛、湿润混凝土表面，以备浇筑封端混凝土。

### 8.3.7 施工中应注意的几个问题

(1)各种预应力材料均应妥善保管，不应出现损伤、油污及锈蚀现象。

(2)合理安排施工程序，当混凝土强度达到设计强度的90%以后即可进行张拉，张拉之后及时进行压浆封锚工作。

(3)定期对张拉设备进行检查校核，确保预应力张拉质量。

(4)绝不允许直接电焊切割预应力束或作电焊零线。

(5)张拉设备专人保管专人操作，确保工程质量和安全。

## 8.4 三水河特大桥竖向预应力张拉力无损检测技术

### 8.4.1 竖向精轧螺纹钢筋张拉力不足原因分析

根据现场检测，在受检的桥梁中都存在张拉力不足的现象，无损检测方法可以在不损坏精轧螺纹钢筋的情况下有效、快捷协助技术人员查找张拉力不足的原因。

(1)由于锚固时是靠工人用扳手将锥形螺母拧紧，螺母的拧紧不到位，是导致张拉力不足的主要原因之一，为避免因螺母没拧紧而导致张力不足，首先在张拉前要把张拉槽的杂物清理干净，保证螺母与锚垫板的密贴；其次进行张拉时技术员要在现场进行监督，防止由于工人偷懒，没拧紧螺母，甚至出现漏拧。

(2)张拉槽的施工质量的好坏也是影响竖向预应力精轧螺纹钢筋张拉质量的主要原因之一。主要表现在：①张拉槽埋置过深导致拧紧扳手转动空间不足而无法拧紧螺母。②张拉槽附近的混凝土密实性差承载力不足被反力凳压碎，导致预应力损失过大。③张拉槽周围的混凝土凹凸不平同样也会引起千斤顶倾斜而导致张拉力不足。

针对以上情况，严格控制张拉槽的施工质量。

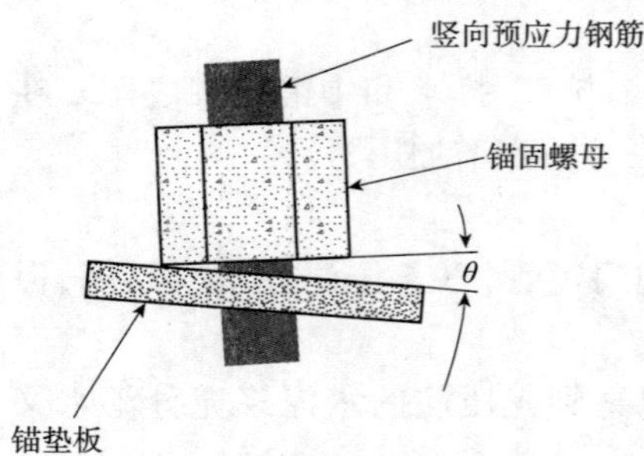


图8-5 锚垫板顶面和锚固螺母底面之间的初始夹角θ

### 8.4.2 竖向精轧螺纹钢筋及锚垫板定位施工

(1)锚垫板如果安装存在较大误差的话，则螺母和锚垫板之间的夹角会导致竖向预应力折减。研究表明：初始夹角$\theta$超过8°后，竖向预应力将完全失效，因此实际施工过程中建议初始夹角$\theta$不能超过3°，如图8-5所示。

(2)设置定位钢筋保证预应力筋轴线铅直，要求定位后管道轴线偏差不大于5mm。上下锚垫板保持水平,并尽量与精轧螺纹钢的轴线垂直,否则造成倾角过大而无法补救;同时要及时清理槽位的残渣,以保证锚垫板与螺母的密贴。为了有效保证竖向预应力精轧螺纹钢筋定位,建议采用如图 8-6 所示进行定位施工,工具中的孔位和横梁的尺寸按照设计图纸制作,在竖向预应力张拉槽安装完成后,再放置如图 8-6 所示的定位工具,混凝土浇筑及凝固后,定位工具可反复利用到下一个箱梁节段施工中。

(3)锚垫板空间定位:实际施工过程中,可在锚垫板下方设置定位钢筋,尽量避免施工过程中混凝土振捣及其他施工步骤导致锚垫板和螺母的初始夹角过大。定位钢筋可焊接在箍筋及锚垫板下方,每个锚垫板至少保证 3 根定位钢筋。

(4)建议进行锚垫板和锚固螺母空间定位检测,检测可采用 LS160 - 60 型激光角度尺[图 8-7a)],量程 0° ~360°,显示 ±90°,在四象限角(0°、90°、180°、270°) ±10°范围以内测量精度 0.1°,能够满足工程科研需要。

测试过程:首先选取一螺母,该螺母水平放置时,顶面倾斜度不大于 0.1°,锚垫板安装固定后,将锚垫板顶面清理干净,将螺母放置于锚垫板顶面上,用激光角度尺测试螺母顶面的倾斜角度,测试时肉眼观测选取倾斜较大的方向,放置激光角度尺观测,并沿放置方向顺时针和逆时针各旋转 45°,取最大倾斜角度,如图 8-7b)所示。

图 8-6 精轧螺纹钢筋竖向定位工具

a)LS160-60型激光角度尺

b)锚垫板倾斜角度测试

图 8-7 锚垫板倾角测试

### 8.4.3 竖向精轧螺纹钢筋施工及张拉要点

(1)在浇筑混凝土时应用纱布或其他物品将波纹管的缝隙堵住防止波纹管进浆。

(2)螺旋钢筋应与锚垫板焊接在一起,防止其在安装后掉落,减少张拉槽周围混凝土的弹塑性,承载力不足容易被压碎,造成预应力损失过大。

(3)把下端的锚垫板与螺母点焊成整体,下端螺母植入混凝土的钢筋长度建议大于 8cm,否则可能因锚固力不够,下端混凝土被逐步压碎,造成张拉力不足但延伸量超标的假象,甚至被拉出。

(4)定期校定油泵,油表和油泵要配套,不能在张拉时随意更换油表。

(5)连接器要及时更换,一般张拉6次左右更换一个连接器。

(6)反力凳的工作面应保证拧紧扳手有足够的转动范围。

(7)同一施工现场应该用统一尺寸的锚垫板和螺母,曾在某工地发现多种规格不一的螺母,导致拧紧扳手与螺母不匹配,出现工人徒手拧紧螺母的现象。

(8)在安放张拉槽盒时,要设置定位线,严格控制槽盒的高度,既不能过高致使浇筑混凝土后,锚具暴露在混凝土外面,也不能过低影响拧紧扳手的转动,而导致螺母不能拧紧到位。

(9)在浇筑混凝土时将张拉槽附近的混凝土振捣密实,保证其有足够的承载能力,并小心地将顶面仔细抹平。

### 8.4.4 竖向精轧螺纹钢筋张拉力检测计算公式

目前我国箱梁施工过程中,竖向预应力的检测几乎为空白。为了有效检测箱梁施工过程中有效的张拉力,基于结构动力学理论,采用现场检测的研究手段,建立了箱梁竖向预应力张拉力和外露段钢筋动力特性的关系。研究结果表明:本方法直接、有效,能够有效监控竖向预应力张拉力,对我国箱梁腹板防裂具有重要的理论及工程应用价值。

视竖向预应力筋外露部分为变刚度的悬臂梁,建立如图8-8所示的模型。

图$AC$段的竖向预应力筋的抗弯刚度为$EI$,$CB$段即锚固段的抗弯刚度为$kEI$,$k$为锚固段刚度增大系数。

将结构的势能用作用在结构体系上等效的功来表示,避免微分运算,参见式8-1。

$$w^2 = (2\pi f)^2 = g\frac{\int_0^L m(x)w(x)\,\mathrm{d}x}{\int_0^L m(x)\,[w(x)]^2\mathrm{d}x} \tag{8-1}$$

式中:$w(x)$——静止的重力荷载所引起体系的挠曲线方程;

$g$——重力加速度。

挠曲线形状$w(x)$可以通过外露段和锚固段本身的静止的重力荷载所引起体系的挠曲线形状$w_q(x)$与加速度传感器的重力$F$所引起体系的挠曲线形状$w_F(x)$的两者之间的叠加求得,如图8-9所示。

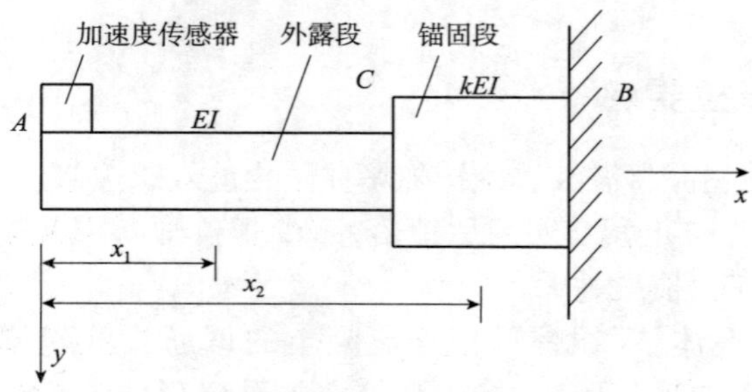


图8-8 外露段力学模型

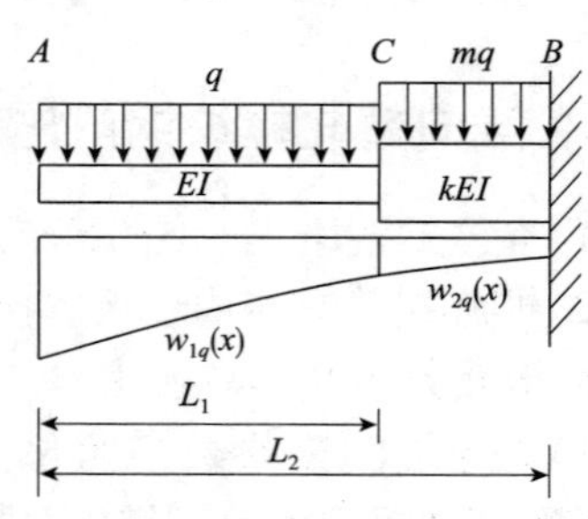


图8-9 外露段自重荷载作用

求得外露段重力荷载(视为均布荷载)作用下各段的挠曲线方程。

$AC$ 段:

$$w_{1q}(x)=\frac{1}{EI}\left[\frac{1}{24}qx_1{}^4+\left(\frac{1}{k}A-\frac{1}{6}qL_1{}^3\right)x_1+\frac{1}{8}qL_1{}^4+\frac{1}{k}B\right]\qquad(0\leqslant x_1\leqslant L_1)\tag{8-2}$$

$CB$ 段:

$$w_{2q}(x)=\frac{1}{kEI}\left[\frac{1}{24}mqx_2{}^4-\frac{1}{6}(m-1)qL_1x_2{}^3+\frac{1}{4}(m-1)qL_1{}^2x_2{}^2+Cx_1+D\right]\qquad(L_1\leqslant x_1\leqslant L_2)\tag{8-3}$$

式中

$$A=\frac{1}{6}mq(L_1{}^3-L_2{}^3)+\frac{m-1}{2}qL_1L_2(L_2-L_1)$$

$$B=-\frac{1}{24}mqL_1{}^4+\frac{1}{3}(1-m)qL_1L_2{}^3+\frac{1}{8}mqL_2{}^4+\frac{1}{4}(m-1)L_1{}^2L_2{}^2-\frac{1}{12}qL_1{}^4$$

$$C=-\frac{1}{6}mqL_2{}^3+\frac{1}{2}(m-1)qL_1L_2{}^2-\frac{1}{2}(m-1)qL_1{}^2L_2$$

$$D=\frac{1}{8}mqL_2{}^4-\frac{1}{3}(m-1)qL_1L_2{}^3+\frac{1}{4}(m-1)qL_1{}^2L_2{}^2$$

在加速度传感器自重($F$)作用下各段的挠曲线方程为:

$$w_{1F}(x_1)=\frac{1}{EI}\left[\frac{1}{6}Fx_1{}^3+\frac{1}{2}\left(\frac{1}{k}-1\right)FL_1{}^2x_1-\frac{1}{2k}FL_2{}^2x_1-\frac{1}{3}\left(\frac{1}{k}-1\right)FL_1{}^3+\frac{1}{3k}FL_2{}^3\right]\qquad(0\leqslant x_1\leqslant L_1)\tag{8-4}$$

$$w_{2F}(x_2)=\frac{1}{kEI}\left(\frac{1}{6}Fx_2{}^3-\frac{1}{2}FL_2{}^2x_2+\frac{1}{3}FL_2{}^3\right)\qquad(L_1\leqslant x_1\leqslant L_2)\tag{8-5}$$

把式(8-2)~式(8-5)代入式(8-1)得到一阶振型频率 $w$ 与锚固段增大系数 $k$ 值的关系方程:

$$w^2=g\,\frac{Y}{Z}\tag{8-6}$$

$$Y=\int_0^{L_1}m_1[w_{1q}(x)+w_{1F}(x)]\mathrm{d}x+\int_{L_1}^{L_2}m_2[w_{2q}(x)+w_{2F}(x)]\mathrm{d}x$$

$$Z=\int_0^{L_1}m_1[w_{1q}(x)+w_{1F}(x)]^2\mathrm{d}x+\int_{L_1}^{L_2}m_2[w_{2q}(x)+w_{2F}(x)]^2\mathrm{d}x$$

式中:$m_1$——外露段钢筋单位长度的质量;

$m_2$——锚固段单位长度的质量。

式(8-6)建立了精轧螺纹钢筋外露段长度 $L$、一阶振型频率 $w$ 与锚固段刚度增大系数 $k$ 的三参数模型。通过测得外露段长度 $L$ 与一阶振型频率 $w$,求解锚固段刚度增大系数 $k$,以下需要解决的是建立锚固段刚度增大系数 $k$ 与有效张拉力 $P$ 的双参数模型。通过锚固段刚度增大系数 $k$ 求得有效张拉力 $P$,从而可以得到竖向预应力筋。

图 8-10　测量外露段钢筋长度

### 8.4.5　竖向精轧螺纹钢筋张拉力检测流程

(1)检查试验设备,确保设备使用正常。

(2)量取精轧螺纹钢外露段长度,如图 8-10 所示。

(3)打开竖向预应力无损检测仪器,输入参数,安装仪器的加速度传感器于外露段钢筋的上端平侧面,如图 8-11 所示。

(4)用橡胶锤子敲击外露钢筋上端的另一平侧面(加速度传感器对面)。

(5)检测信号,如数据稳定,即可把仪器的频率值记录下来,如图 8-12 所示。

(6)检测单位按照箱梁块段施工顺序及时对已经张拉的竖向预应力钢筋进行检测并对记录检测结果。如检测张拉力测试值达到张拉力合格值标准,对外露端钢筋喷蓝色油漆标识,如图 8-13 所示;如张拉力测试值未达到张拉力合格值标准,对外露端钢筋喷绿色油漆标识,通知施工单位对绿色标识不合格钢筋进行补张拉,补张拉后再次检测张拉力直至达到张拉力合格值标准。

具体流程参见图 8-14。

具体测试记录表格参见表 8-1。

图 8-11　安装加速度传感器

图 8-12　测量并记录外露段钢筋频率

图 8-13　精轧螺纹钢筋张拉检测标记(喷漆)

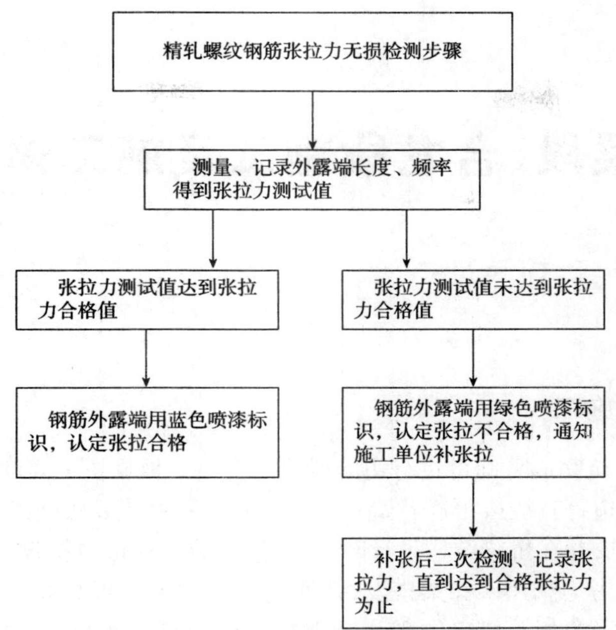


图 8-14 精轧螺纹钢筋张拉力无损检测流程图

**表 8-1 测 试 记 录 表 格**

| 编号 | 外露段长度(cm) | 频率(Hz) | 张拉力测试值 $F$(t) | 张拉力设计值(t) | 补拉外露段长度(cm) | 补拉频率(Hz) | 补拉张拉力测试值 $F$(t) |
|---|---|---|---|---|---|---|---|
| | | | | | | | |
| | | | | | | | |
| | | | | | | | |

测试人员签字：

监理人员签字：

# 9　边跨梁段、合龙段施工及施工体系的转换

## 9.1　一般规定

### 9.1.1　边跨梁段施工

(1)边侧单T浇筑完成后即可进行边跨梁段的合龙。根据桥下高度选择支架方式,宜采用刚性满堂支架;若边跨直线段下净空高度较大,无法采用支架法施工,应由设计单位提出托架施工的指导意见,并在桥梁结构设计时予以考虑,施工单位应按设计要求实施。

(2)支架应优先考虑采用碗扣架搭设,并通过螺杆调节模板高度。若有支架基础,应做好垫层的承压、防水浸的相关措施。现浇托架施工前应进行预压,预压重量为梁段重量的1.2倍,以消除非弹性变形、测量弹性变形,作为底板模板高度调整的依据。预压卸载应均匀对称。

(3)现浇直线段的模板要求与0号块模板要求相同。应采用从桥墩向桥台方向对称悬浇成型法浇筑混凝土。

### 9.1.2　合龙段施工

(1)应按照设计文件要求的顺序对称合龙,一般先边跨、再次边跨、后中跨。若要改变合龙顺序,应由设计单位审定方案,经项目管理单位组织审定后才能实施。若主跨为一跨时,直线段的现浇和跨中合龙段可同步进行。

(2)合龙段两端梁段悬浇时应预留合龙段的吊杆孔,待张拉完毕,利用一只挂篮的侧模、底模及桁架浇筑合龙段。模板、钢筋及预应力索安装时,可通过配重方法调整两端梁段线形吻合、高程相符。

(3)尽量选用设计规定温度的下限进行合龙;若温度过高无法满足设计温度要求,应采用水平顶推。顶推力及方案应由设计单位提供,在监控、监理、设计单位共同监督下实施。

(4)应按设计单位提供的方案进行钢骨架锁定。为缩短锁定焊接时间,可先焊一侧,锁定侧在合龙前2h内刚性锁定。

(5)应按设计要求采用水箱加水法在合龙段两端对称、等重加载配重至两端高程一致,重量符合设计要求。随着混凝土的浇筑应逐级解除配重,使两端高程保持不变。

(6)顶板合龙索应按设计要求施张或放张。

(7)设计单位应对合龙段及合龙段两侧底板进行专门的防崩裂设计,上下两层钢筋每个十字交叉部位设一个钩筋,下端钩住底层钢筋,上端钩住顶层钢筋并焊接牢靠。监理工程师应逐根检查,这是合龙段质量控制的重点之一。底板崩裂如图9-1所示。

(8)合龙段混凝土强度等级应比箱梁混凝土高一级,宜采用微膨胀混凝土,应提前配制并报批。合龙段混凝土应控制在2～3h内一次对称浇筑完成。

(9)在纵向预应力筋张拉前,不得在箱梁上施加或卸除重载。张拉前应解除临时刚性锁定装置。

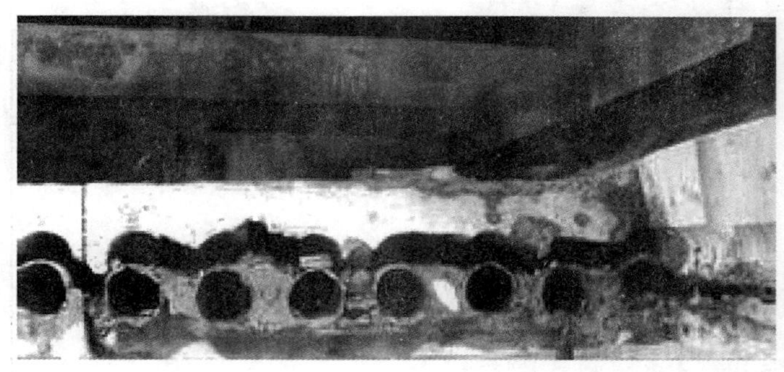

图9-1　底板崩裂

### 9.1.3　施工体系的转换

(1)所有跨合龙后应按设计顺序先短后长张拉剩余跨底板预应力筋。

(2)应先解除临时支座,然后锁定永久性支座,完成体系转换,并由指定检测单位对支座逐一检测评定。

## 9.2　三水河特大桥边跨梁段、合龙段施工工艺

### 9.2.1　边跨现浇段施工

#### 9.2.1.1　简述

现浇段长度594cm,理论质量303.6t。本桥现浇段有其特殊性,在于边跨现浇段和边跨合龙段合二为一,减少了边跨合龙段,边跨现浇段混凝土浇筑过程即为边跨合龙过程。边跨现浇段结构形式如图9-2所示,现浇段施工采用过渡墩墩身安装预埋件,焊接牛腿,用型钢支架支撑,布置形式如图9-3所示。

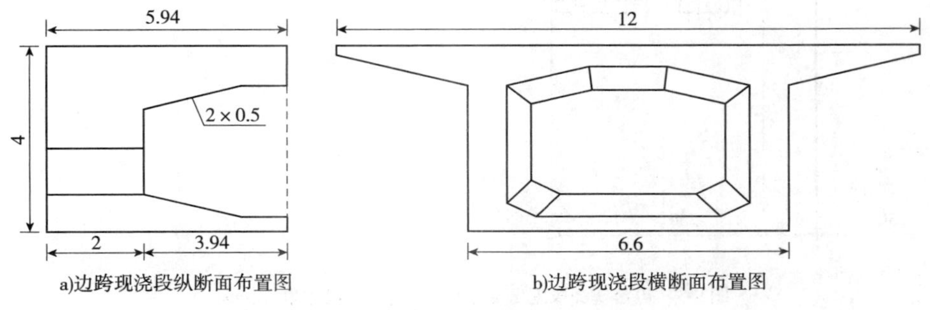


图9-2　边跨现浇段结构形式图(尺寸单位:m)

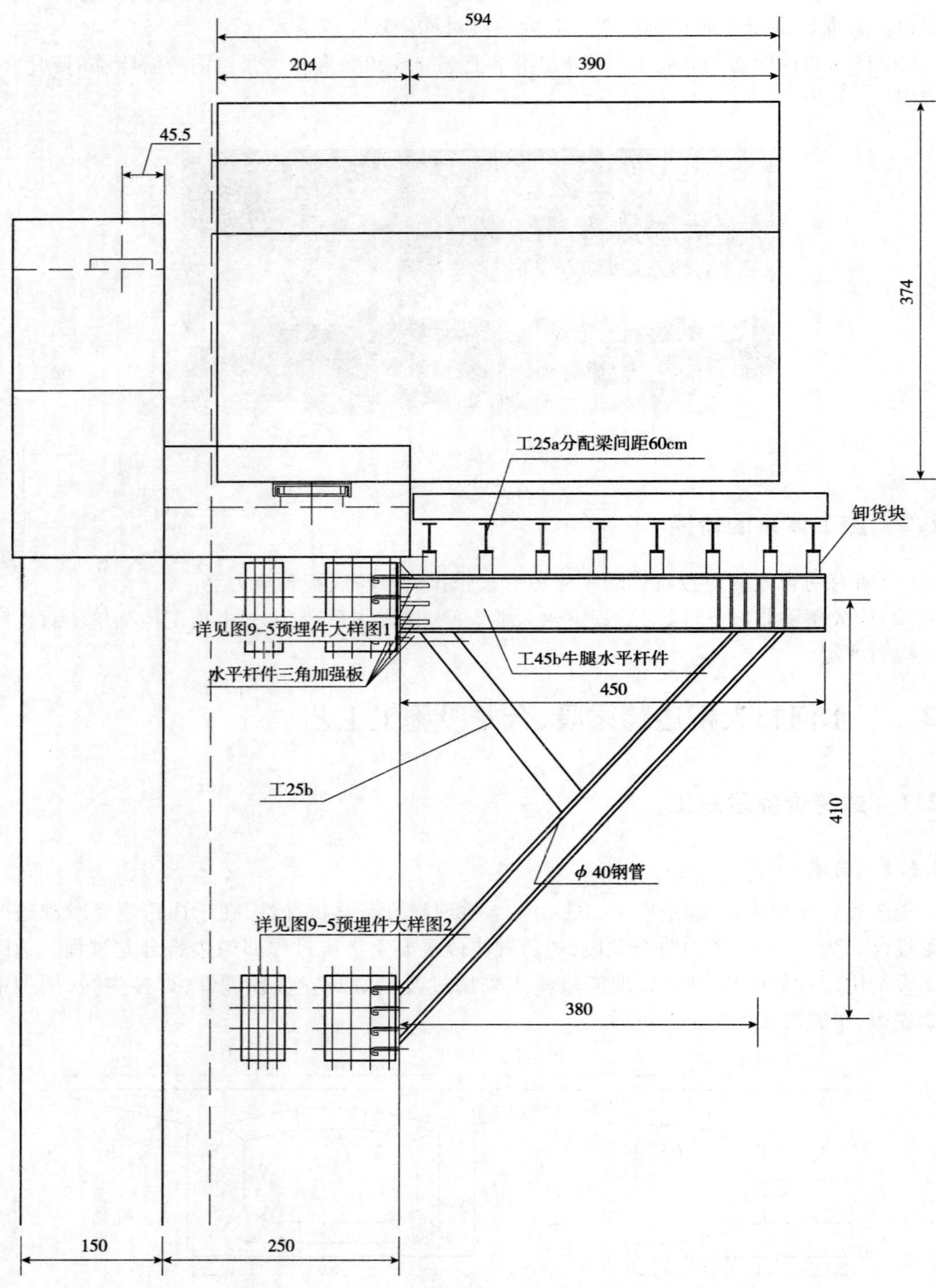


图 9-3 边跨现浇段施工支架搭设示意图(尺寸单位:cm)

#### 9.2.1.2 施工工艺流程图及工艺分析

1)施工工艺流程

施工工艺流程如图 9-4 所示。

2)施工工艺流程分析

三水河特大桥的 10、17 号墩是主引桥的过渡墩,墩身高度分别是 79m 和 75m,而且墩身所处位置都是在河谷两侧的斜坡地带地形起伏较大,斜坡较陡。现浇段总计长 5.94m,而且有 2m 在墩顶盖梁上,只有 3.94m 为悬挑。根据以上结构特点决定现浇段的施工工艺,现浇支架全部采用墩身预埋预埋件,焊接牛腿对现浇段进行支撑。

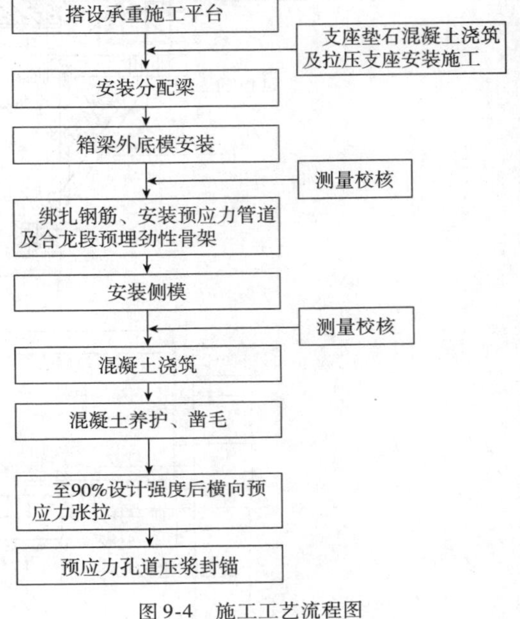


图 9-4 施工工艺流程图

#### 9.2.1.3 牛腿支架施工

1)主要施工方法

墩身预埋件的埋设:现浇段牛腿焊设于预埋在墩身上的预埋件上。预埋件的平面位置及加工图如图 9-5 所示。

墩身预埋件采用 $\phi$32 钢筋与 2cm 厚钢板制作,钢筋与钢板连接均采用塞孔焊。预埋件表面应尽量贴近墩身模板,而且保持表面水平高程一致。

2)牛腿支架的安装

(1)工 32 牛腿斜撑和水平拉杆

工 32 型钢作为支架系统的下横梁,顺桥向共设置 5 列,共 5 根,单根长 5.3m;横桥向共设置 2 列,共 4 根,单根长度为 4.5m,如图 9-6 所示。

(2)工 56 牛腿水平杆件

工 56 型钢在牛腿支架系统共设置 4.5m 的 5 根,3m 的 4 根在牛腿系统中斜撑与工 56 型钢连接处对工 56 型钢进行加强。同时在与预埋件一焊接处设置加强型三角钢板,如图 9-7和图 9-8 所示。

(3)工 56 水平横向分配梁铺设

工 56 型钢采用单片进行铺设。横桥向共设置 8 组。安设牛腿水平连接杆件上,间距按 0.6m 控制。工 56 分配梁与下部牛腿采用焊接,布设方式从墩身起纵向向桥中心线延伸每片间距 0.6m,每个连接点都必须与牛腿工 56 进行焊接。工 56 水平横桥向分配梁向翼缘板两侧悬挑 3m,为加强悬挑部分的整体刚度,上部工 25 的分配梁必须与工 56 分配梁进行焊接,具体如图 9-9 所示。

(4)工 25 水平纵向分配梁铺设

工 25 分配梁垂直安设在工 56 分配梁上,与工 56 分配梁安装方法相同。但是工 25 的分配梁只在箱梁底部位置铺设,其他位置不铺设,直接用脚手架,具体布设如图 9-10 所示。

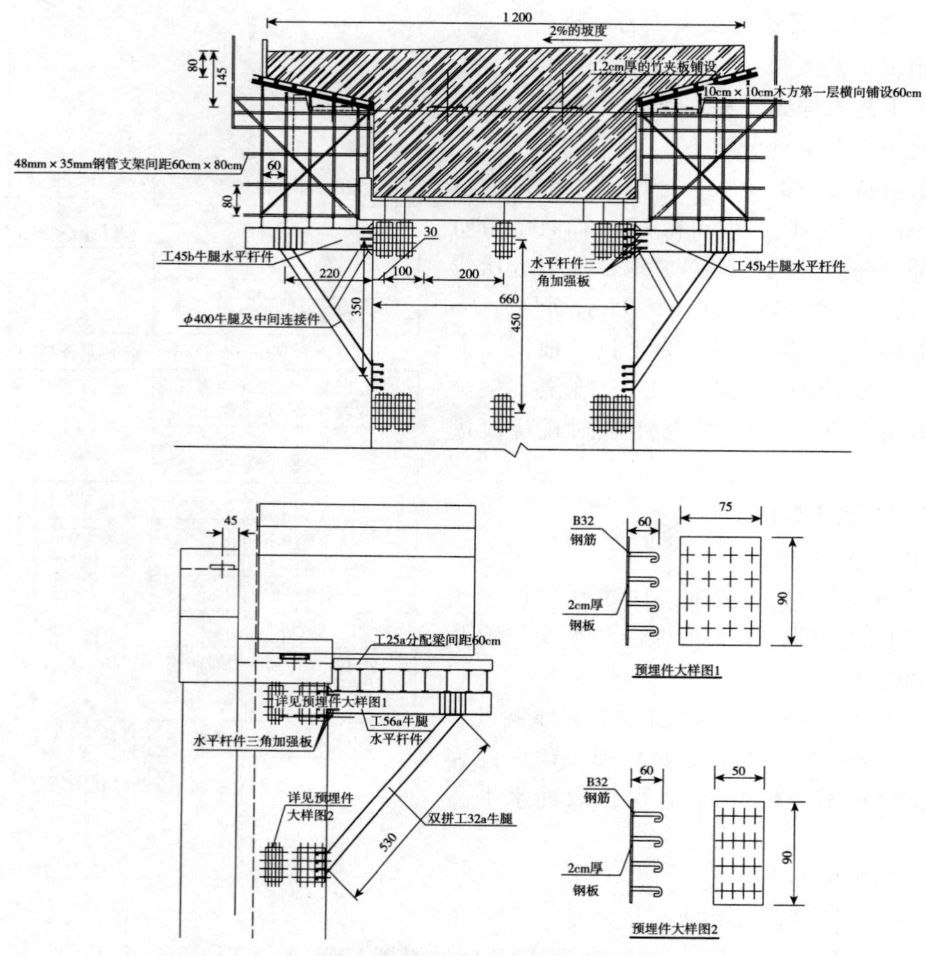


图 9-5 预埋件平面布置及加工图(尺寸单位:cm)

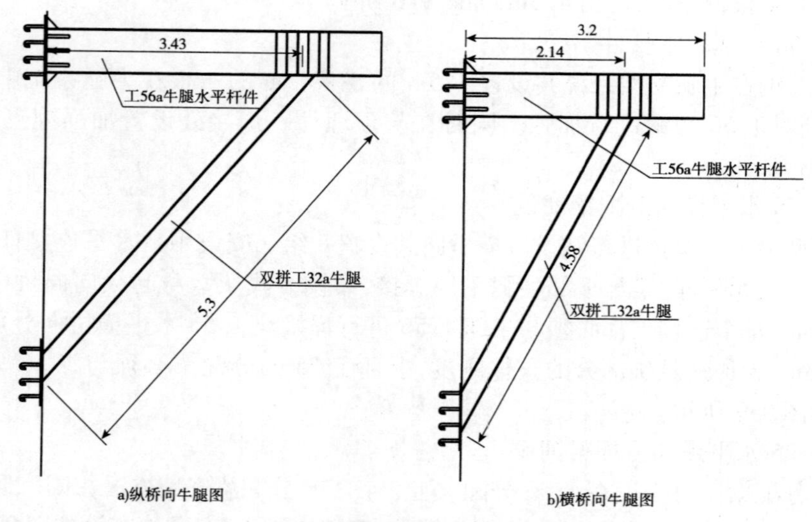


图 9-6 工 32 斜撑大样图(尺寸单位:m)

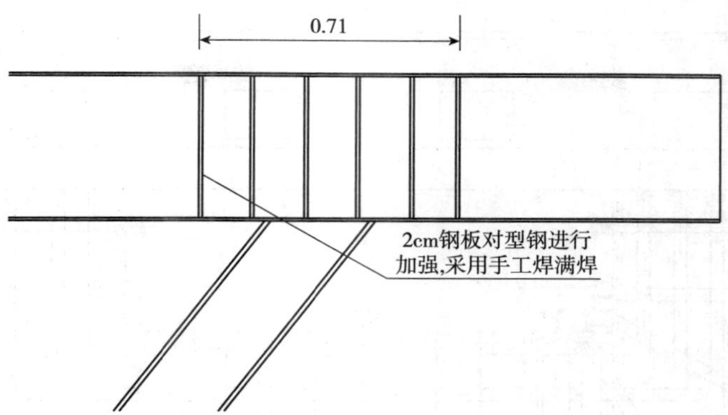


图 9-7 牛腿节点加强大样图(尺寸单位:m)

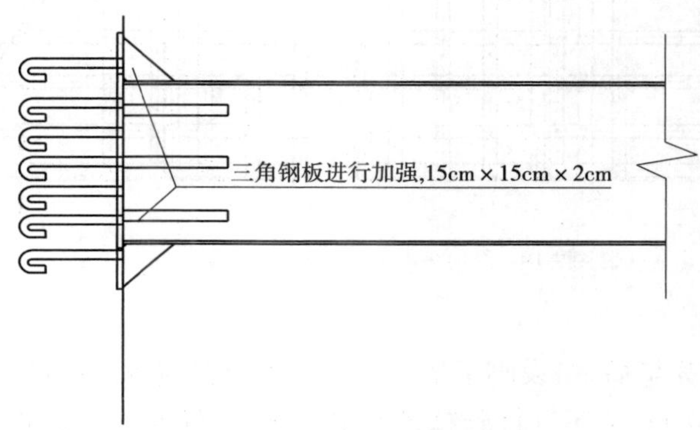


图 9-8 水平工 56 与预埋件处加强大样图

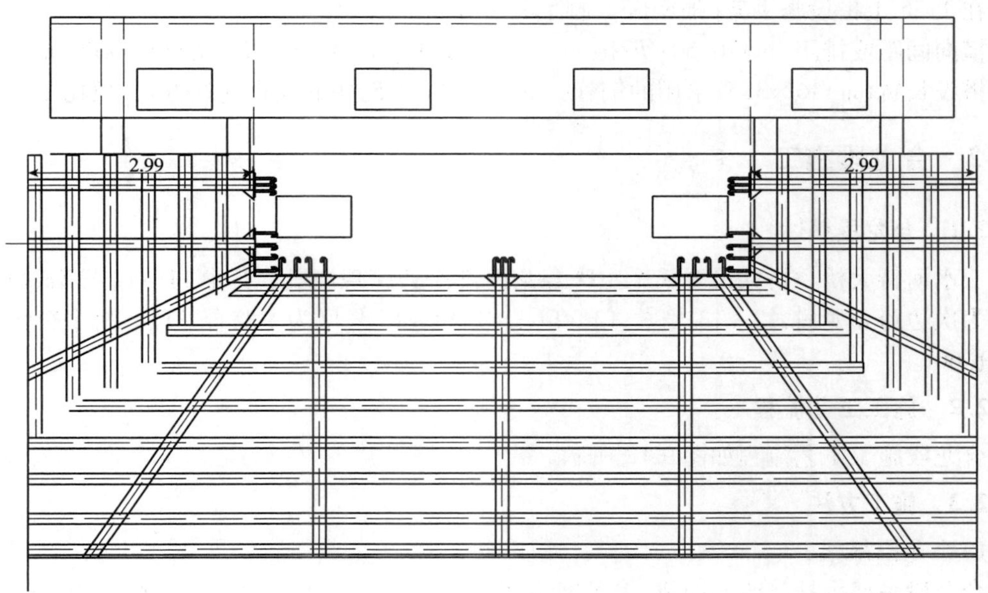


图 9-9 工 56 分配梁布置图(尺寸单位:m)

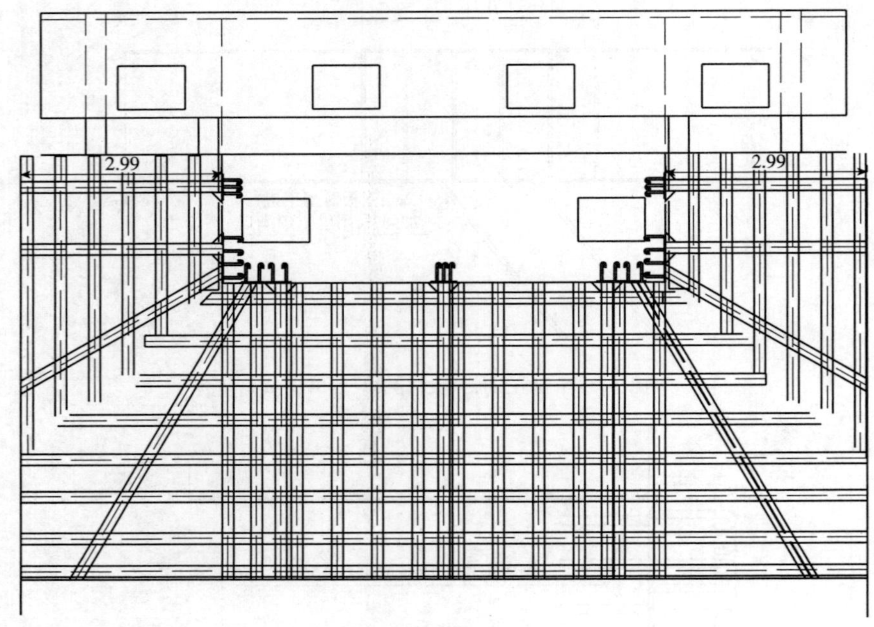


图 9-10　纵向分配梁示意图(尺寸单位:m)

(5)脚手架安装

工 25 分配梁安装完毕后,搭设脚手架。在斜模板位置横桥向铺设 10cm × 10cm 木方,以方便顶托上 10cm × 10cm 木方与竹胶板的连接。整体布设和顶托连接处大样如图 9-11 所示。

在工 25 上搭设脚手架(加密区),脚手架参数如下:

横向间距或排距(m):0.50;纵距(m):0.60;步距(m):1.00;脚手架搭设高度(m):3;脚手架搭设长宽(m):6 ×3.5;采用的钢管(mm):$\phi$48 ×3.5;板底支撑连接方式:顶托支撑。

## 9.2.2　合龙段施工

### 9.2.2.1　合龙段概述

三水河特大桥主桥共设置 5 个主跨合龙段,2 个边跨现浇段。其中 11 ~ 12 号墩、15 ~ 16 号墩为次边跨合龙段,12 ~ 13 号墩、13 ~ 14 号墩、14 ~ 15 号墩为主跨合龙段。每个合龙段长 2m,重 60t。

### 9.2.2.2　施工工艺流程

合龙段施工工艺流程如图 9-12 所示。

### 9.2.2.3　施工方法

1)合龙段吊架

合龙段吊架由挂篮改制而成,该吊架主要由吊杆和工作平台组成。吊杆采用 $\phi$32 精轧螺纹钢筋,工作平台由型钢和钢板组成。合龙段吊架如图 9-13 所示。

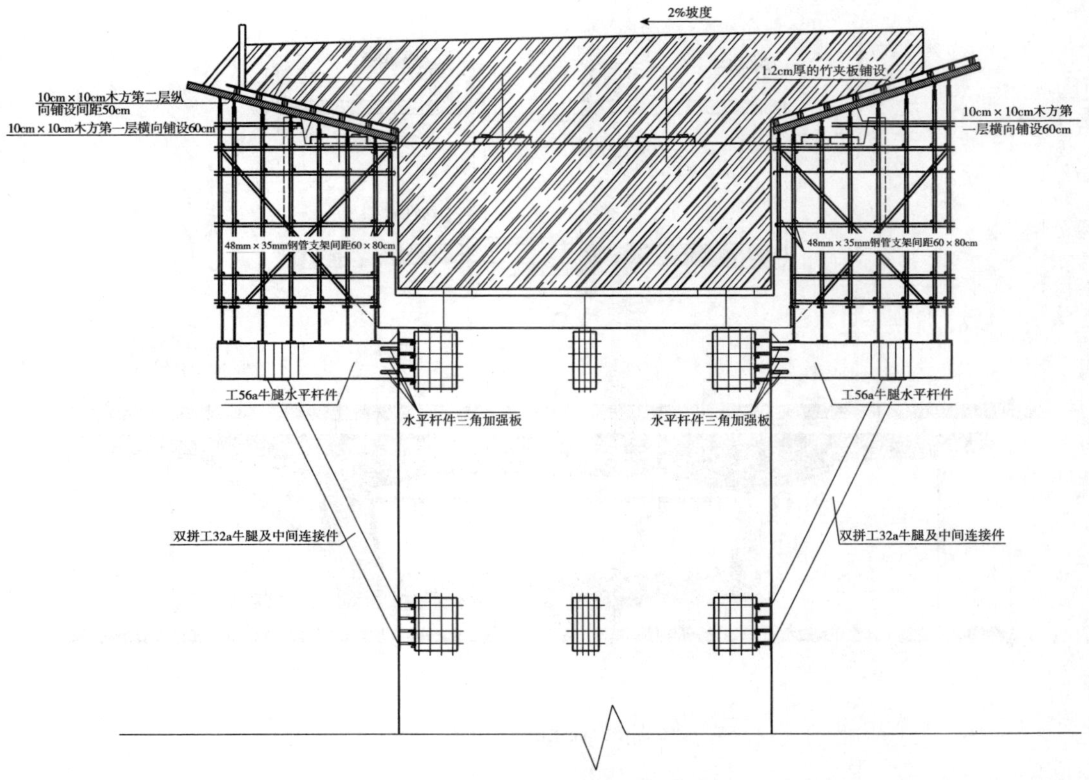


图 9-11　翼缘脚手架搭设示意图

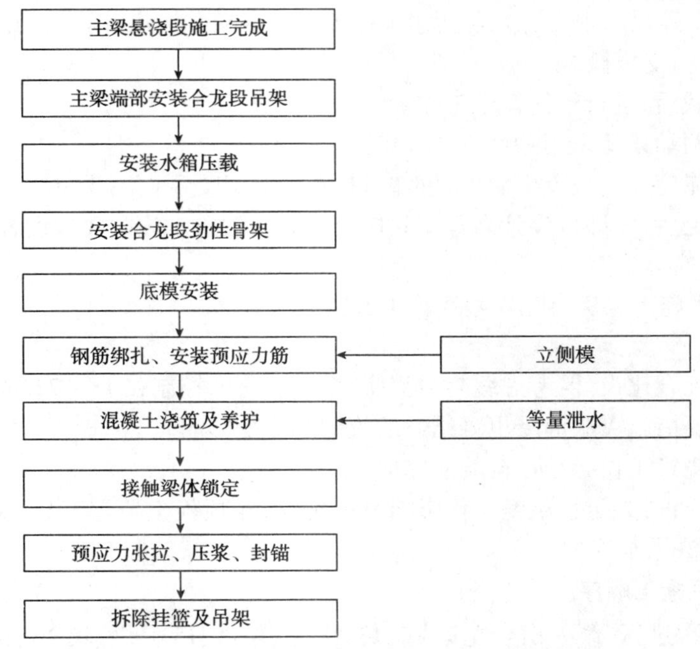


图 9-12　合龙段施工工艺流程图

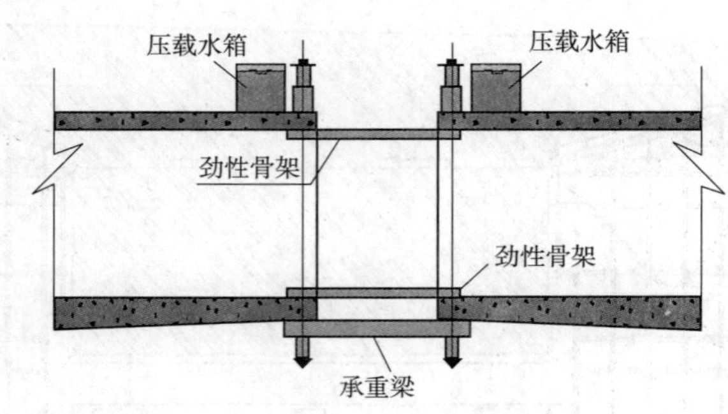


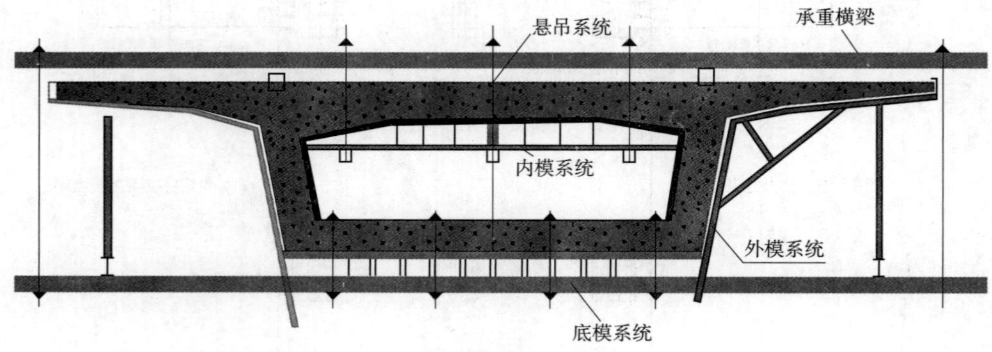


图 9-13　合龙段吊架示意图

2)水箱配重

计算出合龙段混凝土的重量在两边梁段上的分配,根据分配的重量计算出两边梁体端部的挠度,按挠度等效原则在合龙段两边梁体上设置水箱并注入计算出的加水量。

3)梁体锁定与支模微调

(1)水箱压载后,进行梁体锁定工作。

(2)合龙段两端梁体采用劲性骨架锁定。

(3)锁定工作应在一昼夜中温度最低时进行,使其只受压而不受拉。

(4)梁体锁定后,立即按设计高程支立模板。底模按施工控制要求设置预拱度。

4)钢筋及预应力施工

钢筋、预应力施工方法参见 0 号块施工方案。

5)混凝土

(1)混凝土配合比设计:考虑缓凝微膨胀,泵送坍落度控制在 18 ~22cm。

(2)采取必要措施克服混凝土凝结后的收缩和徐变影响。

(3)混凝土浇筑工作必须在初凝前完成。

(4)混凝土养护:为防止温度变化影响产生裂纹,在顶板上覆盖草袋,蓄水养护,其余部分淋水或喷水方法洒水养护。

#### 9.2.2.4　合龙段施工顺序

合龙段分两次进行:第一次合龙第 12、13 号墩,第 14、15 号墩、第 13、14 号墩,第 10、11 号墩,第 16、17 号墩;第二次合龙第 11、12 号墩,15、16 号墩。第二次两个主跨合龙前利用合龙骨架及反力架在最大悬臂端施加2 800kN水平推力,在合龙段混凝土强度达到设计强度的90%后方可解除。

合龙顺序为:主跨、边跨——→次边跨合龙。具体合龙顺序如图9-14所示。

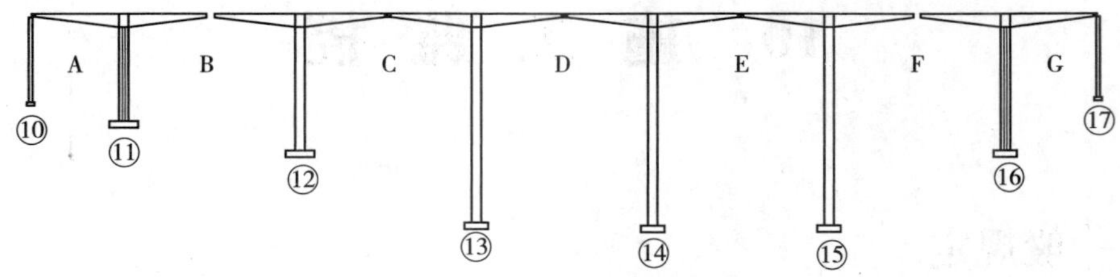


第一次合龙:(1)C、D、E主跨合龙,浇筑边跨现浇段A、G。
(2)张拉A、C、D、E、G顶板合龙束和部分底板束。

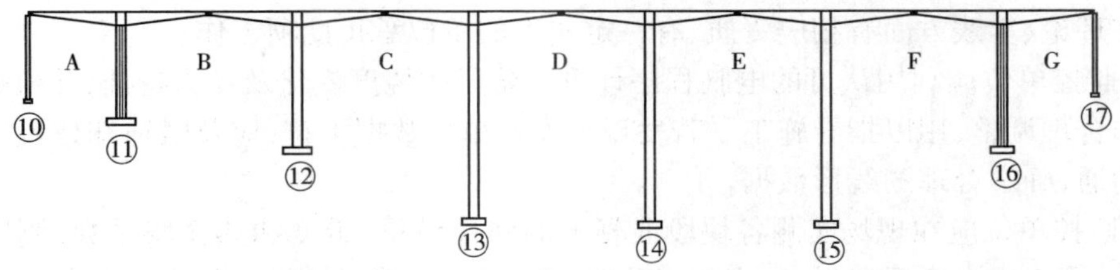


第二次合龙:(1)顶推B、F跨合龙。
(2)张拉B、F跨顶板合龙束和部分底板束。

图9-14 合龙段施工顺序图

### 9.2.2.5 合龙段施工注意事项

(1)合龙段施工水箱配重量应根据监控单位提供的数据和现场实际情况共同确定;

(2)劲性骨架的焊接应迅速完成(2个小时以内)并形成刚构,焊接时在预埋件周边混凝土上浇水降温,避免烧伤混凝土;

(3)合龙段混凝土浇筑应在一天中气温最低时进行,并尽可能在最短时间内浇筑完成;

(4)合同段施工时应尽量避开恶劣天气,如大风等;

(5)混凝土浇筑完成后,待混凝土强度达到90%且7d以上方可进行预应力张拉;

(6)在合龙段混凝土未达到设计强度的80%前不得在跨中范围内堆放重物或行走机械;

(7)合龙段预应力在劲性骨架锁定时张拉20%,混凝土浇筑等待强度达到90%且解除劲性骨架锁定后,张拉张拉剩余部分,张拉须同步、对称、均匀进行;

(8)由于大跨高墩长联连续刚构的合龙在国内可借鉴的经验少,需由监控及设计一起,并邀请相关专家进一步优化,控制施工风险,加强监控,确保工程质量。

# 10 施 工 监 控

## 10.1 一般规定

(1)由于连续刚构桥的结构及施工特点,线形纵断高程的变化和跨中下挠影响桥梁寿命和行车安全,因此过程监控对控制悬浇连续梁质量是非常重要和技术含量较高的一项工作,应选择在理论、实践方面有相应资质、有一定实力的单位承担此项工作。

(2)监控单位应利用认可的电脑程序计算各阶段的挠度变化及受力特征,并根据实际施工荷载作合理调整,用以指导施工。若发现与设计单位数据不符,应及时通知建设单位与设计单位沟通,确定合理的线形数据。

(3)监控单位应在现场实测各块段混凝土的弹性模量、重度和热膨胀系数;测定钢绞线弹性模量、管边应力摩阻损失;测定施工荷载、作用位置、挂篮的弹性和非弹性变形值。

(4)箱梁跨中预拱度应由监控单位提出数值及线形,建设单位组织监理、设计单位及专家论证,参照当地已建桥梁跨中挠度的观测值确定。

(5)在悬浇施工过程中,应坚持监控单位和施工单位背靠背独立测量,在日出前进行。若双方测量结果有出入,应及时查找原因,并重新测定得出正确数据。

(6)应根据各梁段实测数据,对立模高程误差、施工荷载误差、预应力张拉误差、混凝土弹性模量误差、温度影响、徐变误差、测量误差及计算图式的影响进行分析,并对其修正,向施工单位提供立模高程和各截面预留位移。

(7)监控单位应定期向建设单位提交阶段性监控成果报告,交工后提供最终监控报告,及时归档,以便运营期监测的使用。

(8)对于主跨大于或等于100m的高墩连续刚构桥,建设单位应安排在通车开始至运营后三年内连续进行结构监测。

## 10.2 施工控制实施程序

### 10.2.1 主墩施工阶段

本阶段对主要主墩的应力进行监测,掌握应力状态及其变化,同时了解主墩在施工过程中的沉降及变位情况,为后续主梁施工监控做准备。主要工作内容是主墩应变计的埋设及截面的应力观测。

### 10.2.2 主梁0、1号块施工阶段

由于采用支架现浇的施工工艺,因此监控的主要内容为落架前后主梁的高程及控制截

面应力应变变化。初拟以下两个工况。

工况Ⅰ:在支架上浇筑完毕后张拉预应力束;

工况Ⅱ:在支架拆除后。

## 10.2.3 主梁悬臂施工阶段

### 10.2.3.1 监控内容

主梁悬臂施工阶段的测量工作较为繁杂,主要是对主梁的结构变形和控制截面的应力(应变)进行监控,测试内容包括结构几何线形测量、应力(应变)测试和温度场测试。

主梁的结构变形主要测试内容包括:混凝土立模高程测量、混凝土浇筑过程中主梁位移测量、节段施工完成后主梁几何状态测量。为了确保监控结果能准确、快速的指导施工,建议监理单位和监控单位组成几何线形联合测量小组。观测时间一般定在凌晨12点至次日凌晨5点,由监理根据当天的天气状况确定测量时间。

应力(应变)测试内容包括主梁、主墩控制截面的应力(应变)。

温度场测试和应力(应变)测试同步进行,由监控单位独立完成。

### 10.2.3.2 操作流程

主梁标准梁段采用悬臂浇筑,每一个梁段作为一个阶段,每一个阶段又分为四个工况,具体操作流程如图10-1所示。

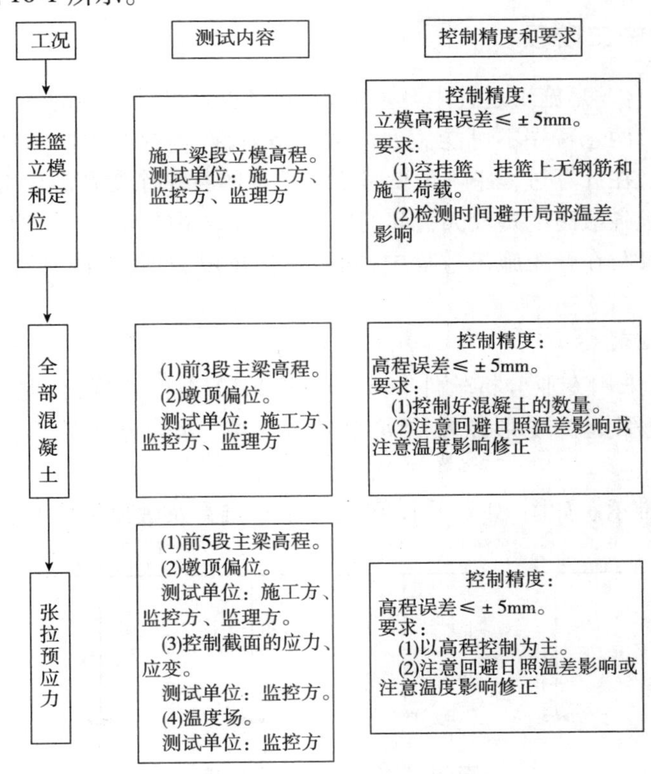


图10-1 主梁标准梁段施工流程图

1)挂篮立模定位

施工方按施工控制指令表中的立模高程进行挂篮定位,然后通知监理和监控方检测其高程值。本工况测试内容:

主梁高程:施工梁段立模高程。

要求:必须确保空挂篮处于悬臂支承状态,不能有钢筋或施工荷载在挂篮上;检测时间应避开局部温差影响(在一天中结构内温度场最均匀的时间);立模高程误差控制在 ±5mm。

2)浇完混凝土

本工况测试内容:①主梁高程:前 3 个梁段;②墩顶偏位。

要求:回避日照温差的影响;高程误差控制在 ±3cm。

3)主梁预应力张拉完成

本工况测试内容:①主梁高程:前 5 个梁段;②墩顶偏位;③控制截面应力应变;④温度场测试。

要求:回避日照温差的影响;高程误差控制在 ±3cm;阶段施工控制验收:预应力张拉完毕,挂篮移动前,是连续刚构的一个阶段施工结束的标志。一个梁段完成后,由控制方汇集所有的观测资料,由施工控制工作小组下达下一梁段施工控制指令表,并对上一梁段的控制情况作简要评述。指令表经有关方签认后进入下一梁段施工。连续刚构桥施工 5 个梁段左右后进行一次施工控制小结,对有关设计参数作一次系统调整。

### 10.2.4 合龙段施工阶段

连续刚构桥的合龙是施工过程中至关重要,同时也是最难控制的环节,在分段施工过程中的长悬臂状态下,两悬臂端不可能做到荷载严格对称,当存在单向纵坡、墩多且高度不等时尤为明显。因此,在计算过程中不但要考虑到单独的收缩徐变及温度对合龙的影响,由桥墩高度的逐渐增加、各墩高度差较大引起的墩身压缩、墩顶的水平、转角位移等也不容忽略。其解决的普遍方法为:在合龙施工过程中,同施加预拱度类似,在两悬臂端施加一定的水平顶推力。

1)合龙顶推计算

合龙顶推计算采用专业分析软件 Midas Civil 2012 进行计算,合龙顶推力计算考虑了混凝土的收缩徐变引起的变形以及合龙温度的影响,综合分析后得到顶推力与位移的关系。

(1)第一次顶推示意如图 10-2 所示,各温度下顶推力及墩顶位移如表 10-1 所示。

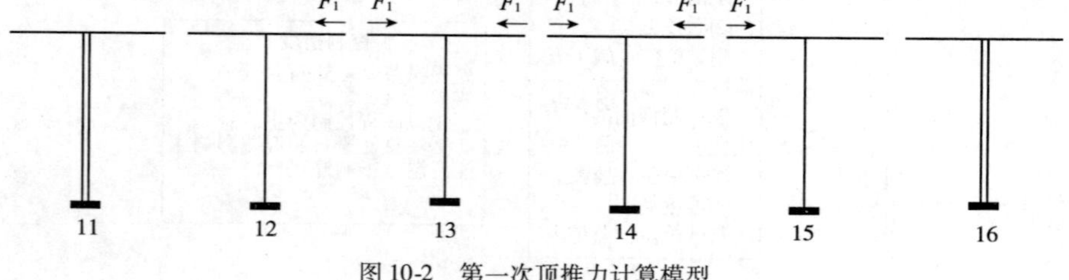


图 10-2 第一次顶推力计算模型

**表 10-1　三水河特大桥第一次顶推力时墩顶产生的位移**

| 合龙温度(℃) | 顶推力(kN) | 墩顶位移(mm) | | | |
|---|---|---|---|---|---|
| | $F_1$ | 12 号墩 | 13 号墩 | 14 号墩 | 15 号墩 |
| 10 | 1 200 | -56.3 | 2.7 | 2.9 | 96.5 |
| 12 | 1 284 | -60.2 | 2.9 | 3.1 | 103.2 |
| 14 | 1 368 | -64.2 | 3.0 | 3.2 | 109.9 |
| 16 | 1 452 | -68.1 | 3.2 | 3.4 | 116.7 |
| 18 | 1 536 | -72.1 | 3.4 | 3.6 | 123.4 |
| 20 | 1 620 | -76.0 | 3.5 | 3.7 | 130.1 |

注:表中正值表示向右变形,负值表示向左变形。

综上可得,假定主桥实际合龙温度为$(10+\Delta T)$℃,第一次顶推力为$(1\ 200+42\Delta T)$kN,各墩墩顶产生的位移量(单位:mm)为:

12 号墩:$\Delta_{12}=-56.3+0.42\Delta T\times(-4.7)$;

13 号墩:$\Delta_{13}=2.7+0.42\Delta T\times0.2$;

14 号墩:$\Delta_{14}=2.9+0.42\Delta T\times0.2$;

15 号墩:$\Delta_{15}=96.5+0.42\Delta T\times8$。

(2)第二次顶推示意如图 10-3 所示,各温度下顶推力及墩顶位移如表 10-2 所示(第二次顶推对 12 ~ 15 号墩顶位移量在 ±2mm 以内,不予考虑)。

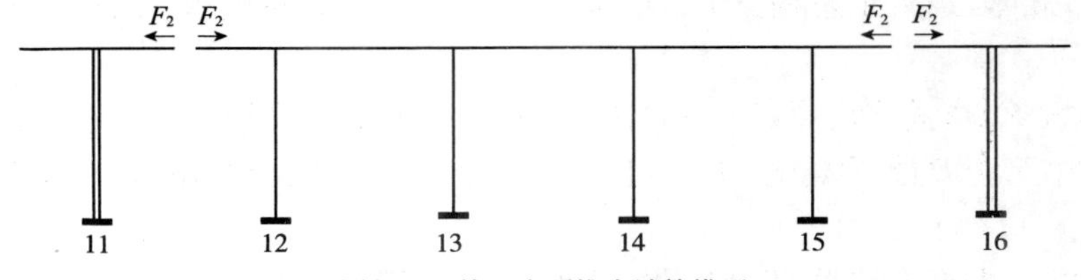


图 10-3　第二次顶推力计算模型

**表 10-2　三水河特大桥第二次顶推力时墩顶产生的位移**

| 合龙温度(℃) | 顶推力(kN) | 墩顶位移(mm) | |
|---|---|---|---|
| | $F_2$ | 11 号墩 | 16 号墩 |
| 10 | 2 400 | -94.1 | 94.0 |
| 12 | 2 624 | -102.8 | 102.7 |
| 14 | 2 848 | -111.6 | 111.5 |
| 16 | 3 072 | -120.3 | 120.2 |
| 18 | 3 296 | -129.0 | 128.9 |
| 20 | 3 520 | -137.8 | 137.7 |

综上可得，假定主桥实际合龙温度为$(10+\Delta T)$℃，第二次顶推力为$(2\,400+112\Delta T)$kN，各墩墩顶产生的位移量(单位:mm)为：

11 号墩：$\Delta_{11} = -94.1 + 1.12\Delta T \times (-3.9)$；

16 号墩：$\Delta_{16} = 94.0 + 1.12\Delta T \times 3.9$。

2)合龙前准备工作

在合龙前，监控方根据合龙施工方案详细制订合龙顶推监控方案，方案要考虑不同的合龙温度下的顶推力，顶推位移。在主梁后3节段施工过程中，必须加强对合龙段进行中线测量，保证合龙段轴线偏差小于规范以及设计要求。及时收集荷载变化与挠度变形的关系（挂篮移动前后，张拉前后，混凝土浇筑前后），并且高程偏差应与现浇梁段进行对比，及时调整，避免合龙段高差超过要求而难于控制梁面平整度。

合龙前10天均必须建立准确的温度场。24号块段施工完成后，派专人连日观测昼夜的温度场变化（每天每隔一小时一次），同时密切关注温度与合龙高程、合龙长度变化的关系。

在合龙顶推的过程中，监控方需要同时观测合龙温度，合龙口的长度，墩顶位移，悬臂端高程的变化，保证合龙精度满足要求。

3)合龙施工过程

(1)架立吊架、模板，绑扎普通钢筋。

(2)根据温度测试结果，确定最佳合龙时段，安装合龙劲性骨架，根据实际合龙温度与设计温度差确定顶推力，并进行顶推。顶推时采用力和位移双控。顶推位置为悬臂端箱梁腹板和顶板交界处，顶推过程必须按照同步和逐级加载的原则，加载分四级，假定顶推力为1 500kN，则依次为500kN→1 000kN→1 250kN→1 500kN。加载时，同步测量各个墩顶和中、边跨悬臂端部梁体位移和高程变化，同时量测千斤顶活塞的行程，以便与位移观测值相校核。

(3)顶推完毕，并将劲性骨架另一端焊死，根据设计文件张拉临时合龙束，不灌浆。

(4)浇筑中跨合龙段混凝土，边浇筑边调整合龙段两侧的配重，浇筑完毕时配重全部卸掉。

(5)养生混凝土至设计强度，然后根据设计文件要求，张拉预应力束。

(6)拆除中跨合龙段模板、吊架。

4)合龙段施工要求

合龙段施工是本桥的关键阶段，监控单位根据以往经验，提出以下几点要求：

(1)挂篮后退后必须清除T构上不必要的施工荷载，必须预留在T构上的荷载应放于0号块上并使之处于相对平衡的状态，并保持箱梁内清洁。

(2)合龙段模板不易过长，边跨合龙段底模应与边跨现浇段和最大悬臂段箱梁底面贴紧，中跨合龙段底模应与相邻两悬浇箱梁底面贴紧，以保持较好线形。

(3)合龙时机必须由监控单位根据温度测试结果进行锁定，尽量使实际合龙温度接近设计要求的合龙温度。监控单位将提前提供给施工单位合龙时段，以便施工单位有充足的时间做好准备工作。

(4)合龙时机尽量选在温度相对较低且稳定的阴天或晴天的凌晨进行锁定，锁定时间尽量短，要求施工单位提供监控单位浇注混凝土的时间，以便监控单位确定最短的锁定时间。

(5)注意配重水箱的安全,水箱放水量与混凝土浇筑量密切配合,协调进行,要求施工单位做好每次放水量,放水次数尽量多些,每次放水量尽量少些,以减小混凝土与放水量之间的重量差引起的较大的线形变化。

(6)加强混凝土养护,合龙段混凝土浇筑完毕后,应立即加强养护,使之保持湿润,并覆盖,以减少日照直射的温度影响。

总之,合龙段施工应多方面统筹,选在温度变化非常微小的时间进行,采取合龙时间要控制的尽量短、焊接主筋、浇筑混凝土要迅速、混凝土养护要得当、张拉预应力束要及时等措施以保证合龙段施工的顺利完成。

### 10.2.5 二期恒载施工阶段

本阶段主桥施工已基本完成,主要工作是监测结构的变化与理论计算是否相符,分为以下三个工况。

工况Ⅰ:拆除支架、挂篮;

工况Ⅱ:桥面铺装、护栏、照明等荷载;

工况Ⅲ:主桥竣工。

其中工况Ⅰ、Ⅱ主要测试内容为:①主梁四分点的高程;②控制截面应力;③墩顶偏位测试;④桥墩沉降观测;⑤温度场测试。

工况Ⅲ时,对全桥进行全面复测,此次复测也作为监控方的竣工验收。测试内容为:①主梁八分点的高程;②控制截面应力;③墩顶偏位测试;④桥墩沉降观测;⑤温度场测试。

## 10.3 施工控制的精度原则及总体要求

### 10.3.1 控制精度和原则

1)控制指令执行原则与允许误差

(1)立模与预应力张拉必须在一天中相对稳定均匀温度场(一般为日出前)中完成;

(2)立模高程允许误差:±5mm。

2)局部线形控制要求

相邻节段相对高程误差不超过0.3%(附加纵坡)。

3)已浇梁段以及成桥后主梁系统控制误差

(1)高程误差:$\pm L/6\,000$,其中$L$为跨径(m);

(2)箱梁悬臂现浇施工中,梁段高程容许误差为±15mm,中轴线位置允许误差为5mm;

(3)悬臂现浇合龙的主要精度:悬臂合龙的中线位置误差不大于10mm;悬臂合龙的高程差在±20mm之内。

4)主梁重量控制要求

按施工规程要求对主梁横截面尺寸的误差严格控制。

5)主墩控制精度

施工允许误差:墩顶允许偏值为$H/3\,000$($H$为墩高),墩顶高程允许偏差±20mm。

### 10.3.2 实施中的总体要求

(1)严格控制施工临时荷载。测试时桥面吊车必须开至0号梁段位置,材料堆放要求定点、定量。

(2)几何测量工作建议由施工方、监控方及监理方组成联合测量小组进行,以便于在现场及时校对,应力应变、温度测试由监控方独立完成。

(3)所有观测记录须注明工况(施工状态)、日期、时间、天气、气温、桥面特殊施工荷载和其他突变因素。

(4)每一施工工况完成后,由有关方进行测试,确认测量结果无误后方可进行下一工况的施工。

(5)主梁挂篮立模和预应力张拉前后的测试工作必须回避日照温差的影响。

(6)每一施工阶段完成后,有关方把数据汇总至监控方,由监控方进行数据分析后,下达下一施工阶段的控制指令。

(7)控制指令表经有关方签认后方可执行,才能进行下一梁段的施工。

### 10.3.3 施工监控预警系统

通过对连续刚构桥修建过程中的每一施工阶段的仿真分析和计算,可以求每一施工阶段施工监控参数的理论值,从而可以确定相关控制参数从施工开始直至全桥竣工时的理论参考轨迹。而实际施工中,由于各种因素的影响,施工控制参数实测值与理论值会产生差异,通过有效的施工控制,这种差异不会很大,但考虑到某些非确定因素的影响,确定差值的上限,对保证全桥结构安全、控制效果及施工控制的顺利进行是十分必要的。三水河大桥的相关施工控制参数及其在各个施工阶段差值限值见表10-3。

表10-3 施工控制参数误差限值表

| 结构部位 | 控制参数 | 单位 | 上限 |
|---|---|---|---|
| 主梁 | 控制截面正应力 | MPa | ±1 |
| | 横隔板横向应力 | MPa | ±1 |
| | 梁段高程 | cm | ±3 |
| | 同一断面左右两点高差 | cm | ±2 |
| | 轴线偏差 | cm | ±1 |
| | 纵向位移 | cm | ±2 |
| 主墩 | 水平变位 | cm | ±3 |
| | 高程 | cm | ±2 |
| | 控制截面正应力 | MPa | ±1 |
| 承台 | 沉降 | cm | 0.5 |

在施工过程中,施工控制参数实测值与理论值偏差如大于表中上限值时,应立即暂停施工,召开施工监控工作小组会议,各方应积极配合监控方,仔细分析情况,查找原因,确定最终解决方案。

## 10.4 监控质量保证体系及措施

### 10.4.1 建立健全质量保证体系

三水河大桥的施工监控将严格按照招标文件及有关规定做好质量管理，并深入开展贯彻质量保证标准和质量改进活动，建立本项目的质量保证体系，把质量管理的每项工作具体落实到每个部门、每个人，使质量工作事事有人管，人人有职责，办事有标准，工作有检查，检查有落实，使全体人员都担负起质量责任。

成立以项目负责人为组长的全面质量管理领导小组，副组长由工地负责人和技术负责人组成，组员由项目参加人员组成。质量保证体系框图如图10-4所示。

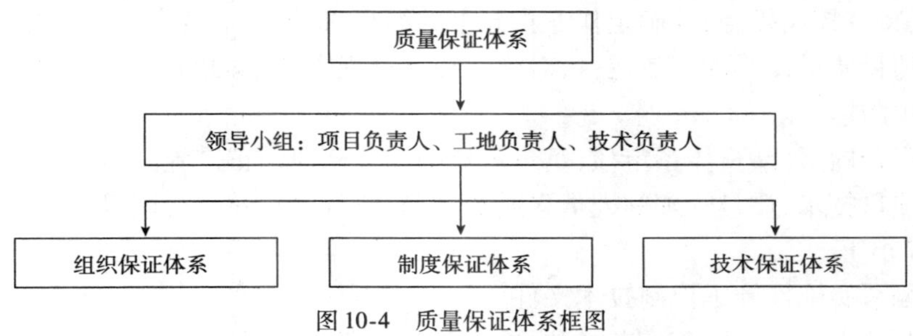

图10-4 质量保证体系框图

### 10.4.2 组织保证体系

按照质量责任制的原则，建立项目负责人、工地负责人、技术负责人、监控小组等各级组织体系，并建立与各级责权利相统一的运行机制，如图10-5所示。

### 10.4.3 制度保证体系

1)岗位责任制度

将质量管理目标分解细化，实施岗位责任制。确保技术到位，责任到人。

(1)项目负责人

项目总负责人代表我单位履行对甲方的工程承包合同，组织贯彻执行项目质量方针、目标、质量手册和程序文件，确保质量体系的有效运行。

(2)项目工地负责人

①负责本项目质量计划的实施，组织制定本项目各种质量管理办法。

②负责本项目的组织分工，明确人员职责，发挥广大员工的积极性；负责项目员工的质量教育和培训。

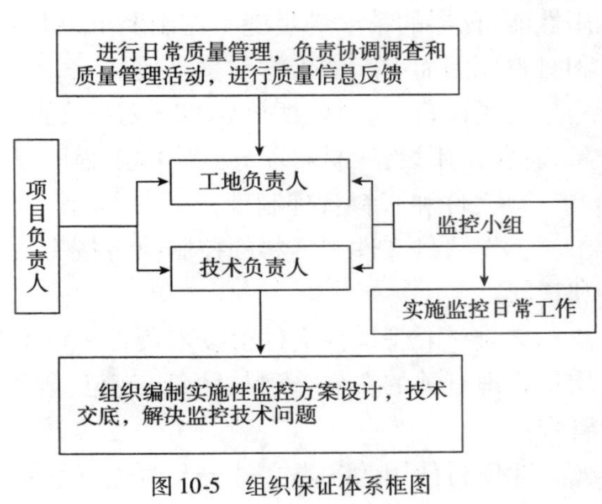

图10-5 组织保证体系框图

③主持对项目质量计划执行情况的检查,及时解决质保体系运行中的问题。

④组织实施不合格项的纠正和落实预防措施。主持召开项目质量工作会议,积极开展各项管理活动,保证实现项目质量目标。

⑤配合内、外部质量体系审核,对审核中发生的不合格项及时采取纠正措施。

⑥认真贯彻落实上级管理评审纪要/决议。

⑦根据项目分工,由项目负责人分管质量部门的质量计划的落实情况。负责了解和掌握分管部门职能的实施情况,负责检查本项目质量计划在职责范围内的实施效果,对质量体系运行状况提出改进意见。

(3)项目技术负责人

①贯彻执行有关技术管理规定,组织实施项目规定的技术措施,组织制定本项目有关质量管理办法。负责组织实施性施工控制技术文件的编制,确定本项目的特殊过程和关键过程,组织制定特殊控制措施,并确定作业指导书的编写,指导监控技术人员做好质量记录。

②负责项目质量体系的有效运行,对施工控制过程中产生的问题进行处理,制定并组织实施纠正和预防措施。

③积极配合内、外质量体系审核,负责审核中不合格项纠正措施的落实。

④负责项目技术、质量管理等人员素质的培养,监督检查其履行职责。

(4)监控小组

①计算编写实施性施工控制技术文件。

②负责监控方案的实施,对有关问题进行分析处理。

③负责规范、标准、技术文件和资料日常管理。

④负责本项目有关资料、记录的填写、收集和汇总工作。

2)设备仪器、材料管理制度

①根据施工计划,设备、材料用量要满足施工要求,应在开工前提前做好设备、材料的采购工作。

所有的仪器设备、材料生产厂家必须具有质量保证体系,进场前必须经抽样检验合格,并在进料全过程中,由验收人员进行质量检验。严把质量关,杜绝不合格产品用于工程中。

②加强设备、材料的管理。经常进行监控仪器设备的标定、材料的检验,确保设备的使用性能、仪器的精度满足施工控制要求以及确保合格的材料用于工程中。杜绝由设备、仪器和材料原因而引起的工程质量事故。

现场设备、材料的摆放要整齐划一、分门别类,堆码有序,不得出现混乱、杂乱无章的现象,避免误用设备、材料而导致影响工程质量情况的发生。

3)文件和资料管理制度

①本项目文件和资料的控制执行按有关的规定,保证施工监控过程中使用有效的文件和资料。

②对一般管理性文件由技术负责人负责管理;对上级、外来或本部制定的技术文件和与质量管理有关的文件、资料、图纸、规范、规程、标准、质量记录等由监控技术人员负责统一管理。

③项目使用的各类文件要及时进行编号,并对"作废"文件按有关规定进行处理。

④现场使用的设计图、定型图等均经文件和资料保管人员检验,保证持有效版本。

⑤甲方、设计单位发来的变更设计图纸、文件等,由项目技术负责人负责通知每一个有关人员。

⑥向甲方、监理、设计等单位和项目上报的文件和资料由项目负责人审批和签发。

4)质量管理制度

(1)施工准备阶段的质量控制

①图纸会审。对设计图纸认真审核,弄清设计意图,对图纸不明确的地方及时请教设计单位,予以澄清。

②施工控制技术文件的制定。施工控制方案和施工控制仿真计算书是指导施工控制的全面性技术文件,控制方法的正确性以及控制计算的准确性是影响工程质量的重要因素。在工作中要严格执行技术复核制度,需对计算结果、控制方案进行多次审查核实,并做好开工前的各项技术交底工作。

③根据施工控制的特点,制定施工控制质量预防措施,消除施工控制过程中潜在的不合格因素,消除质量通病。

(2)施工阶段的质量控制

①严格做好技术交底。包括施工控制方案技术交底,没有技术交底的项目不得开工。

②选派责任心强的技术人员,加强对整个工程的施工控制,严格执行质量管理制度。

③严格按规定做好各项监控工作,建立健全自检体系,坚持复核制度。

④要保证仪器设备的准确性。对各类仪器按期进行检查、维修和保养,保证仪器的精度和准确性,使其满足施工需要。

⑤如出现质量事故,由技术负责人组织有关人员对事故原因进行分析,提出缺陷修复方案和质量整改措施,报监理工程师批准后实施。对事故责任者将予以经济处罚,通报批评,直至限令其离开工地,以杜绝类似事故的再次发生。

⑥服从业主、监理单位、设计单位的检查、指导和监督,虚心接受他们提出的改进意见,积极与建设、设计、监理单位搞好配合工作。根据合同条款的要求,在监理工程师的监督和指导下施工,并如实地向监理工程师汇报工程进度和质量情况。

⑦建立工程监控技术档案,做好竣工资料的编制。平时注意资料的积累,工程竣工时按建设单位的要求,提交竣工文件。

5)教育和培训制度

对进场的全体技术人员进行质量、技术规范化教育,由项目负责人或技术负责人进行培训、授课或技术交底,有计划地提高人员素质,确保工程质量。

### 10.4.4 技术保证体系

本工程的技术管理除了按管理权限及工作内容进行详细的分解并落实到所有技术管理人员外,我们还将实行如下的管理制度,确保工程质量。

1)施工控制方案审批及技术复核制度

(1)施工控制技术文件由技术负责人组织编写。施工控制计算采用功能强大、计算结果可靠准确、应用成熟的专业软件。技术文件的编写实行严格的复核制度。

(2)施工控制技术文件必须在开工前 15 天上报工地负责人审核。并报项目负责人审批。

(3)施工控制技术文件必须经监理等各级审批并按审批意见进行修改完善,并经业主批准后方可实施。

2)技术、质量交底制度

技术、质量的交底制度是技术管理的一项基本工作,通过技术交底,使得技术工作传递信息时,做到全面、准确。交底必须采用书面签证和语言表述相结合的形式,具体可分以下几种情况:

(1)实施性施工监控方案编制完毕,并审批后,由项目负责人牵头,技术负责人组织全体人员认真学习方案,并进行技术、质量、安全书面交底,列出监控部位及监控要点。技术人员必须做到交底不明确不上岗。

(2)在施工过程中,所有发生的技术方案、监控成果等在向基层进行信息传达的时候,都必须进行技术交底。

3)技术保证措施

(1)设置的变形观测基准点必须稳定可靠,并定期对其稳定性进行检查,加强对监测设施的保护。

(2)所有变形观测应在施工前读取初始值。应力及内力量测应在元件埋设好后,立即测出初始值。应力检测与变形观测同步进行。

(3)监控应按计划、有步骤地进行,严格按照施工监控方案实施,使用的仪器在监控过程中应保证其精度和可靠性。

(4)组织有经验的专业工程技术人员进行监控施工,做好监控的记录和资料保存,并报送监理审查。当发现超过预警监测值时,及时报告监理并及时采取补救措施。

(5)对大量的量测信息,使用计算机引进计算和绘图软件进行数据现场处理和绘图,及时利用量测信息反馈来指导工程施工,确保全过程安全施工。

施工监控具体包括预测、监控和反馈等几个主要阶段,对监测结果采用反分析法和正分析法进行预测和评价,以预测施工参数,进行综合分析判断,预测结构物的安全状况,指导施工,反馈设计。监控—预报反馈系统框图如图 10-6 所示。

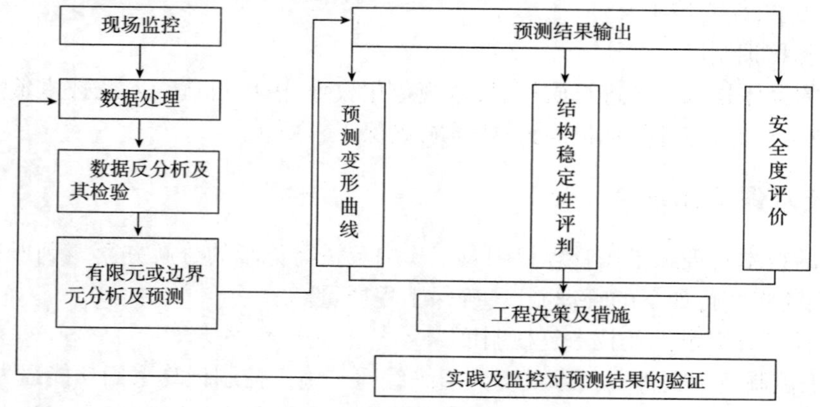


图 10-6 监控—预报反馈系统框图

4)技术管理措施

(1)监控的组织

由于监测工作重要性和复杂性等特点,选3位具有丰富监测经验并有受力计算、分析能力的技术人员担任监控工作,对监控数据进行分析、研究;对监控小组内部进行详细分工,使其各负其责,组织机构如图10-7所示。

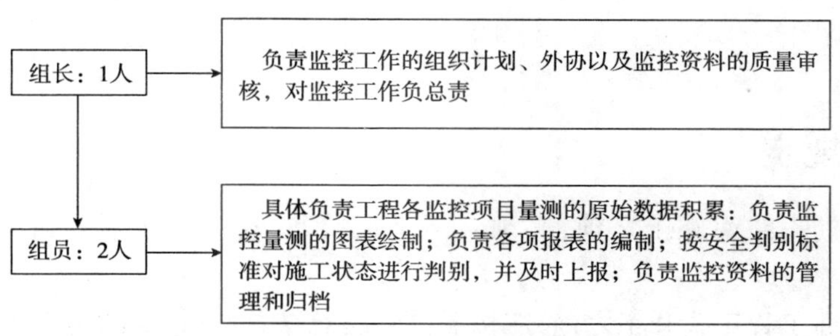


图10-7 监测小组成员及主要职责框图

(2)监控的管理

为确保监测结果准确、加快反馈速度,全部监测数据均由计算机管理。根据时态曲线回归结果,建立监控量测管理等级,并将监控结果以日报表的形式及时上报,定期向监理工程师、设计单位提交监控周(月)报,并附相应测点时态曲线图,对当周(月)的施工情况进行评价并提出施工建议。

# 11 主桥沥青路面施工

## 11.1 一般规定

(1)在进行沥青路面施工之前,必须对下承层验收,符合要求后方可进行沥青混合料施工。

(2)沥青路面工程正式开工之前,应按照试验路总结,制订正式的施工程序,以确保良好的施工质量和路面施工的顺利进行。拌和、摊铺、碾压设备的型号、规格、新旧程度应该满足投标文件要求,并经监理确认。

(3)伸缩缝位置处桥面铺装层应向缝中心延伸15~20cm,以保证固定伸缩缝的C50树脂混凝土和桥面铺装层C40混凝土密实。桥面铺装层表面抹平后,可用机械凿毛,做到平整、粗糙、无浮浆。

(4)在桥面沥青层施工前,应对水泥混凝土表面采用机械抛丸等工艺进行处理,除掉浮浆,加强层间联结。抛丸后水泥混凝土桥面构造深度应为0.5~0.8mm。

(5)沥青路面混合料配合比设计,在满足稳定性、强度和耐久性的基础上,应努力提高沥青路面的路用性能,预防路面早期病害的发生,且上面层还需满足抗滑性要求。

(6)改性沥青混合料碾压时要特别注意"紧跟、慢压、高频、低幅"的原则。

(7)对重要的试验检测项目绘制动态图,进行质量动态管理。当某一指标超出控制范围时,即视为施工异常,要分析原因,并采取措施。动态管理内容包括:油石比、空隙率、级配、压实度、现场空隙和厚度。

## 11.2 三水河特大桥主桥沥青路面施工常见问题及预防措施

### 11.2.1 沥青混合料油石比不合格

1)形成原因

(1)实际配合比与生产配合比偏差过大。

(2)取料不均匀,沥青混合料中粗细集料偏差较大。

(3)拌和楼沥青称量计误差过大,计量装置不精确。

(4)承包商设定拌和楼油石比时采用生产配比误差下限值。

(5)试验不精确,油石比试验误差过大。

2)防治及应对措施

(1)保证石料的质量均匀性,保证生产配合比料源与实际生产配合比一致。

(2)对拌和楼沥青称量计进行检查标定,并取得计量认证。

(3)调整生产配合比,确保油石比在规定范围内。

(4)提高试验人员操作水平,在取料、分料、沥青混合料抽提试验中能严格按试验规程认真进行油石比试验。

### 11.2.2 路面面层离析

1)形成原因

(1)混合料集料公称最大粒径与铺面厚度之间比例不匹配。

(2)沥青混合料均匀性不佳,和易性较差。

(3)混合料拌和不均匀,运输中发生离析。

(4)摊铺机工作性能状况不佳,沥青摊铺机的搅轮设置不合理,易形成条带状离析。

(5)施工过程中沥青摊铺机频繁收斗,造成块状离析。

(6)沥青摊铺过程中的温度离析,造成块状离析。

(7)沥青拌和楼搅拌缸的搅拌臂设置不合理,使得粗细集料严重分离。

2)防治及应对措施

(1)适当选择小一级集料公称最大粒径的沥青混合料,以与铺面厚度相适应。

(2)适当调整生产配合比矿料级配,使稍粗集料接近级配范围上限,较细集料接近级配范围下限。检查沥青混合料的油石比是否合适,检查沥青混合料的和易性。

(3)检查沥青拌和设备中搅拌臂的安装,运料装料时应至少分三次装料,避免形成一个锥体使粗集料滚落锥底。

(4)摊铺机调整到最佳状态,熨平板前料门开度应与集料最大粒径相适应,螺旋布料器上混合料的高度应基本一致,料面应高出螺旋布料器2/3以上,在挡板的底部应加设一些橡胶板,减少沥青混合料的上下离析。

(5)沥青混合料在摊铺过程中尽量减少收斗,指挥倒料人员应保持沥青摊铺机中混合料不被拉空,下一车沥青混合料的倒料时必须保持料斗中有1/3以上的沥青混合料。

(6)摊铺过程中及时检查沥青混合料的摊铺温度,如果长时间的摊铺机停顿应及时做接头,避免沥青混合料温度过低难压实形成块状离析。

### 11.2.3 沥青面层压实度不均匀

1)形成原因

(1)装卸、摊铺过程中所导致的沥青混合料离析,局部混合料温度过低。

(2)碾压混乱,压路机台套不够,导致局部漏压。

(3)压路机重叠碾压宽度不足,导致局部漏压。

(4)沥青混合料离析,容易造成局部粗集料集中,不易压实。

2)防治及应对措施

(1)料车在装料过程中应前后移动,运输过程中应覆盖保温。

(2)调整好摊铺机送料的高度,使布料器内混合料均匀,减少沥青混合料摊铺过程中的离析现象。

(3)合理组织压路机，确保压轮的重叠和压实遍数满足要求。

(4)减少集料离析，对粗集料集中的地方，在初压之前应将这些沥青混合料更换。

### 11.2.4 沥青面层施工中集料被压碎

1)形成原因

(1)沥青混合料中粗集料压碎值偏大、针片状颗粒较多。

(2)碾压设备质量过大。

(3)石料中软石含量或方解石含量偏高。

(4)碾压程序不合理，碾压温度控制不严。

2)防治及应对措施

(1)选择压碎值较小的粗集料，选用针片状颗粒含量小的粗集料。

(2)根据石料的石质状况选择合适的碾压设备。

(3)控制碾压遍数，以达到规定压实度为限，不要超压。

(4)应按初压、复压、终压程序碾压，初压用钢轮，复压用胶轮，终压用钢轮碾压，碾压应遵循先轻后重，从低到高的原则进行，双钢轮终压时温度不宜过低，碾压完毕时要满足规范要求。

### 11.2.5 沥青面层厚度不足

1)形成原因

(1)试铺时未认真确定好松铺系数，施工时未根据每天检测结果对松铺厚度进行调整。

(2)摊铺机或找平装置未调整好。

(3)基层高程超标或者局部段落的平整度较差。

(4)现场管理人员未能认真履行职责，现场施工经验不足或者施工责任心不足，不能对出现的问题及时进行调整。

2)防治及应对措施

(1)试铺时仔细确定松铺系数，测量队应根据下承层的高程实际检测情况进行调整。

(2)调整好摊铺机及找平装置的工作状态。

(3)下面层施工前认真检查下封层高程和平整度，保证基层平整度满足要求，基层超标部分应铣刨部分基层，补好下封层，再摊铺下面层。

(4)摊铺机后面的检测人员要及时检测松铺厚度，每天施工结束后核算沥青混合料摊铺总量进行校核，并进行调整。

### 11.2.6 沥青面层横向裂缝

1)形成原因

(1)基层开裂反射到沥青面层。

(2)基层开挖沟槽埋设管线，基层处理措施不当。

(3)通道沉降缝、搭板尾部与基层结合部产生不均匀沉降。

(4)下承层顶面未清扫干净,有浮料或污染,沥青混凝土在碾压时产生推移形成横向裂缝。

(5)终压时沥青混合料温度偏低,沥青黏结力下降,碾压时的推力产生碾压裂缝。

(6)由于沥青面层温度变化而产生的温度裂缝,沥青的品种和等级也是影响沥青路面开裂的重要因素。

2)防治及应对措施

(1)基层施工时严格控制配合比、压实度及加强养护工作,处治基层,采取防裂措施,减少基层横向开裂。

(2)严格控制沟槽、结构物、台背的路基回填质量,回填时应挖好台阶分层压实。基层开裂处、桥头搭板尾部和通道沉降缝处顶面铺设玻纤网,以降低对面层的影响,减少面层横向裂缝。

(3)在沥青混凝土摊铺前,下承层顶面必须清理干净,严格控制终压时的沥青混凝土温度,及时碾压。

(4)选定合适的油石比,增加沥青混合料的黏结力,减少碾压裂缝。

(5)选定合适的沥青的品种和等级。

### 11.2.7 沥青面层不均匀沉降

1)形成原因

(1)软基处理不好造成路基产生不均匀沉降引起路面不均匀沉降。

(2)软基处理后未待沉降稳定即填筑路基,造成路基产生不均匀沉降,引起路面不均匀沉降。

(3)堆载预压时间不够,致使路面铺筑完成后产生不均匀沉降。

(4)路基清表时未发现的暗塘,造成路基产生不均匀沉降,引起路面不均匀沉降。

(5)路基或路面基层、底基层压实度不够,造成路面不均匀沉降。

2)防治及应对措施

(1)按规范进行软基处理,待沉降稳定后进行路面铺筑。

(2)根据设计要求和沉降速率控制堆载预压时间,避免提前卸载。

(3)严格控制路基填筑的碾压以及路面基层、底基层的压实度。

(4)对施工进度进行合理规划,避免盲目不合理地抢工期。

## 11.3 三水河特大桥主桥沥青路面施工工艺

### 11.3.1 准备工作

1)原材料检验

(1)集料

每一个结构层开工前对进场的粗、细集料、填料进行全面性能试验,确认其合格与否,对不合格材料要坚决清场,禁止使用。

(2)沥青

对进场沥青按批次进行全面性能检测,合格方可使用。

沥青加热到使用温度:普通沥青(70号)加热到155~165℃,改性沥青加热到160~170℃。

2)设备检验

施工前要对拌和楼、摊铺机进行必要的检验调试,拌和楼出具计量认证书。

3)下承层检查

铺筑沥青混合料前,要检查其下承层的质量,不符要求的不得喷洒透层油、封层或黏层油。下承层已被污染时,必须进行清除后方可铺筑沥青混合料,水洗当天不得铺筑沥青混合料。

(1)在喷洒透层油及粘层油前对下承层进行全面检测和检查。包括:压实度、厚度、弯沉、平整度、横坡、纵断高程、宽度、中线偏位等。同时检查下承层表面是否有松散、脱落、离析、油斑、污染,特别是汽、柴、煤油污染,如有必要进行挖补处理。

(2)平整度超出规定值的点,在其范围内找出影响平整度突出的点,要组织专门队伍进行铣刨,保证上层的平整度。

(3)对钻芯取样的洞坑在铺筑前要回填夯实。

4)施工段挡风墙架设

(1)按照计划铺筑段落长度,在工作面两侧架设长度大于80m,高度大于1.6m的挡风墙。

(2)安排专人对2侧挡风墙进行维护,始终保持墙体处于绷紧状态,并根据碾压段落完成情况,及时调整挡风墙遮挡范围,保证摊铺、初压、复压面始终保持有挡风墙阻风。

### 11.3.2 施工机械设备准备

1)沥青拌和设备

必须采用间歇式拌和机,拌和能力300t/h(4 000型拌和楼)以上,配备温度控制系统、筛分及计量系统、二次除尘设施、热料储存仓。计量系统全程称量时显示计量误差不超过1%。在拌和过程中,定期对拌和楼的计量和测温进行校核,每天用拌和总量检验各种材料的配比和油石比的误差。

2)运输车辆

运输混合料的车辆采用25t以上吨位的自卸汽车,数量随生产能力、运距、摊铺能力等综合确定,保证开铺后至少有3台车等候卸料,但等候车亦不能超过6台。

3)摊铺机

每个作业面配两台同型号摊铺机梯队作业,摊铺机型号及新旧程度一致,且设备达七成以上新。配备自动找平装置和摊铺厚度调节装置,可加热的振动烫平板或振动夯等初步压实装置,螺旋布料器挡板下方加设橡胶挡板。初始压实度不小于85%。

4)压路机

压实机械包括2台13t以上双钢轮压路机、1台11t以上双钢轮压路机和3台30t以上轮胎压路机。每个作业面还需配1台小型振动压路机,对无法用大压路机碾压的边角部位进行补压。每个作业面配压路机数量见表11-1。

表 11-1 每个作业面压路机质量数量表

| 工 艺 阶 段 | 名 称 | 质 量 | 数 量 |
|---|---|---|---|
| 初压 | 双驱双钢振动压路机 | 静质量≥13t | 2 台 |
| 复压 | 轮胎压路机 | 静质量>30t | 3 台 |
| 终压 | 双钢振动压路机 | 静质量≥11t | 1 台 |
| 桥面压实 | 双钢振荡压路机 | 静质量≥8t | 2 台 |
| 边角 | 小型振动压路机 | 静质量≥2t | 1 台 |

5)洒水车

配置至少 1 辆洒水车和必要的洁扫设备。

### 11.3.3 拌和

混合料的配合比必须是经过目标配合比设计、生产配合比设计和生产配合比验证批准的配合比,施工中不得随意改变。拌和机筛网与矿料规格相匹配。不同的级配必须配置不同的筛孔组合,见表 11-2。

表 11-2 间隙式拌和机用振动筛的等效筛孔

| 标准筛孔(mm) | 2.36 | 4.75 | 9.5 | 16 | 19 | 26.5 | 31.5 | 37.5 |
|---|---|---|---|---|---|---|---|---|
| 振动筛孔(mm) | 3/4 | 6/7 | 11 | 19 | 24 | 30 | 33/35 | 37.5 |

拌和时间由试拌确定,以沥青均匀裹覆集料为度,一般每盘不少于 40s(其中干拌 3 ~ 5s),改性沥青不少于 60s,拌和温度要严格控制在要求范围。

出厂的沥青混合料逐车检验温度,记录出厂的时间,设专人签发运料单。温度超标视为废料处理。

拌和改性沥青混合料,拌和楼宜配备热料储存仓,储存仓要有自动保温设备。当日拌制好的混合料当日铺完,贮存期间温度降低不超过 10℃。

沥青混合料在正式生产过程中,严格按照配料单进料和拌和,拌和好的成品热料均匀一致,无花白,禁止出现粗细料分离或结团成块等现象。对于以下不合格的成品料应禁止出厂:

(1)混合料出厂温度过高或过低。普通沥青混合料低于 150℃或高于 180℃,改性沥青超过 190℃或低于 165℃者,均以废弃料处理。

(2)有成团、无油或少油或多油现象。

(3)夹带有较多杂物或发生计量严重不准现象。

(4)有极为严重的分层离析现象。

### 11.3.4 运输

(1)运输车辆不得超载。行驶在施工路面上不得紧急制动或急弯掉头,防止透层、封层损伤。运输道路畅通,危险地段设警示标志,窄路段有避车道。

(2)运输车四周用保温材料加铁皮固定,顶部采用保温防雨双层覆盖。车厢中部留测温孔。车内清洁,隔离剂适量涂刷。运料车进入摊铺现场,轮胎上不得占有泥土等赃物。沥青混合料在摊铺点凭运料单接收,若温度不符合施工要求或结块、淋雨的不得铺筑。

(3)装料时,须前后移动运料车,分层按"前—后—中"的次序装料。

(4)尽量缩短运输时间,必须维护好便道,提高运输车辆的速度。

### 11.3.5 摊铺

(1)方向:对于纵坡较大路段施工组织时尽可能使摊铺方向由低向高铺筑。

(2)速度:摊铺机工作时必须缓慢,匀速,连续不间断的摊铺,不得随意变速或停顿。摊铺速度下面层宜控制在1.5~2.0m/min,上、中面层宜控制在2.0~2.5m/min。

(3)温度:摊铺机每班作业前需预热烫平板,预热30min以上,温度不低于130℃,就位等待。摊铺温度下面层普通沥青混合料不低于150℃,改性沥青混合料不低于165℃,详见表11-3。

**表11-3 沥青混合料路面的正常施工温度范围(℃)**

| 工　序 | 70号沥青 | SBS改性沥青 | 测量部位 |
|---|---|---|---|
| 沥青加热温度 | 155~165 | 160~170 | 沥青加热罐 |
| 集料加热温度 | 175~185 | 185~195 | 热料提升斗 |
| 成品改性沥青加热最高温度 | — | 175 | 改性沥青加热罐 |
| 混合料出厂温度 | 155~170 | 170~180 | 运料车 |
| 混合料最高温度(废弃温度) | 190 | | 运料车 |
| 混合料储存温度 | 降低不超过10 | | 储料仓及运料车 |
| 摊铺温度,不低于 | 150 | 165 | 摊铺机 |
| 初压温度,不低于 | 140 | 150 | 碾压层内部 |
| 复压温度,不低于 | — | 130 | 碾压层内部 |
| 终压温度,不低于 | 90 | 110 | 碾压层内部 |
| 开放交通温度 | 不高于50 | | 路面内部或表面 |

(4)高程与厚度:下面层、桥梁中面层采用钢丝绳引导的高程控制方式,但厚度不得小于设计厚度,中、上面层采用平衡梁控制摊铺厚度的方式,平衡梁长度不小于16m。

为保证各层摊铺表面平整、厚度均匀、符合纵横坡度要求,在每次摊铺前设置足够的基准控制线,并仔细调整摊铺机熨平板角度和坡度以及自动控制系统。因操作不当或因自动找平装置问题而出现摊铺表面不平或坡度变化时,立即停止摊铺,至查找出原因为止。如果该处平整度未能达到要求,则予以废除,摊铺新料。

(5)熨平板与刮料器:熨平板振动器宜采用高频低幅,摊铺厚度大,密实度要求高,采用较大振幅。根据摊铺层厚度、宽度、摊铺速度,调整刮料板的开度,保证螺旋送料器处混合料的压力稳定。

(6)摊铺机螺旋送料器:应不间断地转动,保证横向布料槽料位始终维持在螺旋轮轴线至2/3高度范围内。

(7)异常现象：

①摊铺层表面如出现或长或短小沟，混合料中可能有超粒径颗粒，原因是拌和楼筛网有破损或周边有较大空隙，须及时通知拌和厂处理。

②明显的粗颗粒离析。分析离析的原因，从各个环节消除。条带离析，有时只一条，有时可能2~3条以上，主要是摊铺机的螺旋分料器和熨平板安装不协调，或与螺旋送料器固定杆有关，要及时检修进行调整。

### 11.3.6 碾压

1)一般要求

碾压分为三个阶段，即初压、复压和终压。

初压：要紧跟摊铺机后碾压，尽量保持较短的初压区长度，以使表面尽快压实减少热量损失。初压一般为前静后振1~2遍。

复压：紧跟初压，不得停顿，一般碾压区不超过60m。每台压路机要全幅碾压(1/3~1/2轮宽重叠)，不少于4遍，在规定温度内直至压实到标准，要防止漏压或不同部位压实度的不均匀。

终压：采用双钢轮压路机全幅碾压2遍，消除轮印为止。

终压温度：普通沥青不低于90℃，改性沥青不低于110℃。

改性沥青混合料的碾压要特别注意"紧跟、慢压、高频、低幅"的原则。

2)碾压注意事项

(1)沥青混合料的压实在初压和复压过程中，宜采用同类压路机并列成梯队压实，不宜采用首尾相接的纵列方式。

(2)完成摊铺后立即检查厚度、平整度、路拱，不合格时及时进行调整，随后按试验路所确定的压实设备的组合及程序充分压实。

(3)碾压时，压路机不得中途停留、转向或制动。当压路机来回交替碾压时，前后两机停留地点相距10m以上，并驶出压实起始线3m以外。

(4)碾压速度要根据压路机的类型、碾压阶段、在压路机队列中的位置等确定。碾压的适宜速度宜符合表11-4的规定。

**表11-4 压路机碾压速度(单位:km/h)**

| 碾压阶段 | | 初压 | 复压 | 终压 |
|---|---|---|---|---|
| 压路机类型 | 11~13t双钢轮振动压路机 | 静压1.5~2.5 | 振动3~4 | 静压2~3 |
| | 9~11t双钢轮振荡压路机 | 静压1.5~2.5 | 振动3~4 | 2~3 |
| | 30t轮胎压路机 | — | 3.5~4.5 | |

(5)碾压的程序

选用较重的双钢轮压路机在较高的温度下紧跟摊铺机碾压，压实效果较佳。采用振动压路机碾压时，压路机的振动频率、振幅大小与路面铺筑厚度协调，厚度较薄时宜采用高频低振幅，同时遍数不要太多。各阶段碾压遍数，根据试验路段确定遍数为准。

①初压（稳压）：使用双钢轮振动压路机，前进静压，后退振压。初压 1 ~ 2 遍，初压必须紧跟摊铺机，尽快完成，要求初压必须有两台双钢轮压路机。

②复压：首先用双钢轮振动压路机紧跟初压压路机振压 2 ~ 4 遍，其后 30t 以上胶轮压路机揉压 4 ~ 6 遍。

③终压（收面）：用双钢轮压路机静压 1 ~ 2 遍以上，以无轮迹为准。

④严格控制从摊铺至碾压结束间的时间，要在 20 ~ 30min 内完成，气温低选低限，气温高选高限。

⑤压路机不得停留在温度高于 70℃、已经压实的路面上。要采取有效措施，防止设备的油脂或其他杂物落在路面上。

⑥所有机械都必须连续稳定地作业，尽量避免人工整修；所有机械不得在未冷却结硬的路面上停留；所有机械从作业一开始，不得停机休息，直到施工结束。

⑦设备保养：

A. 在压路机使用前，必须对双钢轮压路机水箱进行清洗，添加饮用水；包裹压路机底盘，防止机械漏油。

B. 钢轮压路机使用前，钢轮在帆布上来回碾压进行表面除锈，保证新铺路面不受铁锈污染；当天施工完成后，对双钢轮压路机的钢轮涂刷食用油进行防锈处理。

C. 胶轮压路机使用前，可在轮胎上涂抹隔离剂，防止混合料在碾压过程中粘轮。

D. 每次施工结束后，对所有设备上附着的沥青冷料及时清理。

### 11.3.7 接缝的处理

1）纵向缝

（1）当采用两台摊铺机梯队作业时，纵向接缝采用热接缝，两机横向搭接宽度宜不小于 15cm。

（2）当不得不采用冷接时宜采用平接缝。

（3）摊铺前切缝涂上黏层油；摊铺时，搭接宽度不大于 10cm；新铺层的厚度通过松铺系数计算获得。

（4）下面层硬路肩水泥稳定碎石与下面层沥青混合料的纵向接缝应先铺筑沥青混合料，在水稳材料铺筑后，先在接缝处灌注水泥浆后碾压。

2）横向接缝

（1）横向接缝采用平接缝，宜在当天施工结束后采用人工挖除、清扫、成缝，并用 6m 直尺检查平整度。

（2）横向缝接先涂刷一层沥青，摊铺前熨平板充分预热。接缝黏结紧密，压实充分，连接平整。

（3）摊铺混合料后先清缝，然后检查新摊铺的混合料松铺厚度是否合适。清缝时不得向新铺混合料方向过分推刮。

（4）横向接缝碾压时先按垂直车道方向沿接缝进行，并在已成型一侧放置帆布或土工布，其长度要足够压路机驶离碾压区。

3）平整度处理

上面层施工前，应对中面层平整度局部变异点进行精铣刨处理，对于大面积连续平整度较差的区域进行整车道或整幅铣刨。

4）局部离析处理

人工撒播细热料或人工点播热集料，并且应在复压前进行，所点播的混合料必须及时碾压。

5）其他

初压的压路机在联机摊铺搭接处和边部多碾压一遍，确保薄弱部位得到压实。每天碾压接缝（横接缝）时，必须在冷面上铺帆布，避免压路机在冷面上压碎骨料。

# 参考文献

[1] 周军生,楼庄鸿. 大跨径预应力混凝土连续刚构桥的现状和发展趋势[J]. 中国公路学报,2000,13(1):31-37.

[2] 马保林. 高墩大跨连续刚构桥[M]. 北京:人民交通出版社,2001.

[3] 戴竞,凤懋润. 我国预应力混凝土公路桥的发展与现状[J]. 土木工程学报,1997,30(8):3-10.

[4] 王新伟. 大跨径连续刚构桥一次合龙方案研究[D]. 西安:长安大学,2012.

[5] 刘意. 预应力混凝土连续刚构桥几个关键技术研究[D]. 重庆:重庆交通大学,2009.

[6] W. Podolny Jr, J. M. Muller. Construction and Design of Prestressed Concrete Segmental Bridges[M]. John Wiley & Sons, Inc. 1982.

[7] 雷俊卿. 桥梁悬臂施工与设计[M]. 北京:人民交通出版社,2000.

[8] 葛耀君. 分段施工桥梁施工与控制[M]. 北京. 人民交通出版社,2003.

[9] 江湧. 大跨度连续刚构桥施工关键技术研究[D]. 上海:同济大学,2006.

[10] 范立础. 桥梁工程(上册)[M]. 北京:人民交通出版社,2003.

[11] 相其生. 高墩大跨连续刚构桥稳定性研究[D]. 长沙:长沙理工大学,2007.

[12] American Association of State Highway and Transportation Official. LRFD Bridges Design Specifications[S]. United States of America, 1994.

[13] 文武松. 苏通大桥辅桥连续刚构施工控制[J]. 桥梁建设,2008,4:65-69.

[14] 刘刚亮,王中文. 虎门大桥辅航道 270m 连续刚构桥悬臂施工控制[J]. 桥梁建设,2001,5:46-48.

[15] 王鹏. 珠江特大桥大跨度刚构预应力施工的控制措施[J]. 桥梁建设,2005(S0):95-97.

[16] 姜永军. 预应力混凝土桥连续刚构悬臂浇筑施工技术研究[D]. 天津:天津大学,2004.

[17] 胡明,宋韬彬,吴文华. 主跨 220m 预应力混凝土刚构—连续组合梁桥设计研究[J]. 桥梁建设,2003(2):38-41.